LES IMPRIMEURS
ET LES LIBRAIRES
EN BÉARN

Extrait du *Bulletin de la Société des Sciences, Lettres et Arts de Pau*

2ᵉ Série. Tome 13ᵉ

LES
IMPRIMEURS
ET
LES LIBRAIRES
EN BÉARN

(1552-1883)

PAR

LOUIS LACAZE

ANCIEN SOUS-INSPECTEUR DE L'ENREGISTREMENT
VICE-PRÉSIDENT DE LA SOCIÉTÉ DES SCIENCES, LETTRES ET ARTS
DE PAU

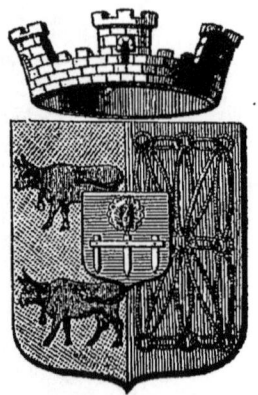

PAU
LÉON RIBAUT, LIBRAIRE-ÉDITEUR
6, RUE SAINT-LOUIS
1884

INTRODUCTION

LES IMPRIMEURS ET LES LIBRAIRES EN BÉARN
1552-1883

INTRODUCTION

I. ORIGINE DE L'IMPRIMERIE EN BÉARN.
II. LISTE DES IMPRIMEURS ET LIBRAIRES BÉARNAIS.
III. RÈGLEMENTS ANTÉRIEURS A 1790.

I

Lorsqu'au milieu du xve siècle, Louis XI qui, selon l'expression de M. Paul Dupont (1), savait faire le bien, quand le bien s'accordait avec sa politique, eut couvert de sa protection les trois ouvriers allemands (2) qui venaient divulguer en France les secrets de l'imprimerie, le Béarn constituait un petit état libre et indépendant, situé aux pieds des Pyrénées, et dont le peuple, adonné à la vie pastorale et agricole, s'en remettait aux Princes, qu'il avait choisis pour Souverains, du soin de faire fleurir les arts et l'industrie.

Dans ces conditions, ces Princes, quand ils entreprenaient des ouvrages importants, tels que la construction des châteaux de Morlàas, de Montaner, de Pau, ou l'ornementation des églises,

---

(1) *Histoire de l'Imprimerie* ; Paris, Rouveyre.
(2) Ils s'appelaient Michel Friburger, Ulric Géring et Martin Grantz, d'après les lettres de naturalisation qui leur furent octroyées en février 1474.

appelaient à eux des artistes du dehors (1) ; un même fait se produisit pour l'imprimerie.

En 1546 (2), les Etats de Béarn demandèrent à Henri d'Albret de vouloir bien ordonner la compilation et la refonte de l'ensemble des lois, qui, sous le nom de *for général*, régissaient depuis plusieurs siècles la nation béarnaise, et celles que, par des consi-

(1) Leurs noms ont été heureusement tirés de l'oubli par M. Paul Raymond. Voir *Les Artistes en Béarn avant le* XVIIIe *siècle* ; Pau, Léon Ribaut, 1874.

(2) La date de 1548 a été généralement adoptée pour le commencement de ce grand travail. Nous ne la croyons pas exacte. Il existe, en effet, aux Archives du département, série C. 1225, une requête adressée en ces termes au Lieutenant Général du Roi, Jacques de Foix:

« Monsieur le Lieutenant Général,

« Les Gens des Etats vous remontrent qu'à leur requête et supplication,
« par le Roi a été ordonné à Egregy Monseigneur Mathieu du Pac,
« président du conseil, Monseigneur Manaud deu Casso, conseil-
« ler, *à présent défunt*, à Monseigneur Ramon de Neys, conseiller
« du Roi, à Meste Pées deus Tisnès, juge de Béarn et conseiller du Pays
« *en son vivant*, et à Monseigneur Johan de Barzun, sieur de St-Martin,
« et aux syndics de Béarn, Castagnède et Sarrabère, de visiter les fors,
« établissements, ordonnances et stils du Pays. *Le travail est à peu
« près fait.* Il vous plaira, au lieu des dits deu Casso et de Tisnès, mettre
« et députer autres en leur mandat ».

Il fut répondu à cette requête par l'apostille suivante : « Quand le roi
« sera rapatrié au Pays, il sera pourvu sur les causes de la requête. *Pau,
« le 15 décembre 1548*. Pour le Lieutenant Général, signé : de Maucor ».

Or, si le 15 décembre 1548 le travail était à peu près fait, on voudra bien convenir qu'il avait eu pour point de départ une date antérieure remontant à plus de dix mois.

Un fait irréfutable vient, du reste, à l'appui de notre opinion. Meste Pées deus Tisnès, qui avait été nommé commissaire et dont le remplacement est demandé dans la requête ci-dessus, mourut entre le 15 et le 20 juillet 1546; à cette première date, il faisait son testament qui, à la seconde, était déposé aux rangs des minutes de Me Sarrabère, notaire à Pau, sous le titre de « présentation du testament de *défunt M. Pées de Tisnès, juge de Béarn
» en son vivant* » (Arch. B.-Pyr. E. 1991, f° 88).

dérations particulières, ses prédécesseurs avaient, à diverses époques, octroyées aux habitants de Morlàas, Oloron, et aux vallées d'Aspe et d'Ossau (1).

A l'appui de leur requête, ils lui remontraient « les grands in-
« convénients et la multiplicité des procès qui surviennent jour-
« nellement entre ses sujets du Pays de Béarn, par ce fait que les
« fors, établissements, stils, ordonnances et coutumes écrites du
« dit Pays, depuis longtemps n'étaient pas réformés, et qu'aussi,
« en raison de leur ancienneté et de la diversité de leur origine,
« quelques articles étaient formulés en un langage devenu ininte-
« ligible et en certains passages confus et contradictoires (2).

Ces doléances furent favorablement accueillies par le Prince, et le 26 novembre 1551 intervenait la promulgation d'un for général unique, dû à la haute compétence, aux laborieux efforts des commissaires délégués à cet effet, qu'Olhagaray appelle *les meilleures caboches du temps* (3).

Sans apprécier ici cette œuvre magistrale qui, dans une forme brève et concise, réglait les rapports du souverain avec son peuple, les droits respectifs des citoyens entr'eux, la procédure en justice, les usages particuliers, le code pénal, le droit féodal, le tarif des divers actes de notaire, nous dirons avec M. Faget de Baure : « On avait rassemblé dans un petit volume tout ce qu'il

---

(1) Les textes de ces fors ont été édités avec la traduction par MM. Mazure et Hatoulet, *Pau, Imprimerie E. Vignancour, S. D.* Voir plus particulièrement pour celui d'Oloron La *Poblation d'Oloron*, texte roman de l'an 1080, mise au jour par l'abbé Bidache. *Pau, Léon Ribaut, libraire éditeur, 1881.*

(2) Extrait des Lettres Patentes d'Henri II de Navarre imprimées en tête de l'édition des *fors* de 1552.

(3) *Histoire de Foix, Béarn et Navarre par Pierre Olhagaray.* p. 507. — A Paris chez David Douceur, marchand libraire, rue St-Jacques, à l'enseigne du Mercure arresté — MDCIX.

« importait de connaître pour régler la vie civile, et le paysan le
« plus simple pouvait, à l'aide de ce livre, devenir dans ses pro-
« pres affaires son conseil et son juge » (1).

Il y avait, on le conçoit, un intérêt majeur à le multiplier, et, l'art typographique offrant dans ce but des moyens d'exécution plus fidèles et plus prompts que les copistes employés jusqu'alors, des imprimeurs furent chargés de ce soin.

Tels furent à Pau les débuts de l'imprimerie ; aussi M. Paul Raymond, dans son *Inventaire sommaire des Archives départementales des Basses-Pyrénées*, a-t-il pu, en relatant la quittance donnée le premier juillet 1552 par les imprimeurs des *fors*, ajouter que ce fut *le premier livre imprimé à Pau* (2).

Nous ne voudrions pas nous détourner de notre sujet, mais puisque nous avons occasion de parler de l'*Inventaire sommaire*, à la confection duquel M. Paul Raymond a consacré onze années de sa trop courte existence (3), qu'il nous soit permis de laver cet important ouvrage des critiques dont il a été récemment l'objet.

Il laisserait, a-t-on dit, beaucoup à désirer, ne donnerait pas la date précise des pièces citées ; des chartes importantes y auraient été omises, et sa classification serait défectueuse.

N'en déplaise à l'auteur de ces critiques, son opinion n'est d'accord ni avec les instructions ministérielles, ni avec les lettres de félicitation que, chaque année, M. Raymond a reçues de ses supérieurs ; il a, en outre, perdu de vue qu'il s'agit non d'un inventaire *général* mais d'un inventaire *sommaire*, œuvre dans laquelle

(1) *Essais historiques sur le Béarn*. — Paris, Denugon, imprimeur-libraire. 1818.
(2) T. II, B. 5958.
(3) Voir pour la liste des autres publications de M. Paul Raymond le *Bulletin de la Société des Sciences, Lettres et Arts de Pau*, année 1878-1879, 2ᵉ série Tᶜ 8, p. 7 à 14.

toutes les pièces qui constituent un dépôt d'archives ne sauraient nécessairement être rappelées.

En ce qui concerne les dates, l'instruction ministérielle du 20 janvier 1854 porte formellement que « l'inventaire mentionnera les « *dates extrêmes* des actes contenus dans chaque article »; et, y est-il ajouté, « s'il n'est pas facile de les préciser, si l'article embrasse « plusieurs siècles, ce seront ceux-là qui seront indiqués ». M. Raymond, en négligeant les dates précises des pièces citées, s'est donc conformé strictement à la forme qui lui était tracée ; aucun blâme ne saurait dès lors lui être adressé de ce chef.

Mais il a omis des pièces importantes !

Nous ne répèterons pas ce que nous avons dit sur le caractère *sommaire* de cet inventaire ; nous nous bornerons à faire observer que si le critique en question n'a pas trouvé mentionnées des pièces qui lui étaient utiles et dont l'inscription eût abrégé la somme de travail qu'il dit avoir dépensée, nous, de notre côté, nous avons constaté qu'aucune pièce ayant trait aux imprimeurs n'a été passée sous silence ; c'est donc de sa part une appréciation exclusivement personnelle, et elle n'aurait pas dû se produire dans un sens général.

Enfin, au sujet de la classification soi-disant défectueuse, ce reproche nous parait d'autant moins mérité qu'il s'agit d'une opération matérielle qui n'eût pas, si le fait s'était produit, échappé au contrôle du Ministère de l'Intérieur, et eût, croyons-nous, mis obstacle aux lettres de félicitation que recevait chaque année M. Paul Raymond et dont nous nous bornons à détacher celle du 18 juillet 1864 :

« Je dois vous exprimer la satisfaction de l'Administration au « sujet des travaux d'inventaire rédigés par M. Raymond. La série « B est publiée, la série C entièrement terminée, et la 3e en voie « d'exécution. *Ces résultats dépassent tout ce qui a été fait* dans les

« autres départements. Veuillez en féliciter en mon nom M. l'ar-
« chiviste ».

Et celle du 13 novembre 1866 :

« M. Raymond, archiviste départemental, mérite des éloges
« pour l'*intelligente* activité qu'il apporte à la rédaction de l'*Inven-*
« *taire sommaire* dont deux volumes ont déjà été publiés. Vous
« voudrez bien lui en exprimer ma satisfaction » (1).

En agissant ainsi, le critique se ménageait, il est vrai, une transition nécessaire pour revendiquer à son profit la priorité d'un travail sur nos vieilles archives. Triste histoire pour lui ! disait l'*Indépendant* (2) du 19 décembre 1882, et nous n'insisterons pas plus sur ce sujet que sur l'étalage *modeste* qu'il fait à ses lecteurs des récompenses académiques qu'il a obtenues et des éloges dont il a été l'objet, tant est grand chez lui l'amour du *moi*, du *je* et du *mon* !

Cette dette de reconnaissance payée par nous à la mémoire du regretté savant dont l'obligeance extrême a guidé nos premiers pas dans les recherches que nous avons entreprises sur notre histoire locale, nous redirons avec lui que l'édition des *fors* de

(1) A ces témoignages officiels, nous pourrions en ajouter bien d'autres, qui ne sont pas suspects, notamment celui du successeur de M. Raymond, M. Flourac, qui, dans une étude approfondie sur Jean 1er comte de Foix, a mis à profit nos Archives départementales et à l'occasion de l'œuvre de M. Raymond la qualifie de l'*Inventaire modèle de nos Archives qu'il a rédigé* — Bulletin de la Société des Sciences, Lettres et Arts de Pau, IIe série, T. 12. p. 339, note 1.

M. Flourac est encore plus affirmatif dans l'avant-propos dont il a fait précéder un tirage-à-part de son œuvre (Paris, Alphonse Picard, 1884), il y dit, en effet : « Notre source la plus abondante et la plus fructueusement
« consultée a été certainement ce riche fonds des Basses-Pyrénées, *où les*
« *recherches sont aujourd'hui si faciles, grâce à l'excellent inventaire*
« *qu'en a rédigé le regretté Paul Raymond* » (Voir page VI).

(2) *L'Indépendant des Basses-Pyrénées*, journal quotidien qui se publie à Pau.

1552 fut le premier livre imprimé à Pau, et nous ajouterons qu'il le fut par les soins de Jean de Vingles et d'Henry Poyvre.

Avant eux cependant Jacques de Colomiès, imprimeur de Toulouse, avait envoyé à *Lescar* (1) des ouvriers pour imprimer le *Bréviaire de l'Eglise de Lescar* au sujet duquel la *Revue de Gascogne* s'exprime en ces termes (2) :

« Cette vénérable relique, dont nous avons un exemplaire sous
« les yeux, porte en signature à sa 577ᵉ et avant-dernière page,
« le nom de Jacques de Colomiès, imprimeur de Toulouse,
« qui nous apprend que son Bréviaire, *Imprimé à Lescar*, pour la
« gloire de Dieu et la très Sainte Vierge, sa mère, s'est heureu-
« sement terminé l'an de l'incarnation MDXLI avec l'autori-
« sation d'illustrissime et révérendissime seigneur et père en
« J. C. Jacques de Foix, évêque de ce diocèse (3) ».

On dit aussi qu'en 1545 il avait été imprimé à *Orthez* (4) « les
« *fors et coustumes deu Royaume de Navarre e stil de la chancellaria*
« *avec l'aranzel* ».

Toutefois, nous ne ferons remonter la nomenclature des imprimeurs du Béarn qu'à Jean de Vingles et Henry Poyvre, car, d'une part, l'impression du *Bréviaire de Lescar* par un imprimeur de Toulouse, qui a exercé dans cette ville sans interruption pendant de longues années (5), ne nous permet pas de le revendiquer pour

---

(1) Lescar, arrondissement de Pau, ville fondée en 980, qui était le siège d'un évêché dont le titulaire présidait les États de Béarn.

(2) Année 1863, p. 409, note 1ʳᵉ.

(3) Fils de Corbeyran, comte de Rabat, marquis de Foix, d'abord évêque d'Oloron de 1521 à 1534, chancelier de Béarn, évêque de Lescar de 1535 à 1553, lieutenant général pour Henri II, roi de Navarre.

(4) Chef-lieu d'arrondissement des Basses-Pyrénées. Du xiiiᵉ au xvᵉ siècle Orthez fut la résidence des vicomtes de Béarn.

(5) De 1512 à 1594, M. de Castellane cite *soixante-six* ouvrages sortis de cette imprimerie. *Mémoires de la société archéologique de*

notre région, bien qu'il ait opéré à Lescar, et, de l'autre, la seule indication que les *fors et coustumes de Navarre* ont été imprimés à Orthez nous parait insuffisante, étant donnée l'absence du nom de l'imprimeur. Nous avons, du reste, pour ce dernier ouvrage un autre motif d'exclusion.

Il n'est, en effet, rubriqué que dans la *Bibliothèque choisie des livres de droit*, et, en le mentionnant sur la foi de ce manuel, l'auteur du *Dictionnaire de Géographie ancienne et moderne à l'usage du libraire*, M. Paul Deschamps, un des docteurs en bibliographie, fait l'observation suivante (1): « Nous ne connaissons « pas plus que M. Brunet ce volume et nous ne pouvons « garantir l'authenticité de la date que, *jusqu'à preuve contraire*, « nous sommes fortement tenté de croire inexacte ».

Les faits suivants corroborent cette assertion.

Un arrêt du conseil du Roi, donné à Fontainebleau en avril 1611, qui approuve les *fors et coutumes* du Royaume de Navarre, en retrace l'historique et ne fait remonter qu'au 14 mars 1608 la nomination de commissaires chargés de rédiger par écrit « ce « qu'ils jugeraient le plus nécessaire à la confection d'une cous- « tume ».

Il y est, en outre, ajouté que jusqu'alors le Royaume de Navarre n'avait aucune coutume particulière, ce qui obligeait « nos sujets « de puiser selon les rencontres et occurrences, dedans le droit « commun, ou emprunter de leurs voisins, ou autres plus éloi- « gnés, ce qu'ils ont jugé être plus convenable à leur forme de « vivre ».

D'autre part, un arrêt du Parlement de Navarre, du 12 septem-

---

Toulouse, T. V., p. 28-82. Dans *l'Histoire de l'Imprimerie et de la Librairie*, Paris, 1689, Jean de Lacaille dit que les Colomiès ont *toujours* exécuté l'art de l'imprimerie à Toulouse.

(1) Paris, Librairie Firmin Didot frères fils et Cie, 1870, p. 973.

bre 1631, constate « que le Syndic du Pays, qui doit avoir en
« main l'original de ses coutumes avec les lettres de confirmation
« du Roy, a négligé de les faire imprimer », et enjoint au syndic
de remplir cette formalité dans un délai de six mois (1).

Nous n'avons pas, en citant ces pièces, la prétention de soutenir que la Navarre, telle qu'elle existait avant 1512, n'eut pas sa législation spéciale ; ce serait une hérésie historique. Mais, au moment où, sous le règne de Jean III d'Albret et de Catherine, la Navarre espagnole et la Navarre française furent violemment séparées l'une de l'autre par les armes victorieuses du duc d'Albe, agissant pour le compte de son souverain, Ferdinand roi de Castille, de deux choses l'une : ou la Navarre française cessa d'avoir un *for* spécial, comme l'indique l'arrêt de 1611, ou elle continua d'être régie par le *for espagnol*, et alors l'édition de 1545 est celle de ce dernier *for*.

Cette dernière hypothèse, nous nous hâtons de le dire, nous paraît d'autant plus problématique, qu'en même temps que le *for* l'édition de 1545 contient *le stil de la chancellerie* et *l'aranzel*.

Or, nous trouvons dans le cahier des Etats du Royaume de Navarre de l'année 1606 (2) que ce ne fut que le 20 juillet de cette année que des commissaires furent députés par M. de Laforce, lieutenant général, pour faire et dresser le *stil de la chancellerie*, et il n'apparait nulle part qu'il en existât un antérieurement, bien que la création de la chancellerie de Navarre remontât à 1524 (3).

Quant à *l'aranzel*, des commissaires furent aussi nommés le 20

---

(1) Voir le texte de ces pièces dans l'édition de 1722 sortie de l'imprimerie de Dupoux.

(2) Arch. B.-Pyr. C. 1531, f° 10.

(3) La chancellerie de Navarre siégeait à St-Palais ; unie au Parlement de Pau par édit de 1620, elle ne le fut de fait qu'en 1624 (P. Raymond, Introduction au vol. 1er de l'*Inventaire sommaire des Archives*).

— 12 —

juillet 1606 pour le rédiger, mais, en 1612, M. de Laforce décida que « celui qui avait été fait par la chancellerie *le 30 décembre* 1593 « pour régler les dépens de la Cour de Mixe tant au civil qu'au « criminel serait observé en toutes les cours ordinaires et subal- « ternes du présent Royaume à partir du 1er janvier 1614 (1) ». Cette décision, il est vrai, n'eut pas une longue durée, puisqu'un nouvel *aranzel*, préparé en 1629, fut définitivement dressé sous la date du 10 décembre 1633 et approuvé par arrêt du Parlement de Navarre du 17 juin 1644 (2).

Mais il n'en résulte pas moins que l'*aranzel*, quel qu'il fût, ne pouvait être imprimé en 1545, puisqu'il n'existait pas : d'où nous sommes amené à partager l'opinion de M. Paul Deschamps sur l'inexactitude de la date attribuée au volume imprimé à Orthez, et nous pensons que c'est à l'année 1645 que cette date doit être fixée (3).

Si, en éliminant ces deux ouvrages imprimés à Lescar et à Orthez, nous faisons remonter à 1552 l'introduction de l'imprimerie non seulement à Pau, mais encore en Béarn, il ne s'en suit pas cependant que, comme on l'a écrit, à cette date corresponde la fondation en Béarn d'une imprimerie *stable* (4).

Jean de Vingles et Henry Poyvre, en effet, n'étaient que des imprimeurs nomades comme nous aurons l'occasion de le démon-

(1) Arch. B.-Pyr., C. 1531, f° 33.

(2) Voir pages 242-244 de l'édition de 1722 déjà citée.

(3) Notre communication était déjà faite à la Société des Sciences, Lettres et Arts de Pau, lorsqu'un heureux hasard nous a rendu propriétaire d'une édition des *fors et coutumes de Navarre* imprimée à Orthez en 1645. Cette découverte confirme notre opinion. Voir pour l'analyse de cet ouvrage le chapitre v ci-après, § II.

(4) Dugenne. *Panorama de Pau*, 2e édition. Introduction p. XXXIX, note 1re.

trer (1), et ce n'est que le 1ᵉʳ septembre 1583 que nous rencontrons un imprimeur à poste fixe.

A cette date, Henri III de Navarre, plus tard Henri IV de France, érigeait le collège d'Orthez en université, et, dans l'édit de création, il ordonnait qu'il y aurait un *imprimeur* « pour éditer « les fruits des études autant qu'il paraîtra au Recteur, et, pour « qu'il ne puisse manquer cet ornement à cette académie », il accorde toute franchise et tous droits non seulement à l'imprimeur en titre, mais à tous autres typographes et libraires qui viendraient dans cette académie royale (2).

Ce premier imprimeur fut Louis Rabier.

II

Ayant dans notre étude consacré un chapitre spécial à chacun de ces imprimeurs et à leurs successeurs, nous nous bornons quant à présent à en donner la liste chronologique, tout en faisant observer qu'il y eut en Béarn deux périodes bien distinctes dans l'imprimerie : La première, pendant laquelle cet art était exercé à Pau par des ouvriers nomades, tels que Jean de Vingles et Henry Poyvre, ou par des imprimeurs stables, mais exerçant à Orthez et à Lescar, selon que l'université, fondée en 1583, avait son siège dans l'une ou l'autre de ces villes ;

La seconde, pendant laquelle il n'y eut d'imprimerie qu'à Pau, privilége qui fut conservé à cette ville par l'arrêt réglementaire du 10 janvier 1766.

(1) Voir 1ʳᵉ Partie, Chap. 1ᵉʳ.
(2) Arch. B.-Pyr., D. 1.

A la première période, se rattachent :

A Pau,	Jean de Vingles et Henry Poyvre	1552.
A Orthez et Lescar,	Louis Rabier................	1583-1608.
A Orthez,	Abraham Rouyer............	1610-1630.
id.	Jacques Rouyer..............	1631-1676.
A Lescar (1),	Jean de Saride...............	1615-1630.
id.	Laplace, imprimeur-libraire....	1627-1633.
id.	Dauphin....................	1639-1644.
id.	Campagne...................	1644-1646.

Et gravitant autour d'eux les libraires suivants :

A Pau,	Mathalin Chèze......................	1554.
id.	Guillaume Bolonger..................	1561.
id.	Dubois...............................	1570-1574.
id.	Saugrain	1574-1586.
id.	Durand-Badel.......................	1577-1606.
id.	Boyer	1630-1664.
id.	Bordenave...........................	1664.
A Orthez, De Portes...........................		1635-1676.

Dans la seconde période, nous rencontrons Desbarats, Pierre, libraire depuis 1638 et imprimeur de............... 1651-1656.

Desbarats, Jean Ier........................... 1656-1687.

Desbarats, Jean II........................... 1687-1714.

Desbarats Isaac............................... 1714-1737.

Desbarats, Isaac-Charles...................... 1737-1779.

---

(1) Nous n'avons pas cru devoir comprendre dans cette liste : Guillaume Dubois, à Orthez, 1617 ; Crespon, à Orthez, 1620 ; Saint Bonnet, à Lescar, 1647 ; Lavoir, à Bétharram, 1648, les trois derniers étant des imprimeurs sans attache dans le Béarn et le premier n'ayant édité qu'un seul ouvrage sans indication de profession d'imprimeur ou de libraire.

A partir de 1689, les Desbarats ne sont plus seuls imprimeurs à Pau ; à côté d'eux exercent :

Jérôme Dupoux............................	1689-1730.
Jean Dupoux..............................	1730-1759.
G. Dugué et Jeanne Desbarats, associés.........	1740-1766.
J. P. Vignancour..........................	1763-1807.

Auquel succèdent :

Antoine Vignancour, 1807-1827, et Pascal-Emile Vignancour, 1827-1873. Cette imprimerie est aujourd'hui entre les mains de M. Lalheugue.

Le successeur en titre de la famille Desbarats fut Daumon, 1779-1803. Cette année-là celui-ci cède son établissement à Pierre Laurent Veronese qui a exercé jusqu'en 1827, et fut remplacé par son fils Auguste dont le fils Adolphe continue depuis 1865 les saines traditions.

Viennent ensuite à Pau les imprimeries Tonnet, Sisos, Toumiu, Menetière et Garet ; à Oloron, celles de P. Serres, Lapeyrette, Marque, Maurin et Casebonne ; à Orthez, celles de Breillat, Aubouin et Goude-Dumesnil ; à Eaux-Bonnes, l'imprimerie Ossaloise.

Bien que chacun de ces imprimeurs fut en même temps libraire, il y eut cependant des marchands spéciaux :

A Pau,	Barthe........................	1685-1696.
id.	Morlanne......................	1740-1767.
id.	Jean Mathieu Bergol............	1764-1779.
id.	Jean Bergol....................	1779-1790.
id.	Despax........................	1782.
id.	Ducos.........................	1786.

Et depuis 1790, nombre d'autres dont le détail est quant à présent superflu.

III.

Dès leur apparition en Béarn, les imprimeurs furent-ils soumis à des lois qui règlementaient l'exercice de leur profession ? Il est présumable que non, et notre opinion se trouve confirmée par le passage suivant du rapport que l'intendant d'Etigny (1) adressait au chancelier sous la date du 25 mars 1759 (2) :

« Il n'a pas été possible, Monseigneur, de savoir dans quelles
« formes les imprimeurs avaient été établis à Pau, avant la réu-
« nion de la Navarre et la France en 1607. Tout nous porte
« à croire que l'art de l'imprimerie était mal administré en Béarn
« et qu'il y avait même peu d'imprimeurs dans cette province ».

Même après le mémorable édit d'union du mois d'octobre 1620, les règlements spéciaux sur l'imprimerie et la librairie restèrent longtemps à l'état de lettre morte, car nous ne pouvons regarder comme en étant l'exécution les provisions d'imprimeur du Roi que Desbarats et ses successeurs ont, à diverses reprises, sollicitées et obtenues, ces provisions, en leur créant un privilége, ne constituant à leurs yeux qu'une œuvre de commerce.

Cette situation, quelqu'anormale qu'elle puisse paraître, avait sans doute sa raison d'être dans la revendication que le Béarn ne cessait de faire du maintien de ses franchises, et que les Gens de

---

(1) Antoine Mégret d'Etigny, baron de Theil sur Vannes et de Chapelaine, seigneur de Passy, Etigny, Vaumort, Pont, Noé, Sommesous, Vassimont et Aussimont, a exercé ces fonctions à Auch et Pau du 10 mai 1751 au 24 août 1767.

(2) Arch. Dép. du Gers, C. 12. C'est aux bons soins de M. Parfouru, archiviste de ce département, que nous devons la copie de cette pièce.

la noblesse formulaient en ces termes dans leur lettre au Roi le 19 juin 1788 (1) :

« Le peuple Béarnais n'a de commun, avec ceux des Provinces « de votre royaume, que le bonheur de vivre sous votre Gouver- « nement : Les Ordonnances générales du Royaume n'ont pas été « faites pour ce Pays, elles y sont sans force ».

La déclaration du Roi, donnée à Fontainebleau le 10 octobre 1728, qui, dans son article 1er, ordonnait l'application aux imprimeurs, colporteurs et autres, des édits, ordonnances, déclarations et règlements rendus sur le fait de l'imprimerie depuis 1547, fut cependant enregistrée le 11 décembre de la même année par le Parlement de Pau (2).

Mais, si, par ce fait, elle devint en apparence exécutoire, de même que l'arrêt du conseil d'Etat du 24 mars 1744 qui plaçait tous les imprimeurs du Royaume sous le régime du règlement pour la librairie et l'imprimerie de Paris du 28 février 1723, et dont M. de la Bove (3) fit faire la publication dans toute l'étendue de son département (4), il fallut un arrêt spécial du 10 janvier

---

(1) A Pau, imprimé par Daumon *forcé par le peuple*, p. 23. Sous le titre de *Pau et le Parlement de Navarre en 1788*, M. F. Rivarès a fait paraître dans le *Bulletin de la Société des Sciences, Lettres et Arts de Pau*, T. XII, 2e livr., une intéressante relation des évènements dont cette lettre avait été la conséquence.

(2) *Recueil des arrêts* imprimé par Daumon 1786-1787, vol. 2, p. 487. Antérieurement et le 21 juin 1724 le Parlement de Pau avait enregistré la déclaration du Roi du 14 mars de la même année dont l'article 14 est ainsi conçu : Les libraires et les imprimeurs « ne pourront être admis à exer- « cer leur droit sans une attestation du curé de leur bonne vie et mœurs, « ensemble de l'exercice actuel qu'ils font de la religion catholique, « apostolique et romaine ». Mais cette déclaration, qui est spéciale aux *religionnaires*, ne vise les imprimeurs et libraires qu'accidentellement (même recueil, vol. 2, p. 243).

(3) Gaston Henri Caze, baron de la Bove, Intendant d'Auch et Pau, février 1744-1er mars 1749.

(4) Arch. B.-Pyr. C. 41.

1766 pour « rétablir à ce sujet le bon ordre, en usant d'indul-
« gence autant qu'il est possible à l'égard de ceux qui s'en sont
« écartés » (1).

Malgré la bienveillance dont il était empreint, cet arrêt, qui
maintenait à Pau deux imprimeries, mais en supprimait une troisième, souleva néanmoins des réclamations de la part de l'imprimeur qui était sacrifié (2).

Celles-ci furent souverainement tranchées par une décision du
8 novembre 1768 qui régla définitivement la matière jusqu'au jour
où, le 21 août 1789, les priviléges furent abolis.

Dans le Béarn, les imprimeurs *seuls* furent atteints par cette
mesure égalitaire.

Les libraires n'en ressentirent aucun effet, car, disait M. de
Sallenave, sub-délégué de l'Intendant, dans un rapport de
1768, « n'ayant point de jurande, ouvre boutique qui veut, la
police ne s'en formalise point » (3), et cette assertion est corroborée par le rapport fait à M. de Sartines en 1764 qui attestait qu'il
n'y avait alors ni communauté, ni chambre syndicale et qu'on ne
constatait en Béarn aucune contravention « soit qu'il n'y en aît
point, soit que les officiers de police ne fassent point leur devoir » (4).

Dussions-nous être taxé de partialité à l'égard de notre patrie
d'adoption, c'est à la première hypothèse que nous nous arrête-
rons, quoique cependant, à la date du 12 avril 1765, un sieur
Dugué adressât à la Généralité de Pau la lettre suivante, qui
trace un tableau peu flatteur de la situation de l'imprimerie et de
la librairie en Béarn à cette époque :

(1) Livre Rouge de Pau, f° 268. Arch. Com. de Pau, A. A. 1.
(2) Voir Chap. II, 2° Partie.
(3) Arch. B.-Pyr. C. 636.
(4) Arch. Nat., collection Anisson Duperron, fonds fr. 22189.

« Vous désirez savoir, Monsieur, s'il y a dans Pau une chambre
« syndicale de libraires-imprimeurs. Je vous annonce qu'il n'y en
« a point. Nous sommes deux libraires-imprimeurs pourvus par
« lettres-patentes. Il y en a un troisième qui, sans l'être, travaille,
« et trois libraires, deux desquels n'ont pas fait d'apprentissage,
« il y en a même un qui ne sait pas lire, et nombre de colporteurs
« qui vendent des livres qui sont dans le même cas, ce qui facilite
« le débit de toute sorte de mauvais livres qui devraient être
« proscrits. *Ces gens-là se prévalent des priviléges de la ville, pour
« ce qu'il n'y a pas de maîtrise.* Il serait très nécessaire, tant pour le
« bien de la religion que de l'Etat, qu'il leur fusse défendu de faire
« un tel commerce, et à tous porteurs, voituriers et messagers de
« remettre aucunes balles, ballots et paquets de livres à qui que
« ce fut, que la visite n'en fusse faite par une personne préposée.
« Voilà, Monsieur, tous les éclaircissements que je puis vous
« donner là-dessus, et j'ai l'honneur d'être avec respect, etc.

Signé : Dugué. » (1)

Appelé par décret de l'Assemblée nationale du 26 février 1790 à faire partie du département des Basses-Pyrénées, le Béarn cessa désormais d'avoir son existence propre, et son histoire provinciale ne nous appartient plus, du moins au point de vue spécial où nous nous sommes placé.

Nous arrêtons dès lors à cette époque nos renseignements généraux. Toutefois, et pour ne laisser dans l'ombre rien qui puisse se rattacher à notre sujet, nous croyons devoir emprunter à M. de Sérilly (2) ce qu'il disait au sujet de la papeterie, dans son rapport du 2 août 1740 : « Il y a trois papeteries en

---

(1) Arch. Nat. collection Anisson Duperron, fonds fr. 22129, f° 19.

(2) Jean Nicolas Mégret de Sérilly, Intendant d'Auch et Pau, 1739-2 février 1744.

« Bigorre, une dans le pays de Soule et *cinq dans le Béarn*.
« Toutes ces papeteries n'ont produit jusqu'à présent que des
« papiers extrêmement communs qui s'emploient à envelopper de
« l'épicerie et de la mercerie. Il en passe une partie pour cet
« usage en Espagne. Il y en passe aussi beaucoup pour y être
« employé à l'écriture et à l'impression ; le reste se consomme
« dans le pays. En général, ce papier est de mauvaise qualité,
« mais je doute que les Espagnols qui y sont accoutumés en vou-
« lussent de plus parfait, ni en donner le prix. De toutes ces pape-
« teries, celle de Tarbes serait celle qui pourrait mériter le plus
« d'attention » (1).

C'est à peu près dans le même sens que s'expliquait le général Serviez, en l'an 10, dans sa statistique du département des Basses-Pyrénées ; il y ajoutait cependant ce détail intéressant :

« Les Génois se sont emparés de ce commerce et les fabricants
« ne le ressaisirent qu'en imitant l'espèce de papier à l'aide duquel
« ils avaient obtenu ce succès. Ce papier est nommé *fleuret aux*
« *trois 0*, et c'est celui dont on fait le plus grand débit (2).

Malheureusement, aujourd'hui, cette branche de l'industrie ne tend pas à dépasser le niveau qu'elle avait en 1740.

Quelque décourageant que soit cet aveu dans l'intérêt de notre département, il n'en est pas de même pour l'imprimerie et la librairie. C'est pour nous une justice de reconnaître que de louables efforts ont été tentés depuis quelques années et nous pouvons affirmer, sans craindre un démenti, que le succès y a répondu.

(1) *L'Administration de la Gascogne, de la Navarre et du Béarn en 1740*, par le baron Louis de Bardies, Paris 1882, p. 67.
(2) Paris, imprimerie des Sourds-Muets, sans date, p. 81.

PREMIÈRE PARTIE

CHAPITRE Ier

JOHAN DE VINGLES ET HENRY POYVRE, IMPRIMEURS.

1552.

Tous les bibliophiles du Béarn connaissent, ne serait-ce que pour en avoir désiré un exemplaire, l'édition des *Fors et Coutumes* sortie des presses de Johan de Vingles et Henry Poyvre, imprimeurs à Pau en 1552.

C'est un petit volume in-4° de 222 pages, non compris huit feuillets préliminaires non chiffrés, et dont le texte mesure onze centimètres et demi de largeur sur seize centimètres de hauteur. Il est orné d'un frontispice dont la pureté de ligne fait honneur à son auteur (1) et que M. Soulice, l'intelligent Bibliothécaire de la ville de Pau, a décrit fidèlement dans le *Bouquiniste* du 15 janvier 1876 (2), en le comparant à ceux des *fors* imprimés en 1602 et 1625.

On remarque aux pages 1, 31, 55, de magnifiques L majuscules en arabesques sur fonds criblé ; des lettrines, sur fonds criblé ou

---

(1) Planche n° 1.
(2) Voir à l'Appendice l'article du *Bouquiniste*, que M. Soulice a bien voulu nous autoriser à rééditer.

noir, commencent le premier article de chaque rubrique à l'exception des nos 83 et 145.

L'impression générale enfin en est très soignée, et les caractères seraient à l'abri de toute critique, si la première ligne de chaque article ne laissait soupçonner qu'une main inhabile suppléa, par une fabrication hâtive, à l'absence de lettres dont la dimension était exigée par les Etats de Béarn (1).

Ceux-ci, en effet, qui avaient pris à leur charge les frais de l'impression de ce *for*, voulaient que l'édition fut irréprochable dans la forme, et, pour atteindre ce but, ils avaient appelé à eux des typographes experts en la matière.

C'est à Toulouse qu'ils les trouvèrent, ainsi que l'établit un acte retenu le 6 février 1551 par M. Menaud de Maucor, secrétaire du Roi, dont nous donnons la traduction au vu du texte édité par le *Bulletin des Comités historiques* (2).

« Notum sit que Johan de Vingles et Henry Poyvre, imprimeurs,
« ont reconnu avoir reçu des mains de M. Pées de Castagnède,
« syndic de Béarn, la somme de trois cents francs bordelais, qui
« réellement et de fait leur ont été donnés et payés en cent écus
« à l'Empereur, valant chacun trois francs bordelais ; lesquels ils
« ont reçu en réduction du prix fait avec eux d'imprimer les *fors*
« de Béarn à raison de un *ardit* (3) le cahier en *quart*, et de la
« *grandeur et largeur du papier sur lequel le présent contrat est
« écrit*. Ils en feront *deux mille* livres ; les rubriques seront en
« grosses lettres et ils seront tenus de marquer le nombre des

(1) Planche no 2.
(2) Paris, Imprimerie Nationale, 1850, p. 186. C'est à M. Ginestet de Chairac, correspondant de Bayonne, que ce Bulletin doit la communication de cette pièce qui lui avait été confiée par son propriétaire M. Hatoulet, alors Conservateur de la Bibliothèque de Pau ; nous ne savons aujourd'hui quel en est le détenteur.
(3) Un ardit ou liard était la quatrième partie d'un sol tournois.

« rubriques au-dessus de chaque article. Sur les deux mille livres
« du *for*, ils seront tenus d'en relier mille en basane et les autres
« mille en parchemin.

« La dite somme de cent écus à l'Empereur, Monseigneur de
« Lescar l'a prêtée au dit de Castagnède syndic, pris en cette
« qualité. Mon dit seigneur de Lescar a promis en outre de faire
« *reporter et retourner* les presses des dits livres *du présent pays à*
« *Toulouse*, c'est-à-dire de payer les ports des susdites presses,
« ce que coûteront les voituriers (*traginers*) étant seulement aux
« frais du pays. Le dit de Castagnède a promis de faire rem-
« bourser par le trésorier du pays la dite somme au dit seigneur
« de Lescar, et les dits Vingles et Poyvre ont promis de faire la
« dite besogne dans le terme de *quatre mois à compter de la date*
« *des présentes en avant* (1). Ils ne pourront vendre en particulier
« à personne, et pour ce faire ils ont obligé leurs biens et causes,
« corps et personnes, et le dit de Castagnède, en sa qualité de
« syndic du pays, s'est aussi obligé à se conformer au dit traité et
« aussi à rembourser au dit seigneur de Lescar les dits cent écus
« à l'Empereur, obligeant, etc., jurant, etc.

« Fait à Pau le 6 de février l'an mil cinq cent cinquante et un ;
« témoins : Egregi Monseigneur Pierre de Bonefont, conseiller du

---

(1) M. de Chairac fait remarquer que cette clause ne fut pas rigoureusement exécutée, « car, dit-il, les *fors* ne parurent que l'année suivante et ce
« ne fut que le *29 octobre 1552* que les imprimeurs obtinrent un privi
« lége de dix ans ». Il aurait du s'étonner surtout que la quittance fut
intervenue le *26 février 1551*, alors que la publication des *fors* et les
lettres patentes les approuvant portent la date des 26 et 27 novembre
1551. Mais il a perdu de vue qu'à cette époque l'année commençait le 25
mars et que ce ne fut que, par une ordonnance de Jeanne d'Albret, rendue le 1er novembre 1571 à la demande des Etats, que le millésime devait
à l'avenir compter du 1er janvier (Arch. B.-Pyr. C. 685 fo 50). La date
réelle de la quittance est donc du 26 février 1552 et ainsi tombe l'observation qu'il a faite.

« Roi, Monseigneur Bertran de la Torte, recteur de Montaud,
« Maître Johan Valérian, avocat au consistoire du Roi et cour de
« Monseigneur le Sénéchal de Béarn, et moi, Menaud de Maucor,
« secrétaire du Roi, et les dits Vingles et Poyvre et de Castagnède
« ont ici signé ».

Les imprimeurs allèrent vite en besogne (1), car, le 2 mai suivant, les Etats décidèrent que les mille francs qui leur étaient dus pour les deux mille exemplaires seraient cotisés avec la donation du Roi ; et ils réglèrent ainsi qu'il suit la distribution de ces exemplaires (2) :

« Les deux mille *fors* imprimés et reliés seront remis entre les
« mains de M. Pées de Castagnède, syndic de Béarn, et de M. Ar-
« naud de Faurie, trésorier du Pays, qui les distribueront en la
« forme suivante : Savoir, que chaque ville et village du présent
« Pays sera tenu d'en prendre *un* en payant dix sols jacques (3)
« pour chacun qui servira au commun de toutes villes et villages
« pour juger suivant lui. — Quant aux autres, ils seront distribués
« et vendus par les sieurs de Castagnède, syndic, ou de Faurie,
« aux particuliers qui en voudront acheter au même prix. Sur la
« somme qui sera cotisée, le sieur de Faurie paiera à Monseigneur
« de Lescar six cents francs qu'il a fournis aux dits imprimeurs,
« et il leur paiera personnellement ce qui leur sera dû au delà de
« ces 600 francs pour les deux mille *fors* ».

Le paiement de ce surplus fut effectué le 1er juillet, en vertu d'une ordonnance de M. de Castagnède, en date du 30 juin, ainsi que l'atteste la pièce originale qui est conservée dans les

(1) Voir les explications fournies note 1 de la page précédente.
(2) Arch. B.-Pyr. C. 682, f° 28.
(3) Un sol jacques valait douze deniers jacques qui valait lui-même 2 bacquettes. Chaque bacquette était la 4e partie d'un liard, et il fallait quatre liards pour faire un sol tournois.

archives départementales des Basses-Pyrénées et qui est revêtue de la signature de Poyvre, dont nous donnons le fac simile (1).

Là ne se bornèrent pas les frais que durent supporter les Etats.

Le 15 juin 1552, il avait été payé à Daniel Loyard et Moret, cordonnier (*sabater*) de Pau, savoir : « à Daniel quatre livres et à
« Moret trente sols tournois pour trois douzaines de plis de par-
« chemin, préparés de toutes parts qui ont été livrés aux impri-
« meurs des *fors* pour faire les *fors* (2) ».

Et l'état des dépenses arrêté dans la ville de Pau le 4 novembre de la même année, contient le détail suivant (3) :

« Aux imprimeurs des *fors*, pour la réimpression des dits *fors*
« et outre ce qui leur est dû, selon l'accord fait entr'eux, cent
« livres tournois.

« Aux serviteurs des dits imprimeurs dix livres tournois.

« A ceux qui ont visité et corrigé le *for* avant de le mettre sous
« presse, douze livres chacun, savoir : à Monseigneur d'Abbadie,
« maître des requêtes, pour six jours de vacations   xii^l

« Item à Monseigneur de Poey pour six jours.

---

(1) Cette pièce est transcrite en entier dans l'*Inventaire Sommaire des Archives*, T. ii, p. 251. B. 5958.

(2) Arch. B.-Pyr., B. 3958.

(3) Arch. B.-Pyr., C., 682, f° 33.

à Monseigneur de Bonefont.

à Monseigneur de Fraixo.

« Aux syndics pour les dites vacations   VI

« A Monseigneur de Bonefont pour faire les accents, la
« table et ranger les articles, motifs et peines particulières
« par lui prises pour le dit *for*.   L

« A Guillaume de Castagnède pour sa diligence envers le
« sieur de Bonefont et son travail sous ses ordres.   X

Cet état est suivi de la fixation définitive du prix de vente de chaque exemplaire, et il en résulte que chaque seigneur immédiat paiera cinq sols, chacun des bourgs, villes et lieux (*locs*) du Pays sera contraint d'en prendre un, qu'il paiera aussi cinq sols, et, quant aux autres qui restent, ils seront vendus à qui en voudra acheter au prix de *dix* sols.

Si M. de Bonefont y figure comme ayant mis les accents et fait la table, il y eut cependant un autre personnage qui vint en aide aux imprimeurs dont l'ignorance de la langue béarnaise rendait de leur aveu la besogne particulièrement difficile.

Dans un avertissement en latin, ils ont le soin de nous révéler son nom : « C'est Joseph Valérien *Scurra*, jurisconsulte très
» distingué, disent-ils, avocat à la Cour, qui, par une admirable
» entente des lettres et des mots, nous a rendu les services que
» nous résumons ainsi : d'abord, il a pensé qu'il fallait enlever
» tous les signes dont on se servait autrefois pour abréger les
» mots, afin que chacun pût comprendre plus facilement chaque
» expression, toutes les lettres ayant été mises à leur place. Il a
» ensuite marqué tous les accents sur chaque voyelle, afin que la
» valeur des lettres et leur propriété, le véritable son des mots et
» leur usage soient plus clairs aux lecteurs. En outre, il a ajouté
» à la fin de l'ouvrage une table très complète, à l'aide de laquelle

» le lecteur pourra saisir l'ensemble de toutes les matières trai-
» tées dans les divers chapitres comme dans un abrégé ».

Il était sans doute le même individu qui figurait comme témoin de l'acte du 6 février 1551 sous le nom de « meste Johan Valérian,
» avocat au Consistoire du Roi et Cour de Monseigneur le Séné-
» chal de Béarn ».

D'après M. Faget de Baure, il s'appellerait *Lascure*, et pour le récompenser de sa collaboration Henri d'Albret aurait anobli les biens qu'il possédait à Pau, à Gelos et à Jurançon (1).

Nous avons vainement cherché la trace des noms de Scurra ou de Lascure ; nous pensons cependant que ce savant ne devait être autre qu'un membre de la famille de Mouseigneur Gratien de Lescure qui, en sa qualité de conseiller du Roi, fit partie de la commission pour réformer l'organisation de la justice en Béarn, suivant ordonnance d'Alain, sire d'Albret, tuteur d'Henri II de Navarre, en date du 27 juin 1519 (2).

Le désir que nous avons de mettre en lumière tout ce qui se rapporte à l'édition de 1552, nous a fait négliger un instant la personnalité des imprimeurs et nous y revenons.

(1) *Essais historiques sur le Béarn*, p. 408.
(2) Arch. B.-Pyr. E. 331. — Si des renseignements nous font défaut sur Joseph Valérian, il n'en est pas de même pour Monseigneur Gratien de Lescure. Le 24 juin 1517, il achetait à Pau la maison appelée *de l'huissier* qu'il disait posséder depuis dix ans et qui était sise devant le Château et près de l'Eglise (Arch. B.-Pyr. E. 1985 f° 135). Dans le censier des droits appartenant au domaine de Béarn dans la ville de Pau, en 1535 et 1544 (Arch. B.-Pyr. B. 704 et 742) il figure pour le champ de Laureyut. Dans le censier de la ville de Pau (Arch. Com. de Pau, C. C. 2 f° 150), il est porté comme propriétaire d'une maison, carrère de la Poudge, qu'il avait, du reste, achetée le 21 juin 1529 de Menauton de Lezons (Arch. B.-Pyr. E. 1985 f° 141). Enfin, il est maintenu sur la liste des voisins dressée le 20 avril 1552 (Arch. Com. de Pau B. B. 1 n° 127). Il mourut dans l'intervalle de 1552 à 1559, car le rôle de la taille de la ville de Pau pour l'année 1560 (Arch. B.-Pyr. B. 5960) porte : *les héritiers de M. de Lescure*.

On a dit, à leur sujet, qu'Henri d'Albret avait établi à Pau *une belle imprimerie* ; d'où on devrait conclure qu'il s'agissait d'un établissement permanent. Or, la simple lecture de l'acte du 6 février 1551 donne la preuve du contraire.

« Les Etats, y est-il dit, prendront les presses à Toulouse et » devront les y rapporter » ; donc, cette *belle imprimerie* ne dura à Pau que le temps nécessaire pour imprimer les fors, et, si les lettres patentes qui, le 29 octobre 1552, accordaient à Johan de Vingles et Henry Poyvre un privilége pendant dix ans, les dénomment imprimeurs, *demeurant en notre ville de Pau*, c'est qu'à ce moment ils y étaient installés depuis plus de huit mois, sans que cependant ils eussent renoncé à revenir à Toulouse, ainsi qu'ils l'avaient stipulé vis-à-vis des Etats.

Il est vrai que, profitant de leur séjour à Pau, l'évêque de Lescar, qui avait pris une part active dans le traité, puisqu'il avait avancé une partie des fonds, leur confia l'impression du *Livre des constitutions de l'Eglise et Diocèse de Lescar* (1), mais ce travail fut accompli la même année que celui des *fors*, en 1552, et, passé cette époque, ils ne laissèrent pas plus de trace en Béarn qu'à Toulouse, où ils devaient cependant retourner.

Nous serions heureux qu'un chercheur Béarnais put nous donner un démenti sur le premier point que, jusqu'à preuve contraire, nous tenons pour constant; quant à Toulouse, Jean de Vingles et Henry Poyvre ne figurent ni dans la nomenclature des imprimeurs du xve siècle donnée par M. Desbarreaux Bernard, ni dans celle du xvie dressée par M. de Castellane (2). Or, les études de

---

(1) Voir infrà la description de ce livre rarissime.
(2) *Revue de Gascogne*. Juin 1883, p. 284. Dans son désir de nous être agréable, M. de Lahondès, secrétaire de la Société archéologique du midi de la France, auteur de l'article que nous rappelons et qui est une réponse à une question que M. Tamizey de Larroque avait bien voulu poser en

ces maîtres en bibliographie ont un tel caractère de certitude, qu'il reste peu d'espoir de les trouver en défaut.

Le nom de de *Vingles*, du reste, appartient à la typographie lyonnaise (1), car Jean de Vingles y imprimait en 1495 : *Sophologium magistri Jacobi Magni* (2); en 1497, *Sermones dormi secure* (3) ; en 1499, *La Pragmatique Sanction* (4) ; en 1501, Le *Livre des trois fils de Roi,* in-f° (5).

Nous ne dirons pas que ce fut ce Jean de Vingles qui vint à Pau en 1552, car, en admettant qu'il n'eût que 25 ans quand il débutait en 1494 (6), il en aurait eu 83 en 1552, âge un peu avancé pour se livrer à la typographie ambulante ; mais Jean de Vingles eut des fils, dont l'un, Pierre, passa en Suisse où il imprimait à Neufchâtel, en 1533 : 1° *Les Chansons Nouvelles*, démontrant plusieurs

notre nom, ce dont nous le remercions vivement, se demande si Jean de Vingles ne serait pas une anagramme imparfaite de Jean de Guerlins, bien que la chronologie ne permette pas, dit-il, d'identifier ces deux imprimeurs; nous aimons mieux nous en tenir à cette dernière raison que de combattre l'idée de l'anagramme. Quant à Henry Poyvre, peut-être, dit-il, pourrait-on trouver ce dernier imprimeur dans *Henric* qui imprima en 1529 *Officia sanctorum ecclesiæ tolosanæ,* mais cette hypothèse tombe devant ce fait que nous trouvons dans les notes de M. de Castellane, c'est que *Henric* était un allemand qui s'appelait *Mayer.* Voir en outre *Origines de l'imprimerie en Languedoc* par A. Claudin 1880, p. 63, note 2.

(1) Paul Dupont, vol. 1er, p. 440.

(2) Un exemplaire de cet ouvrage existait récemment chez M. Ballieu, libraire à Paris.

(3) In-8°. Gothique à deux colonnes. — N° 8464 du catalogue de Menu, libraire à Paris, juillet 1883.

(4) Un exemplaire de cet ouvrage était la propriété du curé de Pardies près Monein. La bibliothèque de ce bibliophile appartient aujourd'hui au collège d'Oloron.

(5) *Indicateur des Livres perdus et Exemplaires uniques,* œuvre posthume de J. M. Quérard, par G. Brunet, Bordeaux, 1872.

(6) M. Sylvestre — *Marques typographiques*, Paris, 1867 — donne au n° 205 les dates 1494-1512, comme se rapportant à Johan de Vingles, imprimeur à Lyon.

erreurs ; 2° *Les Chansons* (s'ensuyvent plusieurs belles et bonnes); 3° *Moralité de la maladie de Chrétienté*, à onze personnages (1). En 1534 : *Le Grand pardon de plenière rémission pour tous les Chrétiens*, et il est fort possible qu'un autre, nommé Jean, ait pris une route opposée et soit précisément celui qui nous occupe.

Henry Poyvre était-il aussi de Lyon ? On pourrait le prétendre s'il était un ancêtre du célèbre voyageur et naturaliste Pierre Poivre, qui naquit à Lyon le 23 août 1719, et qui, après avoir administré, en qualité d'intendant, les Iles de France et de Bourbon, de 1767 à 1773, mourut le 6 janvier 1776 aux environs de Lyon où il s'était retiré dans une campagne (2). Nous nous bornons à livrer cette hypothèse à la sagacité des bibliophiles lyonnais.

De ce fait cependant que l'un de ces imprimeurs peut être rattaché à la grande famille des typographes lyonnais et, étant donnés les termes de l'acte de 1551, nous n'hésitons pas à dire que Jean de Vingles et Henry Poyvre étaient des imprimeurs nomades, comme il y en eut tant au XVIe siècle.

Il est constant, en effet, aux yeux de tous les bibliographes que Lyon ne fut pas seulement la première ville de France, après Paris, où l'art typographique fut pratiqué, mais que de cette ville rayonnèrent quantité d'ouvriers qui couraient de château en château, de monastère en monastère, prêts à mettre leurs presses au service de ceux qui leur offraient du travail.

Et ce n'est pas aujourd'hui que cette assertion existe. Le 14 décembre 1581, le sieur d'Augusto, avocat à Montauban, chargé de soutenir les prétentions de l'imprimeur Rabier (3) contre les

(1) *Livres perdus et Exemplaires uniques.*
(2) Larousse, *Grand Dictionnaire universel du XIXe siècle*. Vol. 12, p. 1282. — Conil, *Encyclopédie populaire* — Paris 1880, p. 1689.
(3) Voir infrà Chap. IV.

consuls de cette ville, affirmait le même fait : « Sa partie, disait-il,
« peut tenir une presse en divers lieux, et icelles faire servir par
« des serviteurs sans se bouger d'icy, ce qui n'est pas incompa-
« tible, *comme d'autrefois s'est faict que des imprimeurs de Lyon
« ont tenu presses dans Tholose et en Espaigne aussi,* qu'ils faisaient
« servir par des maîtres valets ».

Nous ne croyons pas devoir insister davantage au soutien de notre thèse, mais il nous reste à parler du second volume, imprimé par Johan de Vingles et Henry Poyvre en 1552.

Nous le trouvons ainsi décrit dans le catalogue de la bibliothèque A. Firmin Didot (1) :

« *Liber constitutionum Ecclesiæ et diocesis Lascurrensis per Ja-*
« *cobum de Fuxo, Episc. Lascurrensem nuper impressus Pali per*
« *Joannem de Vingles et Henricum Piper (2), MDLII* (1552).
« Petit in-4º, mar. brun. Riches comp. en mosaïque, tr. dorée. »

Lors de la vente de cette bibliothèque, il a été acheté pour le compte du British Museum et nous nous disposions à demander à ce précieux dépôt de nous donner sur ce volume rarissime des renseignements de nature à satisfaire la curiosité des bibliophiles béarnais, lorsqu'un hasard, que nous ne saurions trop bénir, vient de rendre la Bibliothèque de Pau possesseur d'un exemplaire, en même temps que nous apprenions qu'il en existait un troisième à Paris, à la Bibliothèque Ste-Geneviève.

Edité dans le format des *fors*, il est imprimé en caractères gothiques, ce qui, d'après M. Paul Dupont, serait encore un indice que Johan de Vingles et Henry de Poyvre étaient de Lyon ; car,

---

(1) Page 161, nº 195.
(2) Le mot latin *Piper* démontre péremptoirement que notre imprimeur s'appelait réellement *Poyvre* et non *Poyure*, comme nous l'avons vu éditer bien souvent.

dit-il, « on reproche aux anciens imprimeurs de cette ville d'a-
« voir conservé le caractère gothique (1) ».

Notre volume n'est malheureusement pas irréprochable, il y manque quelques feuilles de tête ; mais nous espérons qu'au moyen d'une reproduction photographique des feuillets manquants, nous posséderons bientôt un exemplaire complet, qui ne sera pas le moindre attrait de notre Bibliothèque.

En attendant que notre espoir se réalise, nous croyons devoir transcrire ci-après la notice que M. Pawlowski, le savant bibliothécaire de la maison Didot, a consacrée à cet ouvrage :

« Volume de toute rareté, publié par les soins de Jean de Foix,
« Evêque de Lescar. C'est un des deux premiers livres, sinon le
« premier, qui aient été imprimés à Pau. M. P. Deschamps (*Dic-*
« *tionnaire de Géographie*) ne parle pas de ce volume à l'article
« consacré à l'histoire de l'imprimerie dans la ville de Pau, bien
« que Brunet l'aît suffisamment décrit ; mais en revanche, il en
« cite (art. Beneharnum) une édition qui aurait été exécutée par
« les mêmes typographes, mais qui ne porterait aucune mention
« du lieu d'impression, ce qui conduit le savant bibliographe à la
« présenter comme ayant été imprimée à Lescar même. Il est
« douteux que cette édition ait jamais existé, car il parait inadmis-
« sible que, dans la même année, on ait eu besoin de faire impri-
« mer deux fois un livre d'une spécialité aussi restreinte. Cette
« assertion provient évidemment du défaut de précision biblio-
« graphique de la part de l'auteur du livre où M. Deschamps a
« puisé son renseignement ».

(1) *Histoire de l'Imprimerie*, vol. 1er, p. 441.

CHAPITRE II

I. MATHURIN CHÈZE. — II. BOLONGER — III. DUBOIS, LIBRAIRES.

1554-1594

I

L'engagement que Jean de Vingles et Henri Poyvre avaient pris vis-à-vis des Etats ne consistait pas seulement dans l'impression des *fors* ; il fallait que les deux mille exemplaires fussent reliés mille en basane, mille en parchemin, et, comme conséquence, ils devaient avoir avec eux un relieur.

Il se nommait Mathalin ou Mathurin Chèze, aussi trouvons-nous dans le registre des dépenses de la Chambre des Comptes, à la date du 16 mai 1554, la mention suivante (1) :

« A M. Mathalin Chèze, relieur, pour la réparation de la reliure
« des *fors, outre ce qui lui est dû pour les deux mille fors* qu'il a
« reliés au prix à raison de deux carolus (2) pour chaque *for* ».

Il s'était marié à Jeanne de Coturat et exerça pendant long-

---

(1) Arch. B.-Pyr. C. 682, f° 39.
(2) Ancienne monnaie de billon de France frappée sous différents règnes à différent titre ou valeur. Les premiers carolus furent fabriqués sous le règne de Charles VIII et valaient dix deniers. — En Béarn, le carolus s'appelait aussi grand blanc.

temps non seulement sa profession de relieur, mais encore celle de libraire.

Sous le nom, en effet, de *Mathurin* libraire, demeurant en la maison de Tisnès, il est cotisé au registre des tailles (1) de 1577 pour une somme de trois sols ; dans le rôle dressé le 5 mai 1586 (2) et dans celui du 11 août 1587 (3) il figure dans la catégorie des *Brassiers* avec Jeanne de Coturat, sa femme ; en 1588, il apparait sous le nom de Mathurin Chèze, époux de Jeanne Coturat, comme redevable d'une somme de trois sols (4), enfin, sous les dates des 15 janvier, 15 février et mai 1594 il reçoit, comme libraire, le prix de fournitures qu'il avait faites à la communauté de Pau (5).

Il ne fut pas cependant le seul libraire en exercice à cette époque.

II

Nous ne relevons que pour mémoire un nommé Guillaume *Bolenger* ou *Bolonger* qui, le 28 février 1563, était énoncé dans l'acte d'ouverture du testament de Peyroton de Gabarden, cordonnier à Pau, comme ayant été le témoin de ce testament « *fait au mois « de mai passé il y a deux ans* (6), alors qu'il était *libraire* et man- « gonnier (7) à Pau et qui à présent demeure à Bordeaux (8) ». C'est la seule indication que nous ayons sur son compte.

(1) Arch. Com. de Pau. CC. 5 fo 8.
(2) Arch. B.-Pyr. B. 5970.
(3) Arch. B.-Pyr. B. 5973.
(4) Arch. Com. de Pau, CC. 5, fo 19.
(5) Arch. Com. de Pau, CC. 82, fo 16, 21, 25.
(6) Sa présence à Pau est dès lors constatée au mois de mai 1561.
(7) Regrattier ou marchand de seconde main.
(8) Arch. B.-Pyr. E. 1998, fo 71.

III

En 1570, un autre libraire, Pierre Dubois, touchait du trésorier de la Chambre des Comptes (1) une somme de cent livres, dont la dépense est ainsi libellée :

« A M. Pierre Dubois, libraire, la somme de cent livres tournois, « *de laquelle la reine lui a fait don pour certaines causes et considé-* « *rations,* par mandement de Sa Majesté donné à La Rochelle le « 8 novembre 1570 ».

C'était aussi à la munificence de Jeanne d'Albret qu'il devait de posséder une boutique et un bâtiment, dans la rue publique, près du temple (2), fait dont nous puisons la preuve dans la vente qui en fut effectuée, après sa mort, le 23 octobre 1574.

Elle eut lieu publiquement à la demande du procureur général du Roi, qui exposait que Pierre Dubois a laissé deux enfants orphelins « qui vont par les portes mendiant sans avoir autre » chose qu'une petite boutique et un petit bâtiment que le défunt » avait faits avec la permission de la défunte reine de glorieuse » mémoire ». Il en requérait, en conséquence, la mise en vente dans l'intérêt de ces enfants dont le sort le préoccupait.

Un nommé Johan de Laffargue, cordonnier, offrit vingt écus et se chargeait, en outre, de prendre pendant six ans un des enfants en apprentissage ; l'intérêt du prix devait servir à payer l'apprentissage de l'autre, à qui, séance tenante, le crieur public, Bernard Baler, proposait d'apprendre le métier de tailleur ; mais cette offre

---

(1) Arch. B.-Pyr. B. 16, f° 24.
(2) L'ancienne église St-Martin, située vis-à-vis le Château et en prolongement dans la rue Henri IV, avait été convertie en temple protestant en 1563. Elle fut rendue au culte catholique lors du voyage de Louis XIII en Béarn (octobre 1620).

ne parut pas suffisante, et, après plusieurs enchères, M. Arnaud du Fourcq, procureur ecclésiastique, fut déclaré adjudicataire moyennant 80 écus petits dont il effectua la remise à M. de Nyort, jurat de la ville, qui s'engagea à en tenir compte plus tard aux orphelins (1).

L'un d'eux s'appelait Jean. En mourant, Simon Rabalier, pâtissier à Pau, le recommandait en ces termes à sa femme Marie Lapiquette ou La Prégotte dans son testament du 20 août 1574 :

« Item, veut et ordonne que la dite Marie nourrisse et entre-
» tienne honnêtement selon sa qualité Johan du Boys, fils de
» M° Pierre du Boys, en son vivant libraire de la présente ville,
» jusqu'à ce que ledit Johan soit à l'âge de dix-huit ans seulement,
» et, à partir de ce moment, la dite Marie sera en liberté de le
» laisser ou de l'entretenir, ainsi que bon lui semblera » (2).

Quant à l'autre, peut-être, se dégoûta-t-il de l'état de tailleur, et vint-il à Orthez exercer le métier de son père, car en 1617 un nommé Guillaume Du Bois y éditait: *La response à la harangue de Gaspar Dinet, evesques de Mascon, prononcée devant le Roy contre les habitans de la ville de Montpellier et ceux du Païs de Béarn* (3); plaquette in-8° de 40 pages.

(1) Arch. B.-Pyr. E. 2002, f° 212.
(2) Arch. B.-Pyr. E. 2002, f° 178.
(3) Bibliothèque du Château de Pau, n° 982.

CHAPITRE III

I. SAUGRAIN. — II. DURAND-BADEL, LIBRAIRES.

1574-1606.

I.

A la mort de Pierre Dubois, Jean Saugrain s'était établi dans sa boutique, et, dans l'acte d'adjudication tranchée au profit de M. Arnaud du Fourcq, il s'engagea vis-à-vis de celui-ci à rester son locataire.

Né à Ferrières-haut-Clocher, près d'Evreux, en 1518, Jean Saugrain était d'abord venu à Lyon pour monter une boutique de libraire, et y avait épousé en 1558 Claudine Vallet.

Par lettres patentes du 10 juin 1568, Charles IX l'avait fait son premier imprimeur à Lyon, mais à la mort de sa femme il vint s'établir à Pau, où, le 24 juin 1576, il se maria devant M. La Taulade, pasteur, avec Claude Séronne de Cusset en Bourbonnais (1).

Il était déjà libraire à Pau le 21 juin 1574, car, ce jour là, un nommé André Giraud, de Saint Rambert, du Pays de Forest, habitant à Pau, au moment de partir pour la guerre, fit son testament dans lequel il laissait à « Johan Saugrain, libraire, habitant « en la dite ville de Pau, cent livres pour les agréables services

(1) Arch. Com. de Pau, G. G. 133.

» qu'il en a reçus » ; il y déclarait, en outre, que Saugrain était détenteur de cinq obligations souscrites en sa faveur par des habitants de la ville (1), ce qui dénotait l'intimité de leurs rapports et la confiance que Saugrain lui inspirait.

Le 30 juillet 1579, ce libraire vendait, pour le service de S. M. « une paire de psaumes, un nouveau testament et quatre mains » de papier doré sur la tranche » dont le prix s'élevait à six livres dix sols (2).

Le 13 décembre de la même année, Claude Séronne, sa femme, faisait son testament qui fut déposé le 23 janvier 1580 dans les minutes de M⁰ de Forgues, notaire à Pau (3) ; en raison des renseignements intéressants qu'elle donne sur Saugrain et sa famille nous transcrivons cette pièce in extenso en la traduisant du béarnais en français (4).

« Notum sit que Claude Séronne, du lieu de Cusset, en Bour-
« bonnais, femme et épouse tant qu'il plaira à Dieu de M. Johan
« Saugrain, libraire, habitants en la présente ville de Pau, malade
« de sa personne en son lit, et cependant saine de son entende-
« ment et en bonne mémoire, a fait et conduit sa propre bouche
« et ordonné le présent testament et dernière volonté de son bon
« gré et sans être contrainte en la forme suivante :

« Premièrement, elle recommande son âme à Dieu, le père qui
« l'a créée, à Jésus-Christ, son fils, qui l'a rachetée, et au St-Esprit,
« qui l'a illuminée, le suppliant que, quand il lui plaira que celle-
« ci se sépare de son corps, il la veuille colloquer en la gloire
« céleste du Paradis, en la compagnie de ses anges.

(1) Arch. B.-Pyr. E. 2002, f⁰ 165.
(2) Arch. B.-Pyr. B. 48, f⁰ 21.
(3) Arch. B.-Pyr. E. 2003, f⁰ 77.
(4) Le béarnais était la langue officielle employée pour les actes des notaires, les délibérations des Etats de Béarn et celles des municipalités.

« Item, veut et ordonne que, quand Dieu fera la dite séparation
« de la dite âme et corps, son corps et cadavre soit enterré dans
« le cimetière du temple de la présente ville, où il sera avisé par
« son dit mari et sans aucune pompe funèbre, ainsi qu'il est
« observé en la religion réformée de laquelle la testatrice est
« depuis trente-cinq ans, en attendant la résurrection des morts.

« Item, laisse son dit mari seigneur et usufruitier de tous ses
« biens et causes, sa vie durant, et, après sa mort et décès, ceux-ci
« seront laissés à deux enfants mâles et fils du sieur Saugrain et de
« Claude Vallet, sa première femme, de loyal mariage procréés, le
« premier appelé Johan et l'autre Abraham, lesquels la dite testa-
« trice, après sa mort et celle de son dit mari, institue pour ses
« héritiers et par égales portions de tous ses biens et causes, et, au
« cas que l'un mourrait plustôt que l'autre, veut que le survivant
« hérite et succède en tous ses biens, au détriment des héritiers
« de celui qui serait mort.

« Item, laisse aux pauvres de la présente ville deux testons (1)
« pour charité et aumône qui seront distribués par le diacre de
« l'église, à la volonté du consistoire de l'église de la dite ville.

« Item, laisse à Audine, qui à présent la sert dans sa maladie,
« un teston pour sa peine, outre ce qui lui est promis pour ses
« gages de domestique (*serbitat.*)

« Item, à Agnète, femme veuve du défunt *lo cog plapat*, un tes-
« ton pour tous les services qu'elle lui a rendus pendant sa dite
« maladie et ces sommes seront payées par son dit mari.

« Fait à Pau, le 13 décembre 1579, présents et témoins M. Ber-
« tran du Luc, apothicaire de la présente ville, Guillaume Nyboi-
« sin, orfèvre, habitant à Pau, Johan de Lafite de Salies, habitant à
« Pau, et Manaud de Lexia, jurat de la dite ville, qui le présent a

(1) Le teston valait 14 sols 16 deniers tournois.

« retenu et rapporté à la dite ville le 23 de janvier 1580, présents
« et témoins du dit rapport, M. Ramon de Majorau et Johan deu
« Sartho de Lusson, et moi de Forgues, notaire. »

Le 6 février 1580, Jean Saugrain s'associait en ces termes avec Durand-Badel, de Cahors en Quercy, aussi libraire à Pau (1) :

« Au nom de Dieu, sachent tous présents et avenir que pactes et
« accords ont été faits et passés entre Jean Saugrain, libraire de
« Pau, et Durand-Badel, de Cahors en Quercy, aussi libraire, ha-
« bitant en la dite ville, en la forme et manière suivante :

« Premièrement, que les dits Saugrain et de Badel promettent de
« demeurer et trafiquer ensemble l'espace de dix ans, à compter
« du dit jour et date du présent, soit en la présente ville, ou autre
« part avec l'aide de Dieu, à moitié profit, durant lequel ils pro-
« mettent aussi de tenir toute fidélité l'un à l'autre.

« Item, la marchandise que le dit de Saugrain a mise avec le dit
« Badel a été estimée par eux à la somme de six cent quarante-
« quatre livres sept sols, ainsi qu'il apparaît par l'inventaire fait et
« signé par le dit Badel, laquelle somme le dit Saugrain retirera ou
« les siens après leur séparation et *département*, tant en argent qu'en
« marchandises, de tout ce qui se trouvera en nature, lorsqu'ils
« feront la dite séparation, soit de la sorte qu'il a mise en la dite
« compagnie, ou autrement à choisir telles que bon lui semblera
« jusqu'à la dite somme, et le restant des marchandises et profit
« sera partagé entre eux par moitié, ensemble l'argent si tant est
« qu'il y en aye.

« Item, les outils et fers du dit Saugrain touchant la reliure lui
« seront rendus après leur séparation selon l'inventaire par eux
« fait, et, s'ils en achètent ou en font faire d'autres durant le dit
« temps, ils seront partagés par moitié.

(1) Arch. B.-Pyr. E. 2003, f° 5.

« Item, après la dite séparation, les boutiques et logis qui ont
« été ordonnés au dit Saugrain *tant en la présente ville qu'à Orthez*
« lui resteront au cas ci-dessus écrit, sans que le dit Badel puisse
« rien demander après leur séparation *(despartide)*.

« Item, les livres que le *dit Saugrain avait imprimés à Lyon*, ne
« seront pas compris dans la dite société avant d'en tirer l'argent
« pour subvenir à ses petites nécessités et seront reliés avec les
« autres livres de la boutique quand il en aura besoin en parche-
« min vieux seulement sans rien prendre pour la reliure.

« Item, si le dit Saugrain venait à mourir avant le dit temps de
« la dite compagnie, Johan Saugrain, son fils aîné, pourra conti-
« nuer et établir la dite compagnie avec le dit Badel, en la place
« de son dit père et si Abraham Saugrain, son fils second, veut
« demeurer avec son dit frère et faire son devoir, il sera reçu et
« aura part en la dite compagnie durant celle-ci.

« Item, que le dit Saugrain lèvera sur son principal ou réserve
« *(cabau)* deux cent cinquante ou trois cents livres, quand sa
« nécessité le requérera, et cela pour payer certaines dettes et le
« tout s'indemniser de sa dite réserve.

« Item, tout ce que ledit Badel a promis de mettre en ladite com-
« pagnie, ledit Saugrain lui en fera reçu par main de notaire et
« quand lesdits Saugrain et Badel iront en voyage pour les affaires
« de la compagnie, ils seront nourris et entretenus pendant ce
« voyage aux dépens tant de l'un que de l'autre.

« Item, lesdits Saugrain et Badel ne lèveront rien sur leur princi-
« pal ou réserve que pour vivre, ou si la nécessité requérait qu'ils
« en levâssent en quelque cause davantage, ce sera par le
« consentement de l'un et de l'autre, et du tout il sera tenu bon
« compte par écrit entr'eux sur un livre.

« Item, ledit Badel donnera à Johan Saugrain, fils aîné dudit
« Saugrain, pour récompense de service de l'état en ladite compa-

« gnie, savoir : trente sols pour chaque mois, et, quand il ira en
« voyage pour ladite compagnie, il sera nourri et entretenu aux
« dépens de l'un et de l'autre.

« Item, si lesdits Saugrain et Badel prennent un apprenti ou
« deux, ils seront entretenus aux dépens de l'un et de l'autre, se-
« lon ce qui leur aura été promis par lesdits Saugrain et Badel.

« Item, les gages *qui ont été ordonnés audit Saugrain, qui sont de
« cent livres tournois par année*, seront mis et ajoutés en ladite com-
« pagnie, pendant le temps qu'elle durera, seulement à commencer
« à lever les dits gages au quartier du mois de juillet, notre dame de
« septembre prochain, de la présente année mil cinq cent quatre-
« vingt ; pour raison desquels gages qui auront été mis en ladite
« compagnie ou leur valeur ledit Saugrain en retirera la moitié ou
« les siens après la séparation, soit en argent ou en marchandises
« de tout ce qui se trouvera alors en nature à prendre sur tout ce
« qui restera et choisir comme de sa chose propre et de sa réserve.

« Et pour ce faire, tenir, observer et accomplir lesdites par-
« ties, etc.

« Et ainsi l'ont promis et juré au Dieu vivant, à Pau le vingt-six
« janvier mil cinq cent quatre-vingt.

En marge est écrit : « Je soubs signé ay retiré la note originale
« du présent des mains dudit notaire.

« Fait à Pau le 16 de février 1580. »

Nous avons trouvé dans les registres des actes des notaires un contrat de mariage passé le 1er juillet 1581 « entre meste Johan
» Saugrain, libraire à Pau, et Magdeleine Saut, habitant en ladite
» ville ».

La future apporte cinquante livres en un mobilier consistant en lit, garniture, coffre, escabeau et linge ; en cas de survie elle donne tout ce qu'elle possède à son mari qui, de son côté, audit cas de survie, lui donne cent livres dans lesquelles seront compris les meubles par elle apportés (1).

Le futur, dans ce contrat, ne fait constater aucun apport personnel, et on pourrait se demander si c'est bien de Johan Saugrain ou de son fils dont il s'agit. Nous croyons que la qualité de *meste*, dont le titre de libraire est précédé, doit trancher la question dans le sens du père, qui depuis 1580 était veuf de Claude Séronne, et dont la position, du reste, n'était pas brillante, ce qui explique son défaut d'apport.

Pas plus que son prédécesseur Dubois, en effet, Saugrain n'avait fait fortune et nous en puisons la preuve dans un mandement, daté à Pau le 14 octobre 1584, par lequel Henri IV prescrivait à M. Ramon de Montesquieu, receveur du fisc en Béarn, de délivrer « à Johan Saugrain, libraire en notre ville de Pau, la
» somme de quatre-vingt-dix francs Bourdallais, de laquelle
» somme nous lui avons fait et faisons don par ces présentes en
» considération de sa vieillesse et pénurie, et pour lui donner
» moyen de s'acquitter de pareille somme envers ses créditeurs ».
Cette somme, Saugrain en donnait quittance à la suite du mandement, le 8 février 1585 (2).

Il mourut à Pau en 1586, postérieurement cependant au 22 juin,

(1) Arch. B.-Pyr. E. 2004, fo 333.
(2) Arch. B.-Pyr. B. 2730.

car ce jour-là il assistait comme témoin au testament de Magdeleine de la Brosse, veuve de Bernard Loiseau (1) par lequel Durand-Badel, libraire et associé de Saugrain, était institué légataire universel, et Magdeleine (2), *femme de Jean Saugrain libraire*, recevait la robe de *trens* que la testatrice portait ordinairement.

Si nous avons insisté sur le testament de Claude Séronne et sur l'association de Saugrain avec Badel, c'est que ces documents ont une importance réelle au point de vue de l'histoire de l'imprimerie, en ce sens qu'ils se rapportent au fondateur de la grande famille des imprimeurs-libraires de ce nom qui, dès la fin du xvII[e] siècle, prirent à Paris une place marquante dans l'exercice de cette profession.

Son fils cadet, Abraham, en effet, celui qui, éventuellement dans l'acte de société de 1580, était appelé à travailler avec son père et son frère, et qui était né à Lyon en 1567, vint s'établir à Paris en 1587 (3) et reçut de Catherine de Navarre le titre de libraire et relieur de la reine, par provisions datées de 1597. Il avait épousé en 1596 Espérance Cellier et mourut en 1622 (4).

(1) Arch. B.-Pyr. E. 2006, f° 181.
(2) C'est évidemment Magdeleine Saut, sa troisième femme.
(3) M. Pierre Gélis Didot, architecte à Paris, un descendant de Saugrain, a bien voulu nous donner les renseignements généalogiques auxquels M. Paul Dupont fait allusion dans son *Histoire de l'Imprimerie*, T. II, p. 592.
(4) La bibliothèque du Château de Pau possède deux volumes édités ou imprimés par Abraham Saugrain : 1° *Recueil des Eloges tant latin que français sur les actions les plus signalées et immortelles de Henri IV, roy de France et de Navarre, le plus grand, non imprimez ni publiez*. Cet ouvrage porte la mention suivante : « Par grâce et privilège du roy, il est « permis à Abraham Saugrain, libraire à Paris, d'imprimer. — Paris, le « dernier jour d'avril 1600 et de notre règne le 20°. »
2° *La rencontre du marquis et de la marquise d'Ancre en l'autre*

C'est de lui que descendaient Saugrain (Claude-Marin) qui, en 1744, publiait le *Code de la Librairie et de l'Imprimerie, ou conférence du règlement du 28 février 1723 avec les anciennes ordonnances depuis 1332 jusqu'à présent* (1), matière dont il avait fait une étude approfondie en sa qualité de syndic de la communauté et d'ancien juge consul ;

Et Guillaume Saugrain, libraire à Paris, au sujet duquel la *Biographie universelle, ancienne et moderne* (2) s'exprime en ces termes :

« Etait issu d'une des plus anciennes familles qui aient exercé
« cette profession en France, et un de ses ancêtres avait été im-
« primeur-libraire de Henri IV, alors roi de France ».

Or, cet ancêtre ne pouvait être que Jean Saugrain si l'on remarque que, dans son association avec Durand-Badel, il apportait les gages de cent livres *qui sont ordonnés chaque année en sa faveur*; et c'est bien ce chiffre de gages qu'indiquent les lettres patentes accordées plus tard aux Desbarats et autres imprimeurs du roi à Pau.

En ce qui concerne spécialement l'imprimerie en Béarn, l'acte de société nous apprend en outre que les livres venaient de Lyon, d'où il résulte, ainsi que nous en avons soutenu l'opinion, qu'on n'imprimait pas à Pau, à cette époque, d'une manière continue.

Que devint Pierre Saugrain, le fils aîné ? Nous l'ignorons complètement. Il n'en est pas de même de Durand-Badel.

monde, à Paris, chez Abraham Saugrain, rue St-Jacques, au-dessus de St-Benoist, MDCXVII.

Ces deux ouvrages font partie du recueil des pièces sur Henri IV (vol. 5 et 9), qu'un bibliophile béarnais, M. Manescau, avait rassemblées avec un soin tout particulier et qui sont un des joyaux de la bibliothèque du Château, qui en est devenu acquéreur.

(1) A Paris, aux dépens de la communauté, MDCCXLIV.
(2) Paris 1847. Supplément, vol. 81.

II.

Il était, avons-nous dit, originaire de Cahors et devait appartenir, sans doute, à cette catégorie d'ouvriers qui allaient de ville en ville jusqu'à ce qu'ils aient entrevu la possibilité d'un établissement définitif.

Or, ce fait se présenta à Pau pour Durand-Badel, puisque le 6 février 1580 il s'associa avec Saugrain (1).

En 1577, il était imposé sur le régistre des tailles de la ville de Pau, comme demeurant dans la maison de Capdevielle, et, bien que son nom ne soit pas inscrit sur le rôle et qu'on se soit borné à mettre cette seule mention : « Lo librayre damourant à la mai- « son de Capdevielle (2) », c'est bien de lui dont il s'agit, car, le 22 juin 1586, Magdeleine de la Brosse, native de Bayonne, veuve de M. Bertrand Loiseau, demeurant dans la maison de M. Guillaume Lamy, maître de la monnaie à Pau, *appelée de Capdevielle*, l'instituait pour son légataire universel (3). Or, cette libéralité ne pouvait être que le résultat de leur habitation sous le même toit.

Il ne fut, du reste, pas le seul à bénéficier de ce testament ; sa femme, Marguerite du Bigordàa, et sa fille Marguerite, reçurent l'une huit *crobicaps* de toile et un livre, l'autre un pendant d'argent doré et quatre *colets* ; ce qui est une nouvelle preuve de l'intimité des rapports qui existaient entre la testatrice et tous les membres de la famille Durand-Badel.

Le 1er novembre 1582, il assistait comme témoin à un bail consenti par Françoise de Sarrabère à Arnaud Guilhem du Tourner (4).

(1) Voir le paragraphe précédent.
(2) Arch. Com. de Pau. CC. 5, fo 8.
(3) Arch. B.-Pyr. E. 2006, fo 181.
(4) Arch. B.-Pyr. E. 2005, fo 1.

Après la mort de Saugrain, il est côtisé en 1586 et 1587 (1) pour trois sols, parmi les Brassiers, en qualité de libraire, il en fut de même en 1588 (2), mais il travailla surtout comme relieur de la Chambre des Comptes.

Il touchait, en effet :

Le 19 septembre 1590, quinze livres tournois pour avoir couvert cinquante sept comptes de parchemin (3).

Le 16 janvier 1591, trente six sols tournois « pour avoir relié « et dressé un gros livre de papier pour faire les arrêts de la « Chambre, avoir fourni quatre mains de papier, et avoir fait « deux chasses de papier aux fenêtres de la dite Chambre » (4).

Le 3 août 1592, quarante cinq sols « pour avoir fait un gros « livre de parchemin, fourni le papier et l'avoir relié pour mettre « les mémoires de la Chambre » (5).

Le 20 octobre 1596 une somme non indiquée « pour avoir re- « lié quarante livres de la Chambre des Comptes », et l'année suivante, le 17 novembre, six livres dix sols « pour avoir encollé, « couvert et cousu treize grands livres qui appartiennent à Sa » Majesté » (6).

En 1598, il était encore côtisé comme libraire (7).

Plus heureux que ses prédécesseurs Dubois et Saugrain, il avait acquis une certaine fortune, car, le 18 février 1593, il achetait de Pierre de Domezain, pour la somme de treize cents livres quatre sols, une maison appelée de Laboup, située dans l'enclos de la

---

(1) Arch. B.-Pyr. B. 5970-5973.
(2) Arch. Com. de Pau, C. C. 5, f· 19.
(3) Arch. B.-Pyr. B. 2963.
(4) Arch. B.-Pyr. B. 3094.
(5) Arch. B.-Pyr. B., 3117.
(6) Arch. B.-Pyr. B., 3200.
(7) Arch. C. de Pau, C. C., 5, fo 19.

ville (1), et le dix avril il se portait caution, vis-à-vis des œuvres du temple et de l'hôpital de Pau, d'un nommé Antoine Estanchuau pour une somme de 183 francs 4 ardits 3 baquettes (2).

La dernière indication que nous ayons trouvée de sa personne est le contrat de mariage du capitaine Gabriel de Bazordan avec Jacqueline Godèle, d'Orléans, passé le 15 septembre 1606 et auquel il assistait comme ami, en compagnie de François Péfaur, ministre de l'Eglise de Pau, du capitaine Christophe Coliot et de Roger de Gassie, orfèvre (3).

Avant le 5 mars 1614, il ne possédait plus la maison de Laboup, car à cette date elle était vendue, moyennant six cents livres tournois, par Pierre et Jean Darroque, père et fils, conseiller du Roi et auditeur à la Chambre des Comptes, à Arnaud de Puyoù, dit Lo Bret, tavernier (4), et les confrontations données à cette maison dans les actes de 1593 et de 1614 ne laissent aucun doute sur son identité.

fac-simile de sa signature

(1) L'Enclos de la ville était compris entre le Château et la rue Sully actuelle.
(2) Arch. B.-Pyr. E., 2010, f°s 67 et 112.
(3) Arch. B.-Pyr. E., 2022, f° 140.
(4) Arch. B.-Pyr. E., 2024, f° 1084.

CHAPITRE IV

RABIER, IMPRIMEUR

1583-1608.

Nous avons déjà dit que la conséquence de la fondation d'une université à Orthez avait été la création d'une imprimerie dan cette ville.

Le premier imprimeur en titre fut Louis Rabier.

Il avait d'abord exercé à Orléans (1), puis était venu s'installer à Montauban ; c'est là que le Roi de Navarre vint le chercher en 1581, au grand émoi des consuls de cette ville, émoi dont M. E. Forestié a raconté toutes les péripéties sous le titre : « *Un chapi-*
« *tre de l'histoire de l'imprimerie à Montauban* » (2).

Pour Henri de Navarre, Louis Rabier était une vieille connaissance qui remontait à 1579, car parmi les pièces justificatives des dépenses de la Chambre des Comptes en figure une ainsi conçue (3) :

« Pour servir de quittance de la somme et de la fourniture de
« six écus sols à moi ordonnées par M. de Quiton, super-inten-
« dant de la maison et finances du Roy de Navarre, pour quel-

---

(1) L. C. Sylvestre, *Marques Typographiques*, Paris 1867, n° 726.
(2) Montauban, chez Forestié neveu, rue du vieux Palais, 1872.
(3) Arch. B.-Pyr. B. 2398.

« ques livres que j'ai fournis à Sa Majesté. A Montauban le 27
« Juillet 1579.

Suit la signature :

Lois Rabiez

En 1581, Louis Rabier avait obtenu des lettres patentes d'imprimeur du Roi, avec deux cents livres de gage, *à la condition qu'il aurait en Béarn une presse pour le besoin du Collège* ; c'est ce que nous apprend M. Forestié, grâce aux renseignements qu'il a puisés dans les archives de l'Hôtel de Ville de Montauban.

Mais, cette condition, les consuls de cette ville ne lui permettaient pas de la remplir, attendu qu'il avait contracté avec eux l'engagement d'y exercer spécialement son industrie, « moyen-
« nant cinq cents livres et une maison louée », et il ne fallut rien moins que l'intervention plusieurs fois répétée du Roi de Navarre pour que, le 30 janvier 1582, Rabier fût autorisé « à
« sortir de la présente ville une de ses presses avec les caractères
« nécessaires à icelle, pour la conduire au dict Pays de Béarn, à
« la charge par le dict Rabier de la remettre, ou une aultre
« semblable à icelle, avec les caractères, en la dicte ville dans
« six moys, suyvant ce qu'il a offert aux dicts Messieurs consuls.
« A ces fins, on devait passer obligation de la remettre, les dicts
« six moys passés, et ce en présence des dicts sieurs consuls et
« d'ung de leurs scindics ».

Cet engagement fut signé le 9 février 1582 ; toutefois, Rabier resta encore un an à Montauban.

Nous relevons, en effet, sur les registres de la municipalité d'Orthez les renseignements suivants :

Le 29 janvier 1583 (1), « proposé que monsieur Rabier, « imprimeur, a envoyé une lettre de Montauban, en Foix, par « laquelle il déclare le désir se retirer en la présente ville avec « son attirail et demande logement selon la promesse qui ci-de- « vant lui a été faite.

« Arrêté que le dit Rabier, imprimeur, sera rempli du dit « logis. »

Le 17 février 1583 (2), « proposé que M. Rabier, imprimeur, « *est dans la présente ville, et que demain* ses meubles seront « dans la présente ville, dans laquelle led. Rabier et les Jurats « ont choisi la maison *deu Bascou* d'autant que celle-ci est la plus « commode qui soit dans la présente ville, et sera besoin d'ache- « ter la dite maison *deu Bascou* du capitaine St Martin et de la « faire réparer, et, cependant, trouver une maison pour déposer le « meuble dud. imprimeur. A été député le sieur Darrigran, jurat, « qui s'est transporté au lieu de Rotié, *alias Bascou*, où le dit « capitaine St Martin demeure, et a arrêté la vente de la dite « maison avec led. capitaine et sa femme, à la somme de 1,680 fr.

« Arrêté que, le plus promptement qui sera possible, l'instru- « ment de la vente de la d. maison sera passé avec le d. capitaine « St Martin et sa femme et que le prix sera payé lorsque la dite « maison sera réparée ensemble le portail, et que le d. imprimeur « y sera logé ; et, en attendant, que le d. imprimeur demeurera « en la maison Roucolle ».

(1) Arch. Com. d'Orthez B. B. 2, f° 99.
(2) Arch. Com. d'Orthez B. B. 2, f° 100.

— 54 —

L'année de son installation, il éditait *Los /psalmes/ de David me- / tuts en rima /bernesa/ per Arnaud de Salette. m./* (1) volume in 8° de 560 pages non chiffrées, et d'une très belle exécution typographique, si nous en jugeons par l'exemplaire qu'un bibliophile d'Orthez, M. Gabriac, a bien voulu nous communiquer (2).

Ces psaumes, dont la première strophe est notée en plainchant, sont suivis de :

La forma de las pregaries / ecclesiastiquas, ab la maneyra d'administraa los sacramens ; / et de : *Lo Catéchisme, / ço es a disc / lo formalari d'enscignaa los enfans / en la chrestiantat, feit en forma / de dialogue ou lo ministre / interrogue et l'enfan respon. /*

Le livre est terminé par : « *L'exercice deu pay de familia / et de toutz sons domesticz* ».

Il porte la marque suivante qui est une réduction de celle que Louis Rabier avait lorsqu'il imprimait à Orléans.

(1) Sous le titre de *Flouquetot, Ung* et *Segond*, M. l'abbé Bidache a réédité les deux tiers de ces Psaumes en 1878 et 1880. Pau, Ribaut, libraire-éditeur. — 2 vol. in 4° — Nous faisons des vœux pour que ce travailleur de mérite ne s'en tienne pas là et qu'il achève dans un avenir prochain l'œuvre qu'il a entreprise.

(2) Il n'en existe que de très rares exemplaires ; un est au British Museum et un autre à la Bibliothèque Nationale où il fait partie du fonds de la réserve et porte la cote A 400.

Le 11 juin 1585, il obtenait du Roi et Prince Souverain de Béarn des lettres patentes datées à Bergerac, l'autorisant, en sa qualité d'imprimeur de son université, à « imprimar bene et exposar » : *La déclaration / du Roy de / Navarre sur les / calomnies publiées / contre luy és protestations / de la ligue qui se / sont eslevez en ce / royaume* (1).

Il l'éditait immédiatement, ainsi qu'une plaquette intitulée : *Au Roy, mon souverain Seigneur, sur les misères du temps présent, et de la conspiration des ennemis de sa majesté, — Par un gentilhomme de l'Eglise.*

Il imprimait, en 1586 : *Response au formulaire de l'ab- / juration de la vraye religion, / présenté par les Jésuites ligueurs, / au nom du Roy de France, aux / vrais fidèles, pour les destourner / de la vérité de l'Evangile / — Par Bernhard Sonis, laictorois* (2).

En 1588, *Questionum in evangelium Domini nostri Jesu-Christi, Secundum Mathœum, liber unus — Lamberto Danœo auctore* (3), dont les frais furent en partie payés par les Etats de Béarn qui,

(1) Bibl. du Château de Pau. — *Pièces sur Henri IV*, vol. 4 n° 1103 — in 4° de 58 pages.

(2) Sonis était pasteur protestant à Orthez. En septembre 1586, il y baptisait une fille de Rabier.

(3) Daneau, Lambert, né vers 1530 à Beaugency sur Loire ; mort à Castres le 11 novembre 1595. De 1583 à 1592, il fut pasteur en Béarn et devint professeur de théologie à l'université d'Orthez. — (*L'Académie protestante d'Orthez* par J. Lourde-Rocheblave. Bulletin de l'histoire du protestantisme français 3° année 1855 — *Lambert Daneau. Sa vie, ses ouvrages, ses lettres inédites*, par Paul de Félice, Pasteur. — Paris, libraire G. Fischbacher — 1882). Avant de quitter Orthez, il avait écrit un ouvrage sur *les Illustrations du Béarn* pour l'impression duquel il avait sollicité le concours des Etats, mais ceux-ci décidèrent le 28 janvier 1592 qu'il ne serait imprimé qu'après examen, et l'affaire ne vint plus en discussion. (Arch. B.-Pyr. C. 698 f. 117). Par mandement du 15 mai 1585, Henri IV lui avait fait don d'une aiguière *en argent dont les bords devaient être dorés et d'une valeur de 20 écus*. Elle fut délivrée le 23 janvier suivant au Sr Martel, ministre à Pau. — (Arch. B.-Pyr. B. 2648).

le 8 juillet 1588, allouèrent à Daneau une somme de cent écus, et lui recommandèrent, « en parlant des priviléges de Béarn, d'ajou-
« ter la Cour majour et de dire qu'il ne peut y avoir de confisca-
« tion dans le Pays, enfin de le faire traduire en langue vul-
« gaire (1).

En 1590, un ouvrage du même auteur ayant pour titre : *Vetustissimarum / primi mundi / antiquitatum / Sectiones, seu libri / IIII tum ex sacris / tum aliis auctoribus. / Per Lambertum Danaeum, / ad virum generosum / Arnauldum Ver- / tullium Fullatium. / Accessit operi index locupletissimus. / Orthesii / excudebat L. Rabirius, regis typographus M. D. X. C. /* Il l'ornait de la marque typographique ovale qui est sur les Psaumes (2).

Dans les premiers jours de 1591, il fut troublé dans la paisible jouissance de la maison *du Bascou* que la ville d'Orthez avait mise à sa disposition. Le 7 janvier, en effet, les jurats prirent la délibération suivante (3) :

« Proposé que Rabier, imprimeur, a été appelé pour lui déclarer
« qu'il fallait qu'il remette la maison *de Bascou* d'autorité et de
« nécessité, d'autant que la maison de ville est tombée et qu'on
« ne peut y tenir la cour du sénéchal ni aussi pouvoir assem-
« bler les d. Jurats en la dite maison de ville, bien que le d. Ra-
« bier réponde tenir louage à M. de Candau, lequel sortira après
« qu'il aura achevé son terme pendant un mois, et le dit Sr de
« Candau a demandé un mois qui lui a été accordé, à la charge
« quo lo conseil de ville sera assemblé pour lui être communiqué
« ce qui sera fait.

« Arrêté, par pluralité de voix, que le dit Rabier aura le terme

(1) Arch. B.-Pyr. C. 696 f. 161.
(2) Bibl. de Bayonne.
(3) Arch. Com. d'Orthez. B. B. 2 f. 197

« d'un mois prochain venant à compter du jour prochain en
« avant qui sera la fin du présent mois. »

Et le 7 février 1591 (1) « il est exposé que Madame a envoyé
« une lettre touchant la maison appelée *du Bascou* appartenant
« à la ville, par laquelle elle mande que Rabier, imprimeur,
« prétend que la dite maison lui appartenait et que les dits
« jurats la lui ont échangée, laquelle lettre a été remise.

« Arrêté qu'un jurat et un député se transporteront pour parler
« avec le maître d'œuvre pour lui remontrer que la maison est
« nécessaire à la ville et que le dit Rabier est accommodé de
« maison qu'il a achetée, et à telles fins sont commis les Srs de
« Pussac, jurat, et de Labaig, député ».

Pendant ce temps, la rivalité qui existait entre Orthez et Lescar au sujet du siège du collège continuait toujours, et Catherine de Navarre, chargée du gouvernement du Béarn pour son frère, s'étant prononcée en faveur de Lescar, le collège y fut transporté suivant lettres patentes datées à Pau du 28 avril 1591 (2).

Tous les professeurs durent quitter Orthez et avec eux l'imprimeur, ce qui tranchait la question de la maison *du Bascou*.

A peine Rabier était-il installé à Lescar, que les Etats de Béarn décidèrent, le 28 février 1592, que les *fors* seraient réimprimés et qu'on s'adresserait à Louis Rabier pour savoir dans quelles conditions cette impression serait exécutée (3).

Cette démarche put lui faire croire que ses conditions seraient

(1) Arch. Com. d'Orthez BB. 2 fo 200.
(2) Arch. B.-Pyr. D. 1er. — Voir, pour l'historique de cette rivalité, l'*Ancien collège de Lescar, ses transformations*, par Hilarion Barthéty. Pau Vignancour; 1862. La Notice sur la série D. par M. Paul Raymond. 3e Vol. de l'*Inventaire sommaire*. L'*Histoire des troubles en Béarn dans le* XVIe *et la moitié du* XVIIe *siècle* par l'abbé Poeydavant. Pau. Tonnet, mars 1820 T. II.
(3) Arch. B.-Pyr. C. 698 fo 108.

acceptées immédiatement, car il sollicita des lettres patentes l'autorisant à procéder à cette nouvelle édition avec un privilége pendant dix ans ; ces lettres patentes lui furent expédiées à Dieppe le 12 décembre 1593 (1).

Mais, il y avait loin de la coupe aux lèvres ; ce ne fut qu'à la fin de l'année 1599, qu'intervinrent les préliminaires de l'accord ; ils sont ainsi expliqués dans la délibération des Etats de Béarn du 31 décembre (2) ;

« Arrêté, par pluralité de voix, qu'il sera donné charge à M.
« Louis Rabier d'imprimer les *fors* en bonnes lettres et au nombre
« de *mille* ou *quinze cents* à raison de dix huit sols tournois la
« pièce et qu'ils seront payés par les Etats auxquels il délivrera
« les dits mille ou quinze cents *fors*.

« Que si le dit Rabier en imprime davantage, il sera tenu de les
« débiter aux habitants du pays au même prix. Toutefois, il fera im-
« primer cinq cents exemplaires compris dans les mille ou quinze
« cents, au prix cidessus, en bon parchemin. En ce qui concerne
« les étrangers, il sera permis au d. Rabier de les vendre au prix
« qui lui conviendra ».

Il dut se mettre aussitôt à la besogne, car, le 25 juillet 1600 (3), il demanda aux Etats de lui avancer une somme « pour raison des
« *fors* ». On lui accorda trois cents livres, « à la charge de ne pou-
« voir vendre à aucun particulier les dits *fors* que les *mille* (4) du
« pays ne soient distribués, et que l'impression sera faite au vrai
« sens, sans y rien ajouter ni diminuer ; il y ajoutera cependant
« la permission d'imprimer qui lui a été octroyée par sa majesté ».

---

(1) Voir ces lettres patentes dans l'Edition de 1602.
(2) Arch. B.-Pyr. C. 700 fo 146.
(3) Arch. B.-Pyr. C. 701 fo 82.
(4) Il ne s'agit plus de 1,500 exemplaires comme en 1599.

Le 11 avril 1601, les Etats règlent de la sorte la distribution des exemplaires des *fors* (1) :

« Aux seigneurs de la noblesse qui ont juridiction et qui sont ap-
« pelés aux Etats, il sera distribuer cent *fors*, et à chaque bourg,
« ville et lieu du présent pays un *for* ; ceux qui resteront seront
« distribués aux dits bourgs, villes et lieux au prorata de deux
« feux.

« Il en sera présenté un à Monseigneur le Lieutenant Général,
« un autre à Monseigneur le Chancelier de Navarre, deux à Mes-
« sieurs du conseil pour les deux Chambres, un autre à Monsei-
« gneur le Sénéchal, quatre à ses juges, un à la Chambre des
« Comptes, et quatre pour les syndics, trésorier et secrétaires du
« pays ».

Tout semblait fini, lorsque le 30 juillet 1601 les Etats apportè-
rent à l'impression matérielle de nouvelles modifications ; ils décidèrent en effet (2) :

« Que M. Loys Rabier, imprimeur, imprimera les *fors* dans
« la même forme qu'ils se trouvent et qu'il insèrera, outre son
« privilège, le privilège de Vingles et Poyvre, de mot à mot,
« ensemble les armoiries, ainsi que le tout est contenu dans les
« dits *fors*, depuis le commencement jusqu'à la fin, sauf les errata
« qui y sont signalés ».

Le privilège qui avait été accordé pour *dix ans* à Rabier en 1593, n'en avait pas moins marché sans profit pour lui ; aussi en 1601 se pourvut-il devant le roi pour obtenir que le point de départ n'en fut fixé qu'à cette année. Il exposait « qu'il n'avait pu com-
« mencer son impression aussi promptement qu'il l'aurait désiré
« et qu'il vient seulement de la terminer ».

(1) Arch. B.-Pyr. C. 701 f° 135.
(2) Arch. B.-Pyr. C. 701 f° 291.

Des lettres patentes, en date à Paris du 5 juillet 1601, lui donnèrent la satisfaction qu'il demandait.

Ainsi parut, après bien des péripéties, la seconde édition des *fors* dont le titre est ainsi conçu : (1)

Los fors / et costu / mas de Béarn. /

A Lesca. / Per Louis Rabier, imprimeur deu Rey. / Ab priviledge deu dit Senhor / 1602.

Le titre portait, en outre, la marque suivante : (2).

Cette édition est du même format que celle de 1552, mais a moins d'ampleur dans le texte qui, au lieu d'être de 16 c. sur 11 1/2, est de 16 c. sur 10 c.

Quant aux caractères, s'ils sont semblables, la netteté n'en est pas aussi grande dans l'une que dans l'autre, et les lettrines de la

(1) Bibl. de Pau.
(2) C'est la marque de Rabier à Orléans et dont s'empara plus tard Jacques Rouyer. Voir Chap. suivant § 2.

première ont sur celles de la seconde une supériorité marquée. En outre les superbes L majuscules, que nous avons signalées dans l'édition de 1552, font totalement défaut dans celle de 1602 où elles sont remplacées par des capitales encadrées d'un fleuron.

Ces différences qui sautent aux yeux, dès que l'on compare ces deux éditions, sont encore accentuées par celle que présente la reproduction du frontispice de 1552 auquel Rabier avait été astreint par la délibération de 1601. Sur ce point, nous renvoyons nos lecteurs à la scrupuleuse notice faite par M. Soulice (1). Nous ajouterons enfin que dans l'édition de 1552 le mot *Rubrica* constitue à lui seul une ligne et que l'indication du sujet traité forme la seconde, tandis que, dans l'édition de Rabier, ces deux lignes n'en forment qu'une.

Malgré ces imperfections relatives, cette édition des *fors* fut la principale œuvre typographique de Rabier.

La même année, il imprimait ; les *Remonstrances fai- / tes en la cour souverai- / ne de Béarn, aux ouvertu- / res des Plaidoiries. / Par Jacques de Gassion, / conseiller du Roy en son conseil privé, et / Procureur Général de sa majesté en la dite cour. / A Lesca en Bearn / Par Louis Rabier imprimeur du Roy / 1602* — petit in 8º de 123 pages, qu'il revêtait de la marque ovale qui avait servi aux Psaumes de 1583 (2) ; et, bien qu'il ait continué pendant quelques années à exercer son art, nous n'avons pu trouver d'autres livres sortis de ses presses.

C'était la ville de Lescar qui supportait, selon l'usage, les frais de location de son établissement industriel et de son logement

---

(1) Voir à l'appendice.
(2) Bibl. de Pau. Voir en outre *Bulletin du comité d'histoire et d'archéologie de la Province ecclésiastique d'Auch* T. III 1862 p. 68 note 3.

particulier. Elle dut même faire construire une maison pour ce double usage.

Par arrêt du 9 février 1597 (1), le conseil (2), statuant sur une requête « présentée par Louis Rabier, imprimeur du roi en son
« présent pays de Béarn, aux fins qu'il soit ordonné aux Jurats de
« Lescar de continuer à payer le louage de la maison et logis où
« il demeure en la ville de Lescar *jusqu'à ce* qu'ils aient fait bâtir
« une maison en une place ecclésiastique pour y être logé,

« Arrête, vu l'offre faite par les dits Jurats, fait et ordonne qu'ils
« *feront bâtir la maison* en la place ecclésiastique de la dite ville,
« pour y loger le dit Rabier, suppliant tant pour lui et sa famille
« que pour l'exercice de sa charge d'imprimeur, et pendant ce
« temps, jusqu'à ce que la bâtisse soit faite et que le dit Rabier y
« soit installé, les jurats continueront à payer le loyer de la mai-
« son où il habite maintenant ».

Dans cet ordre d'idées, intervint, le 12 juin 1600 (3), un arrêt qui condamnait les Jurats de Lescar, « pris en qualité de respon-
« sables de M. Loys Rabier, imprimeur du collège royal de Les-
« car, à payer aux héritiers de M. Pierre de Bordenave les loyers
« de la maison *d'Ossau* (4) pendant le temps que Rabier y a habité
« à raison de vingt-cinq écus par an ».

Cette maison, qui s'appelait aussi de *Lasalette*, était devenue

---

(1) Arch. Com. de Lescar FF 1 f° 145.

(2) Il s'agit du conseil du Roi qui siégeait à Pau et dont la composition et les attributions étaient réglées par le for : *Rubrique du conseil*, page 16 de l'édition de 1552.

(3) Arch. Com. de Lescar FF 1 f° 72

(4) Dans le censier de 1643 — Arch. Com. de Lescar C. 2— on lit au f° 34 la mention suivante : « La communauté possède en la rue du Parvis plu-
« sieurs places maisons comme la maison d'Ossau, Furcata ou Frutère et
« de Saule pour y bâtir un collège et logis pour les R. P. Jésuites ou
« Barnabites. »

insuffisante pour l'imprimerie de Rabier, son logement et sa boutique de libraire ; aussi, par arrêt du 27 mai précédent (1), le conseil avait-il ordonné que Rabier se retirerait dans la maison, appelée *de Saule* pour y demeurer et y habiter avec sa famille, sans préjudice pour lui de maintenir dans la maison de *Lasalette* son imprimerie et sa boutique de libraire (2).

Cette double installation ne dut pas convenir à Rabier, car il demanda que la maison de *Furcata* fut affectée à son usage et le conseil, tout en rejetant cette demande par un arrêt du 9 mai 1605 (3) ; « attendu que cette maison n'est pas vacante, habitée « qu'elle est par Géronis Malsousse (4), régent au collège royal « de cette ville », condamna néanmoins les Jurats à délivrer à Rabier, « aux frais et dépens communs, une maison propre et « commode en la dite ville et qu'elle soit en bon état tant pour « son habitation et celle de sa famille, que pour la commodité de « l'imprimerie et librairie, et ce dans le terme d'un mois à comp- « ter du jour de la publication de la sentence, et faute de ce faire « commet un des Seigneurs du conseil pour se transporter en la « dite ville et exécuter le présent ».

Cette quasi hostilité contre Rabier, que semblent indiquer ses démêlés judiciaires avec la municipalité de Lescar, prenait-elle sa source dans ce fait qu'il appartenait à la religion réformée ? C'est ce que nous n'oserions affirmer. Dans tous les cas, la lutte entre Lescar et Orthez continuait pour la possession du collège, lutte qui avait une couleur religieuse, et Orthez l'emporta une seconde

---

(1) Arch. Com. de Lescar, FF. 1, f° 72.

(2) Il résulte des termes de cet arrêt que Daneau et Hespérien, *celui-ci à présent conseiller*, avaient habité la maison *de Saule*.

(3) Arch. Com. de Lescar, FF. 1, f° 81.

(4) Ce régent est le même qui, sous le prénom de Jérémie, éditait chez Rouyer en 1610 *Syntagma orationum*, etc

fois, car, par lettres patentes de 1609, Lescar se vit encore retirer son collège.

Rabier n'assista pas à cette victoire : il était mort, croit-on, en 1608.

Il s'était marié avec Marie de Bernard, dont M. Forestié a le premier rattaché la famille à celle des imprimeurs de ce nom qui habitaient Tulle, et dont l'un d'eux, Arnaud, imprimait en 1589 « *L'apocalypse / ou révélation de / St-Jean, mise en vers / françois* « *par Augier Gaillard Rodier de Rabastens / en Albigez* (1).

De ce mariage naquirent au moins quatre enfants : trois fils et une fille, car nous attribuons à Louis Rabier la paternité de la fille qui fut baptisée à Orthez le 19 septembre 1586 et dont l'acte de baptême est ainsi conçu (2) :

« Le 19 septembre 1586, fut baptisée une fille légitime de « l'*Imprimeur*, présentée par Mons. Pausit et Françoise Daneau : « nommée Elisabeth.

« Signé : DONIS ».

L'un de ses fils, *Jehan*, était né à Montauban le 23 mars 1580 (3) ; les deux autres, dont nous ignorons la date et le lieu de naissance, s'appelaient *Isaac* et *Jacob*.

Il y avait à peine huit ans que Rabier était installé à Orthez qu'il y était devenu propriétaire d'une maison (4).

---

(1) Voir : *Note pour servir à l'histoire de l'Imprimerie à Tulle*, par René Fage. Tulle, Imprimerie Crauffon 1879, et l'intéressante communication lue à la Société des Sciences, Lettres et Arts de Pau, par M. Soulice sur la découverte qu'il a faite, dans le cartonnage d'un vieux livre, de 31 feuillets de cette œuvre jusqu'alors inconnue. *Bulletin de la Société* IIe Série, T^e 3e p. 22.

(2) Arch. Com. d'Orthez G G, 28.

(3) Arch. Com. de Montauban.

(4) Voir la délibération du 7 février 1591, *suprà* p. 57.

D'après le censier de 1536-1610, elle était située au canton (1) de la rue du Bourgneuf et de la rue des Fruts, et confrontait de deux côtés à ces rues et des deux autres à la propriété d'Agneta de Guironna (2).

Il avait acquis la partie de la rue du Bourgneuf de Jordaà d'Arrigran et celle de la rue des Fruts des héritiers de Johan de Neys.

Il revendit plus tard le tout à Gaston de Guilhermes, ainsi que l'indique la mention marginale mise à l'article de ce censier : « Gaston de Guilhermes tient au canton une maison qu'il a eue de « Loys Rabier, Imprimeur » ; mais là ne s'étaient pas bornées ses acquisitions. Il possédait aussi un important domaine à Castetarbe (3) ; celui, sans doute, à raison duquel il donnait à cheptel, le 1ᵉʳ novembre 1605 (4), à Pierre Descaurris, habitant à Castetarbe, deux vaches, trois veaux, deux juments, deux agneaux et une oie mâle, le tout d'une valeur de 123 fr.

Cette propriété figure au même censier (5), comme provenant en partie des héritiers de Jordaà d'Arrigran qui les tenaient eux-mêmes de Johanou de Puyou, aussi l'appelait-on la *Borde deus Puyous*; le surplus, il l'avait acheté de divers. Elle est ainsi détaillée :

« Une maison, borde, jardin, confrontant avec terre des Voisins,

---

(1) Traduction littérale du mot béarnais *cantoo* dont la signification est celle de *coin*, *angle*.
(2) Arch. Com. d'Orthez CC. 1ᵉʳ fᵒ 74.
(3) Hameau, Cᵉ d'Orthez, qui dépendait du diocèse de Dax, était annexé à Orthez et comprenait 29 feux en 1385. P. Raymond *Dictionnaire Topographique du département des Basses-Pyrénées*. Paris, Imprimerie Impériale MDCCCLXIII.
(4) Arch. B. Pyr. E. 1245 fᵒ 109.
(5) Arch. Com. d'Orthez CC. 1ᵉʳ fᵒ 496.

« terre de Lacazette, chemin des Voisins au milieu, et avec terre
« de Gaston de Casamayor, d'Orthez, contient un quart de jour-
« née et l'impôt est de trois baquettes.

« Trois journées trois quarts de terre, dans le casalar de
« Johanou deus Puyous qui est chargé sur Gaston de Casamayou,
« confrontant avec terre des Voisins, terre de Lacazette par deux
« côtés, chemin des Voisins au milieu, monte l'impôt à onze de-
« niers morlaàs une baquette.

« Un enclos (sarralh) champ et vigne appelé au verger deus
« Puyous, confrontant avec terre et vigne de Lacazette, avec
« terre de Goardères, contient trois journées et demie, monte
« l'impôt dix deniers morlaàs et demi.

« Autre pièce de terre de la dite maison deus Puyous, confron-
« tant avec terre de la d. maison par trois parts et avec terre et
« vigne de Monseigneur Guirous deu Feuga, contient deux jour-
« nées, monte l'impôt six deniers morlaàs.

« Quatre journées de terre qu'il a achetées de Jean de Touya,
« appelée de Bordenave, confrontant avec terre de Gaston de
« Casamayou et terre de Mesplès, monte l'impôt un sol morlaàs.

« Un champ appelé Bordenabe qu'il a eu d'Arnaud deu Poey,
« confrontant avec terre de Mesplès par trois côtés et avec terre
« de Vergeron, contient deux journées demi quart, monte l'impôt
« six deniers et demi morlàas.

« Une vigne où est à présent le chemin appelé le Puyolet, qu'il
« a eue de Peyroton Caquareg, confrontant avec terre du même
« par trois côtés, et avec terre de Mesplès, contient une journée
« un quart et demi, monte l'impôt quatre deniers Morlàas une
« baquette ».

Dans le livre censier dressé en l'an 1600 par les jurats et députés d'Orthez, pour arriver à former proportionnellement le montant des donations faites au Roi, elle était taxée pour soixante livres et demie (1).

A la mort de son père, Isaac lui succéda dans la propriété de ce domaine, c'est ce qu'indique le censier de 1536-1610 au f. 42 duquel il est mentionné qu'Isaac de (2) Rabier de Castetarbe possède, outre les art. du f° 31 qui étaient ceux de son père, une vigne etc. Il épousa Magdeleine de Lacoste et se contenta d'être propriétaire ; il habitait Castetarbe sur son domaine qui, en 1675 (3), avait une contenance totale de 33 arpents 1/4 25 escats (4).

C'est à son sujet que les habitants de la section de Castetarbe revendiquèrent à leur profit un droit d'autonomie vis-à-vis de la communauté d'Orthez dans les circonstances suivantes :

Le 15 novembre 1647, Isaac de Rabier fut nommé garde (5) de la ville d'Orthez, mais, le 25 du même mois, les habitants de Castetarbe protestèrent contre cette nomination et firent notifier aux Jurats d'Orthez un acte dans lequel ils exposaient que les habitants de Castetarbe ne sont en rien contribuables d'Orthez ; qu'ils ne relèvent de lui, que pour la justice, car ils ont leur église et leur cimetière ; jamais ils n'ont prétendu aux charges honoraires de jurat et de député, ils y renoncent du reste formellement, et de tout temps ils ont été dispensés des fonctions de garde.

(1) Arch. Com. d'Orthez CC. 2 f° 31.
(2) En Béarn la Particule *de* n'indiquait pas la noblesse. Placée devant les noms propres à la suite des prénoms, elle exprimait l'origine tout simplement — V. Lespy. *Grammaire Béarnaise 2e édition* 1880 p. 182.
(3) Arch. Com. d'Orthez CC. 2 f° 174.
(4) Ce domaine est aujourd'hui la propriété de la famille Carrère-Barrère d'Orthez
(5) Fonction équivalente à celle de Receveur municipal.

Le corps de ville d'Orthez n'osa pas passer outre, et un autre garde fut nommé (1).

De son mariage avec Magdeleine Lacoste, Isaac eut au moins trois enfants :

Marie, baptisée le 7 octobre 1647 qui épousa Paul de Lichagaray;

Rachel, née le 27 janvier 1649, qui épousa Jean Morel ;

Louis, qui se maria le 10 mars 1658 avec Jeanne de Lapeyre et qui exerçait à Orthez la profession de marchand.

Par son testament passé devant M. St-Pau, notaire à Orthez, le 2 juillet 1689 (2), celle-ci institua pour son héritier son mari, après avoir déclaré que de leur mariage il était né plusieurs enfants qui sont actuellement décédés, savoir : Marie, née le 18 février 1663 ; Isaac le 4 février 1666; Jean le 3 octobre 1669 et Jacob le 29 octobre 1671.

Le troisième fils de l'imprimeur, Jacob, alla s'installer comme *marchand* à Sauveterre, ainsi que nous l'apprend une sentence rendue par le Sénéchal d'Orthez le 9 septembre 1653, contre les héritiers d'Isaac et M. Jacob de Rabier, de Sauveterre, son frère, notifiée le 19 août 1663 à la dame de Lacoste, veuve Rabier de Castetarbe, et qui fit l'objet d'un acte passé devant Me de Badière, notaire à Orthez le 11 décembre 1684 (2).

Pas plus que son frère, il n'exerça la profession d'imprimeur et le successeur immédiat de Louis Rabier fut Abraham Rouyer.

---

(1) Arch. Com. d'Orthez BB 7 f° 3.

(2) Nous devons la communication des deux actes de 1684 et de 1689 à l'obligeance de M. Lamieussens, notaire à Orthez, détenteur d'anciennes minutes des notaires de cette ville qui jusqu'en 1846 furent déposées dans les archives de la mairie. Un arrêté du maire en ordonna à cette époque la remise à un prédécesseur de M. Lamieussens et il serait à désirer qu'elles fussent versées au dépôt des Archives départementales, dont elles nous paraissent être la propriété.

CHAPITRE V

I. ROUYER, ABRAHAM, 1609-1630. — II. ROUYER, JACQUES, 1631-1676. — III. RENSEIGNEMENTS GÉNÉALOGIQUES. — IV. DESPORTES, LIBRAIRE, 1635-1676. — V. CRESPON, IMPRIMEUR, 1620.

I.

Dès que les lettres patentes de 1609, ordonnant le transfert du collége (1) de Lescar à Orthez eurent été connues, les jurats de cette ville furent requis « de donner et apprêter un logis « pour l'imprimeur du Roy et du Collége » et, le huit septembre, ils arrêtèrent « que la maison *du Bascou* lui sera donnée pour le « présent pour y disposer son domicile et imprimerie, bien qu'il « apparaissse par *des délibérations antérieures* (2) que la ville n'est « pas tenue de le loger. Par suite que Pierre de Gaxissan sera

---

(1) Le mot collège est pris dans le sens d'Université (Raymond : *Introduction à la série D de l'Inventaire des Archives*).

(2) Les jurats avaient sans doute en vue celle du 7 février 1591 qui enlevait à Rabier le logement parce qu'il en possédait un. Mais ils oubliaient celle du 29 janvier 1583 qui posait en principe que l'imprimeur devait être logé aux frais de la ville.

« prié de vider incontinent la maison (1), ce qu'il offre de faire
« moyennant que le jardin, qui se trouve contre la maison et qui
« est du collège, lui demeurera en louage selon sa valeur, ce qui
« lui a été accordé à la charge que la ville n'y ait pas affaire pour
« le bien public (2) ».

Bien que le nom d'Abraham Rouyer n'y soit pas prononcé, c'était bien de lui dont il s'agissait, nous en puisons la preuve certaine dans une délibération que prirent les jurats le 5 mai 1611. Elle est ainsi conçue (3) :

« Proposé que M. Abraham Rouyer, imprimeur et libraire,
« devant se retirer en la présente ville avec sa famille et s'étant
« présenté devant la présente assemblée, a déclaré et dit que le
« logis *deu Basquo, où il a son imprimerie*, est mal commode pour
« s'y retirer, priant la dite assemblée lui donner un logement
« commode, ou bien lui faire réparer le dit logis et le faire jouir
« paisiblement tout ainsi que ses prédécesseurs imprimeurs sont
« accoutumés.

« Arrêté qu'il sera examiné si on doit donner logis au dit
« imprimeur, et, dans ce cas, la maison sera réparée aux soins
« des jurats ».

S'il en résulte qu'à cette époque son imprimerie était déjà installée dans la *maison du Basquo* visée en 1609, on y remarque aussi que sa famille n'était pas encore arrivée à Orthez.

Rouyer, en effet, exploitait une boutique de libraire *à Bordeaux*, et il dut, pendant plusieurs années, gérer concurremment ces deux établissements, car, le 18 février 1614 (4), les jurats d'Orthez

---

(1) Il était locataire pour 19 ans, suivant délibération du 29 mars 1609 (Arch. Com. d'Orthez, B. B. 3 f° 241).
(2) Arch. Com. d'Orthez, B. B. 3 f° 254.
(3) Arch. Com. d'Orthez, B. B. 4 f° 32.
(4) Arch. Com. d'Orthez, B. B. 4 f° 123.

lui accordaient pour l'année 1613 la décharge du loyer d'un jardin qu'il détenait près de la maison *du Basquo*, au prix de 14 fr. par an, décharge qu'il sollicitait « à cause d'une absence qu'il avait faite » ; il ne conserva pas, du reste, ce jardin, car le 15 du même mois (1) Pierre de Gaxissan en était devenu locataire « à la condition de s'accorder d'un passage » avec cet imprimeur.

Pendant qu'il était encore libraire à Bordeaux, il imprima à Orthez, en 1610, « *L'avant-Victorieux composé par le sieur de « l'Hostal, seigneur de Roquelaure, Sendos, Maucor et vice chance- « lier du Royaume de Navarre* », ainsi que l'établissent les lettres patentes qui lui furent accordées en cette qualité le 3 avril de cette année et qui sont transcrites à la 340ᵉ page de ce volume.

Il en fit deux éditions, ayant le même format in-4°, mais qui ont entr'elles des différences essentielles ; l'une a 340 pages, est ornée d'un portrait hors texte d'Henri IV à cheval et d'un frontispice représentant un portique à colonnade, au centre duquel est le buste du même roi ; au bas de ce frontispice, entre la base des colonnes, se trouve cette mention : *A Orthes / par A. Rouyer Im- / primeur du Roy. / A / Bourdeaus / se vendent en sa / boutique /* (2).

Ce portrait et ce frontispice sont gravés par un artiste alors en renom, L. Gauthier (3).

L'autre n'a que 225 pages, est privée des ornements de la première, n'est pas terminée par la copie des lettres patentes. C'est, pourrions-nous dire, une édition populaire. Elle ne porte d'autre

(1) Arch. Com. d'Orthez, B. B. 4, f° 122.
(2) Planche 4.
(3) Graveur allemand, né à Mayence en 1552, mort après 1628. Il exécuta des gravures pour des imprimeurs d'Allemagne, de Nancy et de Pont-à-Mousson et des libraires français (Larousse, *Grand Dictionnaire universel du XIX Siècle*, Tᵉ 8 p. 1085). Ce frontispice n'est que la réduction de celui qui figure à la bibliothèque de Pau, — Portraits d'Henri IV — et qui porte en suscription : *Bunel pinxit 1605. Th. de Leu sculpsit.*

indication que celle-ci : *A Orthès / par Abraham Royer / Imprimeur du Roy / en Béarn. / 1610/.*

Le 9 septembre de la même année, il imprimait pour le compte de Jérémie Malsousse, professeur au collège d'Orthez, un ouvrage ayant pour titre :

Syntagma / orationum / quas in regia / Benearnensium / schola recitarunt / nobilissimi e Gallia / e Benearnia adolescentes, / scribente prius, nunc edente / J. Malsosseo secundi or- / dinis in eadem schola / moderatore : / accesserunt fusæ ab eodem / Malsosseo lacrymæ in obitu / Henric IIII christianissini regis, 10 *Kalend. Junii. / Orthesii, / ex typographeo Abrahami Royerii / anno Dom. M. D. C. X.* (1).

Quelques mois après, le 3 novembre 1610, il obtenait, en qualité de libraire à Bordeaux, l'autorisation d'imprimer « *La / Navarre / en deuil / par le sieur de / Lostal,* (2) *vice chancelier / de Navarre /*, petit volume in. 8° au pied duquel est inscrit; « *à Bordeaux / pour Abraham Royer / imprimeur du Roy en Béarn-*1610 (3) / in. 12 de 192 pages.

Pendant ce temps, il exerçait néanmoins sa charge d'imprimeur du collège royal d'Orthez, car, à ce titre, il donnait, le 17 octobre 1617, quittance de deux cents livres de gages « pour l'année entiè-
« re commencée au premier octobre mil six-cent-seize et finie au

---

(1) Un exemplaire de cet ouvrage nous a été communiqué par M. Forestié. C'est un in. 8 de 493 pages. Il en existe un autre à la Bibliothèque de Pau, composé de 522 pages et qui contient pages 493 à 522 une nouvelle étude de J. Malsousse imprimée par Abraham Rouyer en MDCXI dont le titre est ainsi conçu : *Vindiciæ / Scholarum, / ac publicæ institutionis, / prudentia / et nobilitate conspicuis Orthesianæ civi- / tatis consulibus, ab auctore J. M. in perpetuam studii / et observantiæ fidem / dicatæ. /*

(2) Le sieur de Lostal est le même qui sous l'orthographe *de l'Hostal* avait fait paraître l'*Avant Victorieux*.

(3) Bibl. du château de Pau n° 962. M. Brunet cite une autre édition de cet ouvrage, il la mentionne ainsi : *Réimpression de l'édition d'Orthès. Abraham Rouyer 1610 in.* 4° *de 195 p.*

« premier du présent mois 1617 ». Cette quittance, écrite en entier de sa main, est revêtue de cette signature (1).

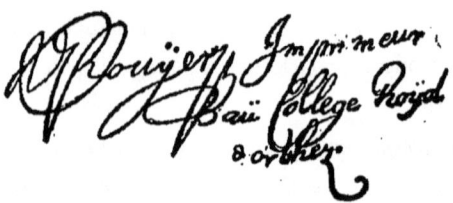

Nous ne lui attribuerons qu'hypothétiquement l'impression des ouvrages suivants, édités à Orthez, sans nom d'imprimeur :

En 1618. — *L'Innocence des pasteurs des Eglises réformées du Béarn, opposée à une libelle diffamatoire intitulé :* Tableau des ministres du Béarn — *à Orthès* MDCXVIII. — Petit in. 8° de 32 pages (2).

L'apologie / des Eglises / réformées de l'o- / béissance du Roy et des / Etats généraux de la souveraineté de Béarn / etc., / par le s^r de Les-cun. / A Orthès / par adveu et approbation de l'assemblée. / MDCXVIII / in. 8° de 157 pages (3).

En 1619. — *Complaintes des Eglises réformées du Royaume de Navarre, souveraineté de Béarn. Orthès, 20 juillet* 1619. Brochure de 8 pages (4).

Nous pouvons dire cependant qu'il attacha son nom aux divers ouvrages de Jean Paul de Lescun (5) qui parurent en 1619 :

---

(1) Arch. B.-Pyr. B. 3590. La dépense figure au compte du trésorier pour l'année 1617. Arch. B.-Pyr. B. 329 f° 57.
(2) Bibl. Nationale. L. b. 36 / 1126.
(3) Bibl. du château de Pau n° 972.
(4) Bibl. Nationale L. b. 36 / 1,258.
(5) Voir la notice sur la famille de Jean-Paul de Lescun par Paul Raymond. *Bulletin de la Société des Sciences, Lettres et Arts de Pau*, 2° série T. 6 p. 293, et l'*Histoire des troubles en Béarn* par le P. Mirasson, Paris, 1768. p. 22.

1° *Seconde partie de l'apologie des Eglises réformées et des Etats généraux de la souveraineté de Béarn, contenant un récit sommaire de ce qui s'est passé de plus mémorable sur le fait de la main levée depuis le 2 décembre 1618 jusqu'au 18 janvier 1619. Imprimée aux dépens des dites Eglises, par ordonnance de l'assemblée politique convoquée en la ville de Pau le 20 février 1619* (1).

2° *Les défenses de Jean Paul de Lescun, seigneur de Pietz, conseiller du Roy en ses conseils ordinaires et cour souveraine de Béarn, conseil d'Etat et privé de Navarre contre les impostures.... des deux libelles intitulés le moine et la mouche* (2).

En 1620, il imprimait : *Les actes de la conférence de Pau, publiés par Paul Charles, pasteur en l'église et professeur en théologie en l'académie d'Orthès* (3).

En 1630 : *Le renfort spirituel ou méditations en forme de sermons contre l'appréhension de la mort. Par Pierre Lafite Solon, pasteur en l'Eglise réformée de Bayonne et des Lanes* — in-32 de 324 pages, dédié « à très noble et très vertueuse dame, Ester de Gon-
« taut de St-Genier, veufve de haut et très noble Seigneur Mes-
« sire Jean d'Aspremont, Vicomte d'Ourthe, Baron de Cauneille et
« Œiregave » (4).

Le / divertissement / de Monsieur de / Beneven, conseiller / du Roy, et maistre en / sa Chambre des Comp- / tes de Navarre, in. 4°, 248 pages (5).

Les 16 avril, 4 juillet et 23 octobre de la même année, il recevait de M. Jacques Darracq, receveur des amendes, la somme

---

(1) Bib. Nationale L. b. 36 / 1157, in. 4°
(2) Bibl. Nationale L. b. 36 / 1158, in 4° 36-67 pages.
(3) Bibl. Nationale L. d. 176 / 79 in. 12.
(4) Propriété de M. le Pasteur Nogaret, de Bayonne.
(5) Bibl. de Pau.

vingt-cinq écus pour avoir imprimé les ordonnances nouvellement faites par S. M. (1).

En 1631, enfin, il éditait : *Advertissement / charitable / aux / fidèles pasteurs de / Béarn à l'occasion de / quelques infâmes apos - / tasies en un sermon faict / à l'ouverture du Synode / tenu à Pau le* XI / *septembre* 1629 ; / *par / Jean de La Fite ministre de la pa - / role de Dieu en l'Eglise de / Pau. / A Orthes / par A. Rouyer, imprimeur ordinaire / du Roy en Béarn*, 1631. / petit in-4° de 62 pages.

Sermon sur le verset XIII / *du L chapitre de l'Epistre / aux Colossiens. Prononcé / au Synode tenu à Sauve- / terre au mois de juin /* MDCXXXI. / *A Orthes / par A. Rouyer, imprimeur ordinaire du Roy / en Béarn,* MDCXXXI. / Petit in-4° de 133 pages.

Il dut mourir au moment où il mettait la dernière main à cette publication, sans que nous puissions préciser la date de sa mort, car ces deux sermons ne furent pas séparément mis en vente. Ils furent réunis en un volume dont *Jacques* et *Jean* Rouyer, ses fils, imprimèrent en 1631 le titre qui est ainsi conçu : *Deux sermons faits / en deux Synodes de Bé - / arn, par Jean de /. La Fite, minis - / tre en l'E - / glise de / Pau. / à Orthès, par Jaques* (sic) *et / Jean Rouyer imprimeurs /* MDCXXXI. / (2).

II

Jacques continua seul à exercer son industrie à Orthez. La preuve en est dans la série non interrompue des ouvrages qu'il édita sans le concours de son frère à partir de 1633 (3).

(1) Arch. B.-Pyr. B. 3764.
(2) Exemplaire appartenant à M. Bergès Catalou d'Orthez.
(3) Un exemplaire de la « *compilation d'aucuns Priviledges et regla-*
« *mens deu Pays de Béarn* » édité par « *G. de la Place, marchand*
« *libraire à Lescar* MCDXXXIII » possédé par M. G. Cuzacq, de Tarnos

En 1635, en effet, il imprima : *Les / œuvres / poétiques et chrétiennes / du / sieur de Jan Gaston /* en prenant le titre d'*imprimeur ordinaire du Roy* en *Béarn* qu'avait jusqu'alors porté son père.

Cet ouvrage, qui est in-4° de xxiv-509 pages, est terminé par les *poésies sacrées* du même auteur, formant un ensemble de 58 pages séparées (1). Il est orné d'un dessin représentant Adam et Eve mangeant la pomme.

Jacques Rouyer en fit sans doute une nouvelle édition en 1639, car le catalogue Turquety (2), sous le n° 445, mentionne : « *Les œuvres chrétiennes du sieur de Jean de Gaston dédié à M. le maréchal de La Force. Orthez par Jacques Rouyer et se vendent chez Jacques Cailloué à Rouen*, 1639, in-8°.

En 1638, il prêta le concours de ses presses alternativement aux catholiques et protestants, car cette année se signala par une recrudescence de livres de controverse religieuse.

Le premier fut *Le / Triomphe / de la vérité ou / adveu du sieur Abbadie, ministre / de Pau / sur la transubstantiation et / sur le purgatoire, /* (3) petit in-4° de xxiii-299 p.

Il était dû à la plume du P. Estienne Audebert de la compagnie de Jésus (4), et avait reçu l'approbation du P. Barthélemy Jacqui-

---

(Landes) porte en titre « *Jacques Rovyer, imprimeur du Roy*. Cette indication ne se retrouve sur aucun des autres exemplaires que nous connaissons et nous renvoyons pour l'examen de ce fait au chapitre sur G. de La Place.

(1) Bibl. de Pau.
(2) Claudin. 1868.
(3) Bibl. de Pau.
(4) Le P. Estienne Audebert faisait partie du collège de Pau fondé en 1622 par les Jésuites et auquel Louis XIII avait accordé une subvention annuelle de 12,000 livres. L'Etablissement des Jésuites dura jusqu'à l'époque de leur expulsion sous Louis XV en 1762.

not, provincial de cette compagnie en la Province de Guienne, qui accorda, le 20 mars 1638, à Pierre Boyer, marchand libraire à Pau (1), la permission de l'imprimer ou *faire imprimer*, ce qui explique l'intervention de Jacques Rouyer.

Pour la première fois, cet imprimeur fit revivre la marque que Rabier avait employée lorsqu'il était à Orléans et dont il avait revêtu en 1602 les *fors et coutumes du Béarn* ; il en orna non seulement le titre, mais encore la fin du deuxième livre de cet ouvrage (2).

Il fut suivi de : *La victoire de la vérité / opposée au / triomphe / sans victoire chanté par / un vaincu / ou response au livre / du sieur Audebert, jésuite, intitulé : / le Triomphe de la vérité. / Par Pierre Abbadie minis- / tre de la parole de Dieu en / l'Eglise de Pau. / à Orthez / par Jacques Rouyer, imprimeur / ordinaire du Roy en Béarn. 1638. /*, ouvrage in-4° de xxx-748 pages, divisé en trois parties, dont les deux premières sont aussi terminées par la marque typographique de Rabier (3).

Sous la même marque, il faisait paraître en 1645 *los fors et / costumas / deu Royaume de Navarre / deca ports. / Avec l'estil et aranzel deu dit Royaume. / à Orthez / per Jacques Rouyer imprimeur deu Rey 1645 /*, fors dont nous avons raconté l'histoire dans l'Introduction.

Cet ouvrage, dont nous ne connaissons qu'un seul exemplaire, qui est notre propriété, est un petit in-4° portant en tête le titre que nous avons indiqué ci-dessus. Il contient une pagination séparée pour les *fors* et l'*estil*, savoir : iv-126 pages pour les premiers

---

(1) Voir chapitre suivant l'article consacré à Boyer.

(2) L'emploi de cette marque typographique est une preuve manifeste que les Rouyer furent à Orthez les successeurs de Rabier.

(3) Bibl. de Pau.

et 76 pages pour le second qui a un titre spécial ainsi conçu : *L'Estil de / la chance- / lerie de Navarre. / à Orthez / per Jacques Rouyer imprimur ordinary / deu Rey en Béar (sic). 1645. /*

L'année suivante, il éditait : *La face de / l'Eglise / primitive / ou / response à / un livre intitulé* : Uniformité / de l'Eglise romaine d'aujourd'hui / avec l'Egli- / se primitive des quatre premiers siècles / par Messire Jean Henry de Salettes / Evesque de Lescar. (1) / *à Orthez par Jacques Rouyer imprimeur / ordinaire du Roy en Béarn.* / 1646 / in-4º de vi-479 pages terminé par la marque de Rabier (2).

Cette réponse était l'œuvre de M. A. Vidal, pasteur de l'Eglise de Lescar en Béarn.

En 1651, il imprimait : *Deffence / de / l'Union / des / réformez / ou réfutation des invecti- / ves du Jésuite du Bourg, contre / le synod e de Charenton. / par le sieur Majendie / pasteur de l'Eglise de St-Gla-*

---

(1) L'ouvrage de Monseigneur de Salette avait été imprimé en 1644 à Lescar par Pierre Campagne — voir Chap. suivant § 3.

(2) Bibl. de Pau. En mentionnant cet ouvrage dans le *Bulletin de l'histoire du Protestantisme français*. T. 6. p. 346, M. Lourde Rocheblave émet l'avis que la marque qu'il contient pourrait être celle du *sceau du Synode de Béarn*, car, dit-il, « elle se trouve à la suite d'une approbation « synodale, et à côté de la signature des Pasteurs Abbadie de Pau et Cap- « deville de Lescar, chargés d'examiner l'ouvrage ». Nous avons déjà dit que cette marque n'est autre que celle de Rabier qu'en sa qualité de successeur Rouyer avait continué à employer. Ce fait suffirait seul à détruire l'hypothèse de M. Lourde Rocheblave, mais ce qui démontre, en outre, l'erreur dans laquelle cet auteur est tombé, c'est que les ouvrages *catholiques* imprimés par Rouyer, le *Triomphe de la vérité* par le P. Audebert entr'autres, portent la même marque ; or, on voudra bien reconnaître avec nous que les catholiques ne demandaient pas au Synode d'estampiller leurs ouvrages, pas plus que les Etats de Navarre ne durent le faire, lorsqu'ils confièrent à Rouyer l'impression *des fors et coutumes* de ce royaume, dont le volume est aussi orné de cette marque.

die. / in-8° de vi-195 pages qui contient aussi à la fin la marque de Rabier (1).

A en juger par ce sous-titre : *à Orthez / par Jacques Rouyer, Impri- / meur ordinaire du Roy en Béarn.* / MDLI. /, on pourrait prétendre que c'est en 1551 qu'en aurait eu lieu l'impression, mais les imprimeurs du XVIIe siècle n'étaient pas plus que ceux du XIXe, exempts d'erreurs, et la date vraie est celle que nous avons indiquée, car l'autorisation d'imprimer ne fut donnée que le 27 *septembre* 1649 par le synode de la Province de Béarn tenu à Oloron.

En 1657, il faisait paraître : *Chronique de la Ville et diocèse d'Acqz, par M. Bertrand Compaigne,* pièce in-4° (2) ; et *Le mont / de Sion / opposée au Tertre romain, / ou / réfutation des pré- / tendus motifs pour quitter la / religion réformée ; esta- / lez par le sieur de / Tertre.* / in 4° de vi-186 pages, précédé d'une épître dédicatoire, datée à Pau du 12 septembre 1658, par M. de Lafitte, à MM. les Pasteurs, anciens et diacres de l'Eglise réformée de Pau (3).

En 1658, il éditait en latin : *Petri Fitani Solonis / disputatio- / nes exercita- / tiones aliquot / de Vindiciis / gratiæ Christi, / ac pacis fraternæ cir- / ca eandem coalitione.* / in 8° de 284 pages précédé de : *Præfatio / ad / lectorem.* / 7 pages (4).

Le 29 avril 1659, il obtenait du Roi des lettres patentes l'autorisant à imprimer *le Stil de la justice du Pays de Béarn* ; lecture de ces lettres fut faite à la séance des Etats du 1er juillet suivant (5) et

(1) Bibl. de Pau.
(2) Bibl. nationale L. k. 7 / 2343.
(3) Bibl. de Pau. — Cet ouvrage ne porte ni indication de lieu ni nom d'imprimeur, mais les majuscules et les fleurons sont identiquement les mêmes que ceux employés par Rouyer dans les autres volumes qui précèdent.
(4) Bibl. de Pau.
(5) Arch. B. Pyr. C. 723 f. 177.

elles furent enregistrées au Parlement de Navarre le 23 juin 1661. L'impression ne fut cependant terminée qu'en 1663, les Etats ayant décidé qu'il y serait ajouté les ordonnances rendues en pareille matière par Henri II de Navarre.

Le titre est ainsi conçu : (1)

Stil de la Justicy / deu Pais de / Béarn. / Publicat en l'an mil cinq cens sixante / quouate, regente Johanne regine dame Souvi- / rane de Béarn. / Ensems las ordonnances / feites per / Henri Second / rey de Navarre, Seignour Souviran / de Béarn, / sus la direction de la / Justicy. / à Orthez, / per Jacques Rouyer / Imprimeur ordinary deu Rey en Béarn, / MDCLXII */ avec privilège du Roy. /*

Il est à présumer que dès 1659 Rouyer s'était mis à l'œuvre, car, d'une part, le volume en question, qui est d'un format petit in 4° carré, contient IV-110 pages, applicables *au stil de la justice seul,* les ordonnances ayant une pagination distincte (II-31 p.) et le titre spécial suivant : *Ordonnances / feites per / Henric Second / rey de Navarre, seignour souviran / de Béarn, / sus la direction de la / justicy. / à Orthez, / par Jacques Rouyer, imprimeur ordinaire du Roy en Béarn. /* MDCLXIII. */ avec privilège du Roy. /* ; et de l'autre, la feuille de garde de cet ouvrage, dans sa reliure primitive en parchemin, est le titre que Rouyer avait préparé en 1659, avant que les Etas eussent décidé l'adjonction des nouvelles ordonnances, car celles-ci n'y sont pas mentionnées, ainsi que le prouve son libellé : *Stil de la justicy / deu Païs de / Béarn / publicat en l'an mil cinq cens / sixante quouate, Regente Johanne Regine / Dame Souvirane de Béarn. / à Orthez, / Jacques Rouyer, Imprimeur ordi- / naire du Roy en Béarn.* 1659. / (2).

(1) Bibl. de Pau.

(2) Il existe sur ce titre une *Vache* comme marque typographique ; nous en donnons la reproduction à propos de la *Compilation d'auguns priviledges, etc.* qu'édita Rouyer en 1676.

Rouyer reçut pour les frais de ce travail cent-douze livres deux sols (1).

Avec l'autorisation du Synode, il imprimait, en 1661, *L'enfant / flottant / ou / sermon fait au / Synode de Lembege* (2) *le 21 août 1661 / par A. Magendie M. D. L. P. D. D. en / l'Eglise de St-Gladie / contre / les incertitudes et scrupules insé- / parables de la Communion de Rome.* / petit in 4º de 164 pages (3).

La même année, il faisait paraître : *Le Diptyche ou Catalogue des Evesques d'Acqz, par M. Bertran de Compaigne, avocat au Siège d'Acqz,* in-12º de 93 pages (4).

Le 7 septembre 1663, la veuve de Pierre Desbarats et son fils Jean Desbarats, « marchands libraires et imprimeurs du collège de Pau et de la compagnie de Jésus », lui cédaient leur privilège pour l'impression de la seconde et de la troisième partie du livre intitulé *Le Vieillard noyé*, dont ils avaient édité la première partie en 1662 (5).

Il imprimait en conséquence 1º en 1663, la deuxième partie qui est précédée d'un épitre dédicatoire à Monseigneur François Arnaud de Maytie, évêque d'Oloron, baron de Moumour, etc., due au R. P. Jacques Boireau, auteur de l'ouvrage (6).

2º En 1664, la troisième partie qui, réunie à la seconde, forme

(1) Arch. B-Pyr. C. 859 fº 26.
(2) Lembege pour Lembeye chef-lieu de canton de l'arrondissement de Pau.
(3) Bibl. de Pau.
(4) Bibl. de M. G. Cuzacq à Tarnos (Landes). Ce volume est cité sans nom d'imprimeur par M. Tamizey de Larroque dans ses « Documents iné- « dits pour servir à l'histoire de Dax ». *Revue des Basses-Pyrénées et des Landes, Paris, octobre 1883, p. 435 note 1re* — il figure aussi dans la *Bibliothèque historique de la France* par le père Lelong. nº 8087.
(5) 2º partie, Chap. 1er § 2.
(6) Elle porte le même titre que la première avec la mention : *Orthez / par Jacques Rouyer, imprimeur / du Roy en Béarn /* MDCLXIII.

un total de VI-572 pages et porte pour titre : *Le / Vieillard / noyé / ou response à un presche / intitulé / l'enfant flottant, / troisième partie / ou / troisième manquement de conscience /* .

En 1666, il éditait en basque « Le chemin de bien mourir, fait « en basque par messire de Tartas, curé d'Aroue, dédié à M. le « marquis de Monein ». Volume in-4° dont le titre est ainsi exprimé dans son idiome spécial :

Onsa / hiceco / bidia / Ivan de Tartas Arveco / erretorac euscaraz eguina. / Moneineco Jaun marquizari / dedikatia. / Orthecen Jacques Rouyer erregueren imprimaçalia baitan. / (1)

Le Style de la justicy ne fut pas le seul ouvrage que Rouyer imprima pour le compte des Etats de Béarn.

Dans la séance du 18 septembre 1675, les Commissaires, qui avaient été chargés de procéder à la compilation des *Règlements*, (2) annoncèrent que leur travail était terminé et qu'il fallait procéder à l'impression.

Sur l'avis du Tiers-Etat, c'était à Desbarats, imprimeur à Pau, que l'on s'adressa (3), mais les prétentions de cet imprimeur furent telles que les Etats eurent recours à Rouyer, d'Orthez, et celui-ci proposa, moyennant cinq cent livres, d'imprimer cinq cents exemplaires qui seraient reliés en parchemin.

Ces conditions furent agréées dans la séance du 22 du même mois (4) ; on stipula que le prix serait payé 200 livres en commençant le travail, et le surplus dès qu'il serait terminé ; on arrêta

---

(1) Un exemplaire de cet ouvrage, fait partie de la collection du Prince L. L. Bonaparte. — Voir à son sujet l'étude de M. Vinson dans la *Revue de Linguistique*. T. 8, juillet 1875, p. 70-72.

(2) Ces commissaires étaient MM. Navailles et d'Arsaut. Ils reçurent à cet effet à titre de salaire 296 écus 6 sols. (Arch. B.-Pyr. C. 879 f· 13.)

(3) Arch. B.-Pyr. C. 734 f· 269.

(4) Arch. B.-Pyr. C. 734 f· 301.

— 83 —

enfin que « dors et déjà Rouyer serait préféré en toutes impres-
« sions qui concerneraient les Seigneurs des Etats ».

Ce travail fut entrepris immédiatement par Jacques Rouyer, qui
le 8 décembre 1675, reconnaissait avoir reçu le premier à-compte
de 200 livres (1) ; il l'achéva l'année suivante et toucha le complément du prix (2).

Le titre seul est digne de remarque, car il est imprimé en rouge
et en noir, et est ainsi conçu :

*Compilation / d'auguns / priviledges / et reglamens / deu Pays /
de / Bearn / feyts et octroyats / à l'intercession deus Estats ab los
Serments de / fidelitat à sons subjets, et per reciproque deus / subjets
à lour Seignour. / à Orthes, / chez Jacques Rouyer, imprimeur / du
Roy, et des Estats généraux du Païs / de Béarn.* / MDCLXXVI / in 4°
de VI-328 pages, qu'il revêtait de la marque typographique
suivante :

qu'il avait déjà employée lorsqu'il imprima en 1659 et en 1663
le *Styl de la Justice*.

Dans un avertissement au lecteur, il est expliqué qu'une première édition avait paru en 1633 (3), mais que, de nouveaux
règlements ayant été obtenus qui modifiaient les anciens, une
réimpression était devenue nécessaire, et qu'elle avait été décidée
le 18 septembre 1676 (4) « d'autant que tous les anciens règle-

---

(1) Arch. B.-Pyr. C. 867.
(2) Arch. B.-Pyr., C. 869, f° 13.
(3) Voir le chapitre 7, § 1er.
(4) C'est une erreur de date, la délibération est du 18 septembre *1675*.

« ments, qui avaient été jadis mis sous presse, se trouvaient dis-
« tribués, de telle sorte qu'il n'en reste plus un exemplaire dans
« les coffres du pays, pas plus que dans les boutiques des
« libraires ».

Au moment où il imprimait ces règlements, Jacques Rouyer
était jurat d'Orthez, car, en cette qualité, il donnait la quittance
suivante (1) :

« Nous soussigné, garde d'Orthez, assisté de MM. les jurats du
« dit lieu, avons reçu de M. de Souye, 270 livres ordonnancés au
« Corps de ville sur l'état de l'année 1675, pour le deffray des
« logements supportés jusqu'à la tenue des Etats. »

Signé : DARRIGRAN, *jurat*. — X. *garde*.

ROUYER, *jurat*.

Fac-simile de sa signature

À partir de cette époque, non-seulement les registres de la
communauté d'Orthez ne le mentionnent plus comme jurat, mais
encore il disparaît comme imprimeur et avec lui cette industrie
cesse d'être exercée à Orthez.

III.

Lorsqu'Abraham Rouyer vint de Bordeaux s'établir à Orthez, il
était, porte la délibération du 5 mai 1611, accompagné de sa
famille. Aucun acte ne nous a révélé d'où il était originaire, ni
quel était le nom de sa femme, mais il eut au moins trois enfants :
deux garçons et une fille.

(1) Arch. B.-Pyr., C. 867.

L'aîné des garçons s'appelait *Jacques*, le plus jeune *Jean* et la fille *Magdeleine*.

Celle-ci se maria avec N.... de Sévignacq, dont elle eut une fille, nommée Thabita, qui fut baptisée le 13 août 1652 (1), et deux garçons, Etienne et Pierre, auxquels, par testament du 2 novembre 1690, Suzanne Rouyer, épouse d'Etienne de St-Pau, fille de Jacques, léguait 150 livres, en les qualifiant de ses *cousins germains*.

Jean commença d'abord par travailler à Orthez avec son frère, mais cette communauté ne nous est indiquée que par l'impression d'un seul ouvrage en 1631 (2), et ce fut sans doute lui qui vint s'établir à Montauban où, en prenant le titre d'imprimeur de l'évêque et de la ville, il imprimait en 1644 : *La Conversion très heureuse de M. Daniel de Martin, jouxte la copie imprimée à Lescar* (3).

La similitude du prénom de l'imprimeur d'Orthez et de celui de Montauban, jointe aux relations avec les Rouyer du Béarn que semble attester la réimpression de *la Conversion de Daniel Martin*, nous paraît, en effet, présenter de fortes présomptions pour qu'il ne s'agisse que d'une seule et même personne.

Il épousa, le 1er juillet 1654, Marie Pacot de Montauban dont il eut deux filles : *Anne*, baptisée le 18 avril 1656 et morte le 6 novembre 1660, *Jeanne*, baptisée le 25 septembre 1658.

Il mourut le 30 avril 1660 à Montauban où sa femme conti-

---

(1) Arch. Com. d'Orthez. Baptêmes de 1593 à 1663, fº 96.
(2) Voir page 75.
(3) Daniel Martin était ministre à Castétis près d'Orthez. Son fils P. Dom Hilaire Martin, religieux de St-Paul, le ramena à la foi catholique. — (*Histoire des Troubles en Béarn*, par le P. Mirasson. Paris 1768; p. 303, note **xxv**).

nua à exercer son industrie jusqu'à sa mort arrivée en 1663 (1).

Quant à Jacques, il se maria avec Elisabeth Furtère et de cette union naquirent quatre enfants :

    Suzanne, baptisée le 29 décembre 1642.
    Mathieu, — le 24 février 1644.
    Anne, — le 15 août 1646.
    Judith, — le 11 décembre 1650.

L'habitation prolongée qu'il avait faite dans la maison du *Bascou* avait du laisser supposer au rédacteur du rôle de la Taille d'Orthez qu'il en était propriétaire. On y trouve, en effet, cette inscription (2) : « M. Jacques Rouyer, jurat de la présente ville, a « acheté des Jurats une maison appelée *Lo Basco* ».

Mais cet article fut annulé avec cette mention : « La Communauté la possède ».

Pareille erreur se retrouve dans le censier de 1675.

« M. Jacques *de* Rouyer, marchand et Jurat d'Orthez, possède, y est-il dit (3), « en la rue des Haus, une maison avec un lopin « de terre sur le devant, appelée du *Basque*, confrontant d'Orient « avec muraille de la ville, du midi avec maison de Samadet, « d'occident avec maison de Gassissane, du nord avec la rue « publique ».

Il y est consigné toutefois que « la communauté d'Orthez jouit « de cette maison et lopin de terre comme lui appartenant », et une annotation mise en marge constate que « cette maison a été « acquise de la communauté par le sieur Jean de Lompré en « 1730, d'autorité d'un arrêt du conseil ».

Jacques Rouyer possédait cependant en propre, au parsan des

(1) Renseignements dont nous sommes redevable à l'obligeance de M. Forestié.
(2) Arch. Com. d'Orthez CC. 2, f° 246.
(3) Arch. Com. d'Orthez CC. 2, f° 30.

Soarns (1), une pièce de terre labourable, appelée l'Augaà de Haurie, contenant quatre arpents demi-quart, confrontant d'orient avec terre commune de la ville, du midi avec terre de Peyret, chemin entre deux, d'occident avec ruisseau de Routins, du nord avec la dite terre.

Sa femme lui survécut, car, en se qualifiant de veuve, elle cédait aux Cordeliers de la ville, par acte du 23 juillet 1685, retenu par M. de Badière, notaire, deux sommes, l'une de 62 livres tournois, l'autre de 42 livres, dûes au dit de Rouyer, défunt, par noble David Duhau de Bérenx, par promesses des 4 août 1671 et 1er août 1674. Cette cession était faite en rémunération des messes qui avaient été dites pour le repos de l'âme de son mari et à la charge d'inhumer la cédante dans leur église.

Une de ses filles, Suzanne, avait épousé Etienne de St-Pau, commissaire taxateur et procureur à la Cour du Sénéchal d'Orthez. Elle fit devant M. Badière son testament le 2 novembre 1690 (2), et institua son mari pour son légataire universel, tout en léguant à Isabeau de Furtère, sa mère, une rente viagère de soixante quinze livres. Elle léguait en outre une somme de cent cinquante livres à Etienne et Pierre de Sévignac, ses cousins germains, fils de Magdeleine Rouyer.

IV

De 1635 à 1676, il y eut à Orthez un autre libraire que Jacques Rouyer, en admettant que celui-ci cumula ces deux fonctions ; il s'appelait Jean de Portes ou d'Esportes.

Sous le premier de ces noms, il faisait baptiser le 5 septem-

(1) Hameau, Com. d'Orthez.
(2) Voir pour ces actes la note 2 page 68.

bre 1635 (1) un fils auquel il donnait le prénom de Jean, comme étant né de son mariage avec Catherine de Laborde ; et c'est sous le second que, le 22 novembre 1676, son décès est constaté avec cette sèche formule (2) :

« Le 22 novembre 1676, fut enterré d'Esportes, marchand li-
« braire ».

Le même décès est ainsi reproduit à la date du 20 du même mois :

« Le 20 novembre 1676, fut enterré le corps d'Esportes *libre-re* (3).

Ce sont les seules indications que nous ayons trouvées sur son compte.

V

Nous mentionnerons enfin N. Crespon comme ayant imprimé à Orthez en 1620 : *La calamité de Béarn, par Jean Paul de Lescun*, in-8°, suivi d'une ordonnance du Roi du 21 septembre et d'un arrêt du conseil du 5 octobre de la même année (4).

Mais nous nous hâtons d'ajouter que Nicolas Crespon ne dut faire à Orthez, s'il y vint jamais, qu'un séjour de quelques mois, car, dans son *Essai sur l'imprimerie en Saintonge et en Aunis* (5), M. Louis Audiat lui consacre un long chapitre, et signale sa présence continue à Saintes et par accident à St-Jean d'Angély, de 1611 à 1650.

---

(1) Arch. Comm. d'Orthez. Baptêmes de 1593 à 1663 f° 23. Les parrain et marraine sont ainsi indiqués : « Jean de Portes et Suzanne de Laborde « mère et fils ».
(2) Arch. Com. d'Orthez vol. 8 f° 2.
(3) Arch. Com. d'Orthez vol. 6 f° 6.
(4) Bibl. Nationale L. b. 36/1499.
(5) Pons, 1880, p. 56 et 122.

CHAPITRE VI

SARIDE, IMPRIMEUR DE LESCAR. — 1615-1630.

Si l'auteur des *Souvenirs historiques du château de Henri IV et de ses dépendances* (1) pouvait offrir quelque créance, même dans les renseignements officieux qu'il a fournis à M. G. de Clausade à l'occasion des recherches que celui-ci a faites sur les ouvrages d'Auger Gaillard (2) , nous dirions avec lui que Johan de Saride imprimait à Lescar, en 1583, une deuxième édition de la *Description du château de Pau et des jardins d'icelui* , dont il prétendait posséder un exemplaire qui lui avait été donné par un pair d'Angleterre (3).

Mais les affirmations de M. L. T. d'Asfeld sont de celles que l'on ne saurait accueillir que sous bénéfice d'inventaire (4), et la disparition complète des exemplaires de ce livre précieux nous met dans l'impossibilité de contrôler cette assertion. Nous sommes, du reste, d'autant plus porté à la révoquer en doute que nous avons raconté les faits qui avaient amené Rabier en Béarn en 1583 (5) ; or, on ne comprendrait pas que le Roi de Navarre

---

(1) Paris chez Pagnère, 1841.
(2) Albi, chez Rodière libraire, 1843. *Poésies Languedociennes et françaises d'Auger Gaillard, dit Lou Roudié de Rabastens*, p. xxviij.
(3) *Souvenirs historiques du château de Pau*, p. 11.
(4) Opinion conforme. *Revue d'Aquitaine*, t. 7, p. 32 et 111.
(5) Chap. IV.

eût insisté, comme il le fit, auprès des consuls de Montauban, pour obtenir de Rabier *une presse en Béarn*, si à la même époque Lescar avait déjà un imprimeur (1).

Jusqu'à preuve certaine du contraire, nous pensons donc que Johan de Saride ne vint s'installer à Lescar qu'après le transfert de l'université de Lescar à Orthez, et le départ de l'imprimeur de cette université, soit en 1609 (2).

(1) Sous le n° 37,665, *La bibliothèque historique de la France*, par le P. Lelong, mentionne à la date de 1592 l'impression de cet ouvrage d'Auger Gaillard, sans indication de lieu ni de nom d'imprimeur ; nous penserions volontiers que Rabier fut cet imprimeur, car à cette époque il imprimait à Lescar, et déjà, en 1581, il avait édité le *Libre Gras* du même auteur. Voir un *Chap. de l'histoire de l'imprimerie à Montauban* par M. E. Forestié, p. 9 et suiv.

(2) Avant lui, un imprimeur, qui s'appellerait *Jean de Ferman*, aurait imprimé à Lescar, en 1602, un ouvrage dont le titre est ainsi conçu : *Observations / de J. Clémenceau / ministre de Jésus-Christ / en l'évangile, en l'Eglise / réformée de Poictiers. / Sur le livre intitulé* : Parascève généralle / à l'exact examen de l'institution de l'Eu- / charistie contre la particulière interpréta- / tion des religionnaires de nostre temps. / par Révérend Père F. I. Perth-aise théologal / de l'Eglise de Poictiers. / *à Lescar, / par Jean de Ferman, 1602.* | In-8° de v-318 pages, plus 1 page pour fautes survenues en l'impression. (Bibl. de Bordeaux, n° 35,766).

Si cet ouvrage eut porté la date de 1608, qui correspond à celle de la mort de Rabier, imprimeur à Lescar, nous pourrions supposer que ce *Jean de Ferman* serait un prédécesseur de Saride, mais il n'en est pas ainsi ; et comme nous n'avons trouvé nulle part l'indication de ce nom nous en sommes amené à conclure que, à l'instar de ce qui se pratiquait à cette époque de lutte religieuse, le véritable imprimeur prit au hasard un lieu d'impression et dissimula son nom sous le voile de l'anagramme. Dans cet ordre d'idées, étant donné que Clémenceau était de *Poitiers* et répondait à un catholique de *Poitiers*, sachant en outre que dans cette ville il existait une imprimerie considérable dirigée par *Jean de Marnef*, nous pensons que c'est cet imprimeur qui édita cet ouvrage en changeant son nom en celui de *Ferman*, et que, s'il indiqua la ville de *Lescar*, c'est que le Béarn était alors la terre classique du protestantisme, d'où pouvait sortir avec une apparence de raison des publications en sa faveur.

Ce n'est cependant qu'en 1615 que nous le trouvons officiellement mentionné.

Le 7 janvier de cette année, Jean de Saride, imprimeur de Lescar, et Jeanne de Lago, sa femme, étaient parrain et marraine de Jean de Saraille, fils de David et de Margalide de la Nesse (1) ; et, le 19 mars suivant, le Trésorier de la Chambre des Comptes payait *au Libraire et Imprimeur de Lescar*, sans en indiquer, il est vrai, le nom, une somme de trois fr. pour avoir relié trois grands registres (2), mais, sans nul doute, il s'agissait bien de lui.

En 1620, Jean de Saride se pourvoyait auprès du Roi pour obtenir le privilège, pendant dix ans, d'imprimer vendre et distribuer tant en Béarn qu'ailleurs, les *fors, stil* et *ordonnances* qu'avant lui Jean de Vingles et Henry Poyvre, puis Louis Rabier, avaient imprimés. Il basait sa demande sur ce qu'il ne se trouvait presque plus d'exemplaires de ces éditions.

Des lettres-patentes, datées à Paris du 22 février 1620, lui furent accordées à cet effet, mais, lorsqu'elles furent présentées au Parlement de Navarre pour y être vérifiées, le Syndic du Pays et le Procureur Général objectèrent, en ce qui concernait le *stil* et *les ordonnances*, qu'il y avait lieu de se livrer à un travail de compilation qui entraînerait des longueurs, et que l'autorisation devait être restreinte aux *fors* et *coutumes* du Pays.

Ces conclusions furent adoptées par le Parlement, qui, le 11 février 1622, rendit l'arrêt suivant :

« Il est permis au dit de Saride d'imprimer dès à présent les
« *fors* et *coutumes* du Païs en langage vulgaire, comme ils sont
« présentement : et, pour le regard du *stil* et *des ordonnances*,
« l'impression s'en fera lorsqu'il appartiendra et sera ordonné par
« la Cour ».

(1) Arch. Com. de Lescar, GG. 1er f° 29.
(2) Arch. B.-Pyr. B. 3544.

En conséquence de cet arrêt, Saride demanda aux Etats le nombre de *fors* que le Pays voulait prendre de son édition nouvelle, et, sur l'avis de Monseigneur de Lescar, il fut fixé à deux cents par décision du huit septembre 1622 (1).

Cette édition vit le jour en 1625. Pour sa description matérielle, nous renvoyons, comme nous l'avons fait pour les éditions de 1552 et de 1602, à l'étude de M. Soulice (2).

Le 7 septembre 1626, il obtenait du Premier Président du Parlement, M. de Lavie, un mandement de la somme de neuf livres tournois « pour les impressions qu'il avait faites des Edits de « S. M. tant de la paix que des duels ». Mais, le Receveur des amendes, M. Jean Darrac, se refusant à exécuter cet ordre, Saride dut avoir recours à la justice.

En son nom, M. de Toronger présenta une requête qui, le 1er février 1627, fut appointée par M. Dupin, un des conseillers, de la manière suivante :

« La Chambre ordonne audit Darrac de payer *incontinent* au « suppliant la somme de neuf livres, *à peine de prison* ».

L'aménité relative de cette injonction produisit un effet immédiat ; la quittance que donna Saride est revêtue de cette signature (3) :

En 1630, il éditait en latin la vie de Louis Bitoste, volume d'une typographie irréprochable, et dont les premières lettres de cha-

(1) Arch. B.-Pyr. C. 708 f° 314.
(2) Voir à l'appendice et pour le titre la planche n° 5.
(3) Arch. B.-Pyr. B. 3728.

que chapitre sont ornées de majuscules et lettres courantes à fleurs.

Son titre est ainsi conçu : *Vita / Ludovici / Bitosti, fratris / con_versi congre- / gationis clericorum regularium / S. Pauli ; / per R. P. D. Fortunatum Columbum, Palensem ipsius / confessorem, ejusdem congregationis in Galliis / et Pædemonte provincialem, ex relatu / missionis suæ Benearnicæ. / ad reverendissimum Patrem D. Julium / Cavalcanum vicarium generalem /.*

Lascari :

Apud Joannem de Saride, Typographum / MDCXXX. / (1). petit in-4º de x-197-III pages.

C'est le dernier document que nous ayons trouvé concernant l'exercice de sa profession d'imprimeur.

Il était marié avec Catherine de Lago ou de Lacau, dont il eut deux enfants :

1º Marie, baptisée le 19 mars 1623 (2) ; qui eut pour parrain « Monseigneur le Révérendissime Johan de Salettes, Evêque de Lescar » et pour marraine dame Rosalie de Casanave, de Lescar.

2º Jean Henri, baptisé le 11 janvier 1627 (3) dont le parrain fut « vénérable et discrète personne Noble Henri de Salette, chanoi-
« ne et vicaire général de Lescar ».

Nous ne pouvons préciser la date de sa mort, mais il est à croire que cet événement était survenu avant 1633, époque à laquelle G. de La Place, marchand libraire à Lescar, éditait *les Règlements* de la Province (4). On a vu, en effet, qu'en 1620

---

(1) Bibl. de Pau. Voir sur Dom Fortuné Colomb et Louis Bitoste, « *Histoire des troubles en Béarn* » par le P. Mirasson. Paris 1768, p. 159, note IX.

(2) Arch. Com. de Lescar, GG. 2, fº 6.

(3) Arch. Com. de Lescar, GG. 2, fº 33.

(4) Voir chapitre suivant.

Saride en avait pris l'initiative, or, il n'est pas présumable que, de son vivant, il eût laissé à un autre le soin de mener cette œuvre à bonne fin.

Par contrat du 21 mars 1646 (1), sa veuve achetait, au prix de huit cents francs bordelais, de noble Charles de Salettes, seigneur de Montardon, « une maison dans la ville de Lescar, Carrère longue, « appelée de Labat, confrontant avec la maison de ville, la dite « rue, la maison épiscopale et la muraille de la ville. »

Cette maison figurait dans le censier de 1643 (2) sous le nom de : « Très illustre et Révérend Père en Dieu, maître Jean Henry « de Salettes, évêque et seigneur de Lescar ».

Catherine de Lacau mourut le 11 mai 1662, à l'âge de 65 ans ; elle fut enterrée dans la cathédrale de Lescar, ainsi que l'établit l'inscription mise sur sa pierre tombale (3). Sa fille Marie, épousa Martin Caron, sculpteur d'Abbeville, habitant à Lescar ; elle dut survivre à son frère Jean Henri, car, le 31 juillet 1689, elle faisait son testament dans lequel elle instituait pour son légataire universel Martin Caron, neveu de son mari (4).

(1) Arch. B.-Pyr. E. 2041, f° 77.
(2) Arch. Com. de Lescar, CC. 2, f° 37.
(3) Voir planche, n° 6. Nous devons la communication de cette pièce à M. Barthéty, qui a relevé les inscriptions de toutes les pierres tombales servant naguère de pavé à la cathédrale de Lescar, et qui se propose de les réunir en un corps de volume. Elles seront ainsi tirées de l'oubli, bien que dans la restauration qui a été entreprise, l'intelligent doyen de Lescar, M. l'abbé Terrès, ait pris le soin de les sauvegarder en les replaçant sur les bas-côtés de ce monument historique.
(4) Arch. B-Pyr. E. 1397, f° 54. Voir en outre l'article consacré à Martin Caron, par M. Paul Raymond, dans *les Artistes en Béarn*, p. 162.

CHAPITRE VII

I. LAPLACE, 1627-1633. — II. DAUPHIN, 1639-1644. — III. CAMPAGNE, 1644-1646. — IV. SAINT BONNET, 1647. — V. LAVOIR, 1648. — VI. BOYER, 1630-1664. — VII. BORDENAVE, 1664.

I.

La mort de Saride ne fit pas disparaître de Lescar l'établissement typographique qu'il y avait créé.

Un marchand libraire de Pau, Guillaume Laplace, qui, suivant quittance revêtue de cette signature :

avait, le 25 octobre 1627, touché de la Chambre des Comptes « six livres dix sols pour avoir fourni une rame de papier à *grand marge* (1) », y éditait en 1633 les *règlements du pays de Béarn*.

D'un format in-4° carré, ce volume contient un avertissement de 4 pages non numérotées, et est terminé par une table des matières de 10 pages sans numéro. Quant au texte, s'il ne paraît être que de 211 pages, il est réellement de 311, l'imprimeur

(1) Arch. B.-Pyr. B. 3726.

ayant, par erreur, après le feuillet 299, recommencé la 2ᵉ série des centaines au lieu de la 3ᵉ.

Il a pour titre :

Compilation / d'auguns pri- / viledgis et regla- / mens deu Pays de / Béarn / feyts et octroyats / a l'intercession deus Es- / tats ab los sermonts de fi- / delitat deus Seignours/ a soos subiects, et per recipro-/ que deus subiects à loor / Seignour. / à Lascar, / par G. de Laplace, marchand libraire. / MDCXXXIII / (1).

A défaut de renseignements précis qu'aient pu nous donner sur le nom de l'imprimeur les procès-verbaux des séances des Etats de Béarn, des 3 octobre 1628 et 28 août 1629, au cours des quelles fut agitée l'impression de ces règlements, la comparaison des caractères employés à cette occasion avec ceux dont Saride se servit pour imprimer les *fors de Béarn* en 1625 et surtout la *Vie de Louis Bitoste* en 1630, nous porte à affirmer que ce fut le matériel de cet imprimeur auquel Laplace eut recours.

Dans chacun de ces ouvrages, en effet, ce sont les mêmes majuscules, lettres courantes et lettrines qui ornent le commencement des chapîtres.

Un exemplaire, il est vrai (le seul que nous connaissions et qui est la propriété de M. G. de Cuzacq, de Tarnos), porte le sous-titre suivant : *à Lascar, / par G. de La Place, marchand libraire, / et Jacques Rouyer imprimeur / du Roy, MDCXXXIII /*, d'où l'on pourrait conclure que celui-ci, qui imprimait à Orthez, prit une part réelle à cette édition.

Mais nous ne pensons pas que les choses se passèrent ainsi, car *jamais* Jacques Rouyer n'eut à sa disposition les caractères mis en œuvre dans cette circonstance, et si son nom figure en compagnie de celui de Laplace, c'est que celui-ci, qui n'était que

(1) Bibl. du Château de Pau, nº 1164 bis.

libraire, eut recours à son expérience pour diriger ce travail typographique auquel il était personnellement étranger.

La même année, ce libraire faisait paraître : *L'arrest de vérification des ordonnances du Roi très chrestien Louis XIII, roi de France et de Navarre. Donné par la Cour de Parlement de Navarre, séant à Pau, chambres assemblées, le 23 février* 1630 ; plaquette in-8° de 8 pages (1) ; qu'il revêtait de cette mention :

Par commandement de la Cour, imprimé avec privilège / à Agen,/ par J. et G. de Laplace, marchands libraires / à Pau / MDCXXXIII./

Si nous procédions pour cet ouvrage comme pour la *Compilation des Règlemens*, nous serions amenés à conclure que Laplace se servit aussi pour son impression des caractères de Saride.

L'*S* courante et unique qu'il renferme est, en effet, semblable à celle qui commence la page 8 des *fors* de 1625, et le *V* employé dans cet extrait appartient à la série des *L* et des *M* qui se trouvent dans les *fors*, pages 21, 38, 75 et 76.

Mais il ne résulte pas moins du titre que c'est à *Agen* que ce volume fut imprimé, et cette indication trouverait à s'étayer sur ce fait qu'il y avait à Agen des Laplace, puisque Madgdelaine Alart, qui épousa Pierre Desbarats, le premier imprimeur de Pau, était fille d'une demoiselle Laplace et qu'elle habitait Agen (2).

Quoiqu'il en soit de ces deux éléments contradicoires qu'il nous est impossssible d'allier ensemble, le rôle de Laplace comme imprimeur, si tant est qu'il exerça réellement cette profession, ne se borna qu'à imprimer ces deux ouvrages, et, en admettant même qu'il eût pris part à d'autres travaux de ce genre, chose que nous ignorons, son règne ne fut pas de longue durée, car, à partir de 1639, l'imprimerie de Lescar passa sur la tête de Jean Dauphin.

(1) Bibl. de Pau.
(2) Voir 2ᵉ partie, chap. 1ᵉʳ, §

II.

Cette année là, en effet, Jean Dauphin imprimait à Lescar, en prenant le titre d'imprimeur de Monseigneur le révérendissime Evesque (1) : *La lettre du P. / Estienne Audebert / de la compagnie de Jésus / au / Synode de Messieurs / les ministres de Béarn / sur les passages de Théodoret / Dial. 2 et de Gelaze, livre des deux natures /* ; petit in 4º de 63 pages, (2)

Et, pour le compte de Pierre Desbarats, marchand libraire à Pau, *Lettre / du P. Estienne / Audebert de la / Compagnie de Jésus / à / messieurs du consistoire / de Pau en Béarn / sur / la croyance du sieur / Abaddie leur ministre / qui est / pages 592 et 597.* — petit in 4º de 44 pages (3).

Chacun de ces ouvrages n'a qu'une lettre ornée, une M ; dans l'un elle est semblable à celle des *fors* imprimés par Saride pages 76 et 98, dans l'autre à l'M majuscule de la *vie de Louis Bitoste* p. 175.

Il était aussi l'imprimeur de la Chambre des Comptes dont il recevait :

Le 24 Décembre 1639 — « Cinq livres pour avoir imprimé deux « arrêts de la Chambre, touchant le cours des espèces de mon- « naie » (4).

Le 7 octobre 1642 — Dix livres d'une part et trente deux sols de l'autre pour le prix de diverses Impressions (5).

Le 16 du même mois, onze livres « pour avoir imprimé qua-

(1) Messire Jean Henri de Salettes, Evêque de 1632 à 1658.
(2) Bibl. de Pau.
(3) Bibl. de Pau.
(4) Arch. B.-Pyr. B. 3823 ; au dos de cette pièce se trouve cette mention : Imprimeur à Lescar.
(5) Arch. B.-Pyr. B. 3839.

« rante-huit copies de l'arrêt du 13 de ce mois et fourni le pa-
« pier » (1).

Le 28 juillet 1643. « Deux *carraques* pour l'impression d'un
« arrêt du Privé Conseil du Roy et un autre de la Cour du Parle-
« ment » (2).

Le 9 Novembre 1643, « huit livres, pour avoir imprimé les arrêts
« donnés par le Roi et la Chambre sur la réunion des contrats des
« rentes et aliénations du domaine du Roy » (3).

Le 8 mai 1644; douze livres pour impressions, et le 24 septembre suivant « vingt livres pour avoir imprimé 950 affiches des
« arrêts et déclarations du Roy sur le sujet des hommages » (4).

Ce document est le dernier qu'il ait revêtu de la signature qui
est la suivante :

J. Dauphin (5)

---

(1) Arch. B.-Pyr. B. 3839.
(2) Arch. B.-Pyr. B. 3847.— Le trésorier, dans son compte, fait figurer cette dépense pour *cinq livres seize sols*, d'où il résulte qu'un carraque valait *deux livres dix-huit sols ;* nous n'avons trouvé cette monnaie indiquée nulle part.
(3) Arch. B.-Pyr. B 3842.
(4) Arch. B.-Pyr. B 3854.
(5) Les registres de la ville de Pau ne nous ont fourni aucun renseignement sur Jean Dauphin; nous signalerons cependant la présence dans cette ville le 24 juin 1649 d'un nommé Jean Dauphin qui, avec sa mère Catherine de Sedan, était parrain de Catherine Beaumarchès (G. G. 2 fº 135,) et le décès de Jean Henry Dauphin, étudiant en théologie âgé de 22 ans qui fut enterré le 12 Décembre 1661 dans l'Eglise de Notre-Dame (GG 4 fº 272.) Il était peut-être le fils de notre imprimeur.

III.

Son successeur fut un nommé Pierre Campagne.

En 1644, il s'intitulait *Imprimeur et graveur à Lescar*, et éditait : *L'Uniformité / de l'Eglise / Romaine d'aujour- / d'huy / avec / l'Eglise primitive / pour servir de deffence / aux catholiques et d'instruction à MM. de la Re- / ligion prétendüe, contre les impostures / de leurs ministres-* / Par messire Jean-Henry de Salette / Evesque de Lascar. / petit in 4° de 126 pages. (1)

Déjà, et le 12 septembre 1628, il avait touché *au nom de l'imprimeur de Lescar* « neuf livres pour les frais de l'impression à « Lescar des arrêts du Parlement relatifs à l'observation des fêtes et à l'interdiction de jeter la coque du Levant (2) » ; mais, comme à cette date Saride vivait, puisqu'il imprimait *la vie de Louis Bitoste*, nous sommes amené à le considérer comme étant à ce moment là un simple ouvrier investi de la confiance de son patron auquel il succéda plus tard.

Bien que, le 15 mai 1645, une ordonnance de cinquante sols tournois ait été délivrée au profit de l'*Imprimeur de Lescar*, sans autre désignation, « pour avoir imprimé deux mains de papier em- « ployées au proclam des fermes des monnayes de Navarre et de « Béarn (3) » il est à croire que c'est lui qui en fut le bénéficiaire, car le 5 juillet 1646 il touchait personnellement de la Chambre des Comptes « trois livres six sols pour le prix *d'une rame de papier Carré de Villadary* » qu'il lui avait fournie, et le 17 septembre de la même année « quatorze livres six sols *pour le prix fait des impri-* « *més pour les hommages* (4).

(1) Bibl. de Bordeaux.
(2) Arch. B.-Pyr. B. 3737.
(3) Arch. B.-Pyr. B. 3859.
(4) Arch. B.-Pyr. B. 3868.

IV.

L'année suivante cependant, il n'exerçait plus sa profession à Lescar, si l'on en juge par le titre suivant :

« *Miroir / véritable / opposé à la face de l'Eglise / prét. primitive*
« *du sieur Vidal ministre, pour y / contempler les faussetés dont*
« *il l'a / fardée et desguisée / dédié à Monseigneur l'Illustrissime /*
« *et réverendissime Jean Henry de Salettes / Evesque de Lascar, con-*
« *seiller du Roy en ses conseils / d'Etat et Privé, et premier Baron,*
« *Président aux / Estats du pays souverain de Béarn. / Par un curé*
« *de son diocèse. / à* LASCAR */ Par Arnaud de S. Bonnet Impri-*
« *meur / et libraire de Monseigneur l'Evesque. /. MDCXLVII* (3).

Nous ne rangerons pas toutefois Arnaud de St-Bonnet dans la catégorie des véritables imprimeurs Béarnais, car, indépendamment de ce que nous ne connaissons aucun autre ouvrage sorti de ses presses à Lescar, il est, avec juste raison, compris par M. Prosper Lafforgue, dans son *Histoire de l'imprimerie à Auch* (2), comme étant un imprimeur de cette ville.

M. Lafforgue, en effet, lui consacre la notice suivante :

« L'imprimeur Arnaud de St-Bonnet vint s'établir à Auch dans
» les premières années du XVIIe siècle. Il fut le premier qui joignit
» à son industrie d'imprimeur celle de libraire.

» Il s'intitulait imprimeur de Monseigr l'Archevêque, du clergé,
» de la ville et du collége. Il fut un industriel important. Les
» premiers labeurs sortis de ses presses sont : *Le Rituel Romain* etc.
» *offices nouveaux adioutez aux Bréviaires romains* etc. — Sans
» date. — En 1632, il imprima le poëme *Augusta Auscorum*, par le
» père Aubry, professeur au collège. — En 1650, *Marc et Marseillan*,

(1) Bibl. de Pau, in-8° de VI-308 pages.
(2) *Bulletin du Comité d'histoire et d'archéologie de la Province ecclésiastique d'Auch.* T. III, 1862, p. 262 et suiv.

» *martyrs, tragesdie chrestienne dédiée à Monseign^r l'Archevêque par*
» *les Rhétoriciens du collège d'Auch*, etc.

» Il disparait à partir de 1650, c'est-à-dire que nous ne voyons
» plus d'imprimeur de son nom. »

La présence de St-Bonnet à Lescar ne fut donc qu'accidentelle, et peut-être y fut-il spécialement envoyé par l'archevêque d'Auch, dont l'évêque de Lescar était le suffragant (1) et qui cherchait à lui venir en aide dans la lutte religieuse qu'il avait entreprise (2).

V

C'est dans le même ordre d'idées que nous mentionnons : *Le Traité / des merveilles / opérées en la chapelle / notre dame du Calvaire / de / Beth-Arram / dédié à Madame la comtesse de Brienne. /. Composé par P. de Marca, conseiller ordinaire / du Roy en ses conseils, président en la Cour de / Parlement de Navarre, visiteur général en Cata- / logne et à présent évêque de Couserans. / Seconde édition / revue et augmentée de plusieurs miracles par les Prêtres / de la congrégation de ce lieu. / A* BETH-ARAM, / *par René* LAVOIR. *imprimeur libraire.* / M. D. C. XLVIII (3).

Indiqué au fol. 182 du *Dictionnaire de Géographie de Librairie ancienne*, verbo Betharam ou Beth-Aram, cet ouvrage a fait, dans le *Journal général de l'Imprimerie et de la Librairie* (4) l'objet d'une étude de la part de M. G. Pawlowski ; et il en résulte que l'impri-

---

(1) Paul Raymond. *Dictionnaire topographique des Basses-Pyrénées*. Paris, Imp^le Impériale 1863. Verbo Lescar.

(2) A la nomenclature des ouvrages imprimés à Lescar et à Auch par A. de St-Bonnet, nous pouvons ajouter, sur les indications de M. Forestié : *Officium particuliare et proprium ecclesiæ et diocœsis Montis albanis etc.*, imprimé par St-Bonnet à Montauban, s. d.

(3) Bibl. de Pau.

(4) Chronique du 31 août 1880.

meur Lavoir (venant *peut-être* de *Pau* ou de *Tarbes*, dit-il), se transporta temporairement dans la maison des P. P. de Bétharam pour procéder à la seconde édition de ce traité, dont la première, imprimée à Barcelonne, en 1646, époque à laquelle M. de Marca exerçait les fonctions d'intendant de la Catalogne, était épuisée, tirée qu'elle avait été seulement à 600 exemplaires.

Nous acceptons volontiers cette explication que justifient l'Epitre dédicatoire à Mme la comtesse de Brienne et l'avertissement au dévôt lecteur qui précèdent le texte de ce traité, mais si Lavoir put venir de *Tarbes*, il ne venait sûrement pas de *Pau*, car on verra, dans la requête présentée le 9 novembre 1651 par Jean Desbarats aux Jurats de Pau (1), que cette ville manquait alors d'imprimeurs et qu'on était obligé d'envoyer *loin* pour faire imprimer et de faire venir des ouvriers selon les besoins.

VI

Laplace, avons-nous dit, était libraire à Pau, mais il n'y exerça pas seul son industrie. Son concurrent s'appelait Pierre Boyer, et, si l'on s'en rapporte aux pièces suivantes, il jouissait des faveurs de la Chambre des Comptes.

C'est ainsi qu'il touchait :

Le 20 mars 1639, quatre livres tournois pour quatre exemplaires des ordonnances nouvelles pour le service du Parlement (2).

Le 20 juillet 1639, quatre livres trois sols pour une rame de papier et un registre (3).

Le 13 janvier 1642, trois livres six sols pour la reliure d'une

---

(1) 2e partie, chap. 1er, § 1er.
(2) Arch. B.-Pyr. B. 3820.
(3) Arch. B.-Pyr. B. 3823.

— 104 —

rame de papier et d'un édit concernant le règlement des monnaies (1).

Le 22 mars de la même année, trois livres six sols pour une rame de papier carré et une main de papier de Fleurance (2).

Le 12 janvier 1643, vingt six sols pour deux onces de *cire ardante d'Espaigne* (3).

Le 16 mars de la même année, douze livres pour la valeur d'un grand registre servant aux vérifications de la Chambre (3).

Le 29 mai suivant, trois livres pour une rame de papier et cinquante deux sols pour une autre rame de papier (3).

Le 8 mai 1644, quarante sols pour le papier employé par Dauphin, imprimeur (4).

Le 9 janvier 1645, vingt livres dix sept sols pour huit mains et demie de papier au grand raisin et une rame et demie de papier Villadary le tout employé, est-il dit, aux huit cents imprimés faits pour les hommages du Béarn. — Le 15 septembre suivant, trois livres dix sols pour achat de papiers et registres (5).

Le 4 avril 1647, dix livres quatre sols pour achat de registres, et le 28 août suivant trois livres dix sols pour une rame de papier (6).

Le 30 juin 1650, quinze livres dix sols pour cinq rames de papier, et le 30 juillet huit sols pour achat de cire et de papier de Fleurance (7).

(1) Arch. B.-Pyr. B. 3839.
(2) Arch. B.-Pyr. B. 3839. Il s'agit probablement de *Fleurance* dans le département du Gers.
(3) Arch. B.-Pyr. B. 3842
(4) Arch. B.-Pyr. B. 3854.
(5) Arch. B.-Pyr. B. 3859.
(6) Arch. B.-Pyr. B. 3873.
(7) Arch. B.-Pyr. B. 3888.

— 105 —

Le 4 janvier 1653, sept livres pour deux rames de papier (1).
Le 11 février 1658, six livres dix sols pour le même objet (2).
Toutes ces pièces sont revêtues de cette signature :

En raison sans doute de l'importance de son établissement, c'est à lui que, le 20 mars 1638, le P. Barthélemy Jacquinot, provincial de la compagnie de Jésus pour la Province de Guyenne, donnait l'autorisation d'imprimer ou faire imprimer : *le Triomphe de la vérité, etc. par le Père Audebert*, travail pour lequel il avait recours à Jacques Rouyer (3).

Nous ajouterons enfin que, le 20 décembre 1656, il était le parrain de Pierre de Lafargue (4), et qu'il entretenait avec la famille Desbarats des rapports assez intimes pour être choisi comme témoin du testament que faisait le 8 juin 1656, devant M⁰ d'Agoueix, notaire à Pau, Magdeleine Alart, veuve de Pierre Desbarats (5); et d'un acte de même nature que retenait le même notaire, le 1ᵉʳ octobre 1659, au nom de Pierre de Thieux, neveu de cette dernière (6).

Il mourut à Pau le 12 avril 1664, et fut enterré, dans la chapelle des Pénitents (7).

(1) Arch. B.-Pyr. B. 3901.
(2) Arch. B.-Pyr. B. 3951.
(3) Voir le chapitre précédent, § 2.
(4) Arch. com. de Pau G. G. 2, f⁰ 2.
(5) Arch. B.-Pyr. E. 2045, f⁰ 148.
(6) Arch. B.-Pyr. E. 2046, f⁰ 224.
(7) Arch. com. de Pau G. G. 5, f⁰ 5.

VII

Huit jours avant la mort de Boyer, un nommé Arnaud Bordenave recevait, sous la date du 4 avril 1664 et en présence de deux témoins, car *il ne savait pas signer*, une somme de dix livres, pour quatre rames de grand papier fournies à la Chambre des Comptes (1), mais son manque absolu d'instruction nous autorise à penser qu'il ne fut pas un libraire en titre, et la disparition complète de son nom dans la suite nous permet de le considérer comme étant le commis de Boyer dont le fonds de librairie, selon nous, vint se confondre avec celui que possédait la famille Desbarats. Ceux-ci, en effet, restèrent *seuls* à partir de cette époque, maîtres absolus de l'imprimerie et de la librairie à Pau et inaugurèrent ainsi la seconde période des imprimeurs et libraires en Béarn.

(1) Arch. B.-Pyr. B. 3966.

DEUXIÈME PARTIE

CHAPITRE Ier

LA FAMILLE DESBARATS

I. DESBARATS, PIERRE, 1651-1656. — II. DESBARATS, JEAN Ier, 1656-1687. — III. DESBARATS, JEAN II, 1687-1714. — IV. DESBARATS, ISAAC, 1714-1737. — V. DESBARATS, ISAAC-CHARLES, 1737-1779.

I.

Le premier de cette famille qui vint se fixer à Pau, fut Pierre Desbarats ; il commença par exercer la profession de libraire. Le 29 juin 1638, en effet, il donnait au trésorier de la Chambre des Comptes quittance « de cinq livres, dix sols pour un registre à « mettre les arrêts et deux mains de papier carré », et, le seize juillet suivant, il recevait six sols pour deux mains de papier (1).

Il était, croyons-nous, originaire du Condomois et s'était marié à Agen avec Magdeleine Alard, ainsi que l'établit le testament de cette dernière, sur le compte duquel nous aurons à revenir ; quant à présent nous nous bornerons à relever ce fait, que nous avons signalé à la notice que nous avons consacrée à Guillaume Laplace (2), c'est que la mère de Magdeleine Alard était une demoiselle Laplace, sœur peut-être de Guillaume Laplace,

---

(1) Arch. B. Pyr. B. 3816.
(2) Voir 1re partie, chap. 7, § 1er.

libraire à Pau, et qu'il n'est, dès lors, pas improbable que Pierre Desbarats ait été appelé à Pau par son oncle par alliance et qu'il lui ait succédé, celui-ci ayant cessé de figurer comme libraire juste au moment où Pierre Desbarats apparaissait, c'est-à-dire en 1638.

Quoiqu'il en soit de cette corrélation de date, Pierre Desbarats conquit dès le début une place marquante dans le commerce de Pau, et c'est à lui qu'en 1639 la Compagnie de Jésus s'adressa pour éditer la lettre du P. Estienne Audebert, dont l'impression fut en son nom faite à Lescar par Jean Dauphin (1).

Le 6 avril 1647, suivant acte au rapport de M° Pierre de Pierre, notaire à Pau, il achetait dans cette ville une maison située dans la rue qui va à Morlaàs et qui confrontait d'un côté avec maison Jean de Lafargue, de l'autre avec maison de Pierre Lanusse, par devant avec la rue publique, et par derrière avec les embarras de la ville (2).

Il n'était alors que libraire, mais il ne devait pas tarder à posséder les presses et tout le matériel nécessaires à une imprimerie, car, le 5 septembre 1551, il adressait aux jurats de Pau, la requête suivante qui marque réellement la date de l'établissement de la première imprimerie stable à *Pau*, et qu'en raison de ce fait nous reproduisons en entier, telle qu'elle est transcrite, à la date du 9 novembre suivant, sur les registres des délibérations de la communauté de Pau (3).

---

(1) Voir page 98.
(2) Arch. B.-Pyr. E. 2041. f° 296. Cette maison lui était vendue par Jeanne de Tartas, héritière de Charles de Tartas qui l'avait acquise d'Izaac de Balambits par acte du 9 fébrier 1639. Elle figure sur le plan dressé par Moysset en 1773, entre les maisons Lasserre et Courtois, dans la grande Rue qui est aujourd'hui la rue de la Préfecture où elle porte le n° 36.
(3) Arch. Com. de Pau BB. 2. f° 303.

REQUÊTE PRÉSENTÉE PAR Mᵉ PIERRE DESBARATS

Messieurs les jurés et députés du Corps de ville,

« Humblement vous remontre Mᵉ Pierre Desbarats, marchand
« libraire de la présente ville, disant qu'il vous est notoire comme
« l'art de l'imprimerie, pour la délicatesse de tant de pierres et
« instruments dont elle a besoin, a été jugée sans difficulté la
« plus belle invention dont l'esprit de l'homme ait été capable
« jusqu'à présent, et, pour l'utilité qu'elle a généralement
« apportée à tout le monde, elle a sans doute emporté le devant,
« puisque par elle nous sçavons ce que nos pères ont fait et que
« par elle nos neveux pourront se mirer dans le tableau de nos
« vies. A cette occasion, nos Roys ont octroyé plusieurs exemp-
« tions et privilèges en faveur de ceux qui professent cet art et
« ont à diverses fois fait divers règlements et ordonnances pour
« que cette profession soit exercée dans l'ordre et candeur qu'elle
« mérite, comme on le voit dans les livres 10 et 11 du code
« Henry ; d'où est venu qu'il n'y a presque bonne ville de France
« qui n'ait tâché d'attirer à soi par de beaux privilèges et immu-
« nités quelque imprimerie pour jouir commodément du fruit de
« son travail, jusqu'à les exempter de toutes impositions, contri-
« butions et charges onéreuses. *Pour cette cause, le suppliant,*
« *ayant veu la ville capitale de cette province, honorée de la résiden-*
« *ce d'une cour souveraine et d'un collège royal, manquer de cette uti-*
« *lité et décoration, et qui, pour ce défaut, était obligée d'envoyer loin*
« *pour faire imprimer* ce dont on ne peut se passer, *ou faire venir*
« *des imprimeurs à cet effet,* a jugé qu'il ne travaillerait pas inuti-
« lement s'il apportait en ville, *ce que l'on va chercher ailleurs* à
« chaque moment, ses presses avec les caractères nécessaires et
« autres instruments pour imprimer de toutes sortes de livres et
« autres pièces en la forme qu'on voudra, et la faire dresser dans

« le haut de la halle de votre ville sous votre avis et permission ;
« mais, d'autant que cette profession serait inutile au public et
« ruineuse pour le suppliant, si, à chaque bout d'an, le haut de la
« halle était exposé en afferme et lui contraint, un autre venant,
« à faire une condition meilleure ; d'autant qu'outre l'embarras
« qu'il aurait de transporter tant d'instruments qu'il y a qui ne
« peuvent souffrir le transport sans une manifeste ruine ; outre
« encore la confusion qu'il y aurait en ôtant de leur place tant de
« caractères dont chacun a son trou à part, tant de sortes et
« diverses façons dont chacun a sa casse qui pèsent plus de neuf
« cents, lesquels caractères par ce transport venant à se mêler
« lui seraient infailliblement inutiles, puisqu'étant une fois mêlés,
« il ne saurait les ranger de trois mois, et outre ces incommo-
« dités, celle-ci se rencontre qu'il ne saurait trouver un lieu assez
« commode et spacieux pour dresser de nouveau son imprimerie,
« et par ce moyen il serait privé de rendre au public le service
« qu'il lui a voué particulièrement dans cette profession.

« Pour ces causes, n'osant vous demander une entière gratifi-
« cation du louage du haut de la halle, qu'il espère néanmoins
« de vous si les affaires de la ville le peuvent souffrir, faisant
« offre d'imprimer gratis les réglements de la ville, il se réduit,
« pour le moins en ce cas, à ce qu'ayant égard à tout ce dessus
« il vous plaise de votre bonté faire un réglement en sa faveur
« par lequel il doit ordonné que le haut de la halle ne sera plus
« exposé en ferme pendant certaines années, mais qu'il demeu-
« rera affecté et destiné pour servir à l'imprimerie, en payant
« annuellement par le suppliant le louage qu'il vous plaira ordon-
« ner suivant ce que la ville en a tiré par année jusqu'à présent,
« et il priera Dieu pour votre prospérité.

« Signé, Pierre Desbarats, suppliant ».

Sur l'avis favorable du garde de la ville, les jurats lui accordèrent l'autorisation qu'il sollicitait, en restreignant toutefois à quatre années la durée du bail, dont le prix annuel fut fixé à 25 écus petits et l'obligation d'imprimer, pour la ville, la taxe des denrées et quatre ordonnances politiques d'une feuille chacune. Il fut stipulé, en outre, que le haut de la halle ne pourrait servir qu'à l'imprimerie, *sans y loger famille.*

Desbarats se mit aussitôt à l'œuvre, car le compte des dépenses des Etats de Béarn pour les années 1652-1653 le mentionne comme ayant touché « 36 livres, soit 26 écus 12 sols, pour raison « d'un grand livre blanc pris par M. de Navailles, syndic et pour « raison de *l'impression des ordonnances sur le sel* (1) ».

La même année, il demandait à être reçu voisin de la ville (2) et exposait dans sa requête qu' « il y avait longues années qu'il « avait l'honneur d'être habitant de la ville, qu'en cette qualité il « avait supporté beaucoup de charges, soit réelles, soit person- « nelles, pour le bien et la conservation de la patrie, ce qui lui a « donné subject et désir d'être reçu voisin ». Le 27 mai 1653, cette faveur lui fut octroyée, moyennant le versement de 50 écus petits (3).

Mais il ne dut pas jouir longtemps de tous ces privilèges, car, si les registres ne nous indiquent pas la date précise de sa mort, nous savons que cet évènement se produisit avant le 8 juin 1656, époque à laquelle *sa veuve* faisait son testament.

(1) Arch. B.-Pyr. C. 855 fo 29.
(2) Le mot *voisin* en Béarn a le même sens que le mot *bourgeois* en France. La communauté civile s'appelait *vesiaü* dont les *veṣii* (voisins) étaient les membres. Le droit de voisinage (jus civitatis) s'obtenait soit par la naissance en vertu de l'art. III du *for* : (Rubrique des qualités des Personnes) *servança es en Béarn que tout filh de vesin es vesin*, soit par la réception. Mazure et Hatoulet, *fors de Béarn*, page 161.
(3) Arch. Com. de Pau B B. 2 fo 339.

Cet acte, qui contient sur la famille de Pierre Desbarats et de sa femme des détails intéressants, est ainsi conçu (1) :

« En la ville de Pau, et maison Desbarats, le huitième de juin
« 1656, damoiselle Magdeleine Alart, habitant en la présente
« ville, malade en la dite maison etc... m'a requis moy notaire
« soussigné luy vouloir retenir son présent testament.

« Elle a dit qu'elle fut cy-devant conjointe en mariage, *dans la*
« *ville d'Agen*, avec feu M. Pierre Desbarats, marchand libraire,
« et s'étant retirés en la présente ville auraient procréé ensem-
« ble de leur mariage plusieurs enfants dont il en reste présente-
« ment en vie quatre, savoir : Jean, Jeanne, Magdeleine et Jean-
« Louis (2).

« Item a dit que les pactes de son mariage avec le dit Desba-
« rats les faisaient à moitié d'acquêts ; d'ailleurs, le dit Desbarats
« étant décédé sans faire testament, ni régler la portion qui
« pourrait être due à chacun des dits enfants, elle se sent obligée
« de le faire pour éviter les disputes qui pourraient survenir en-
« tr'eux.

« Elle laisse et lègue à chacune de ses filles, Jeanne et Magde-
« leine, pour leurs droits et légitime tant sur les biens paternels
« que maternels, la somme de douze cents livres tournoises qui
« leur seront payées quand elles trouveront leur parti de maria-
« ge ; et ce pendant veut et entend qu'elles soient nourries et
« entretenues dans la maison en travaillant au profit d'icelle.

« Item laisse et lègue à Jean-Louis, pour même portion et lé-
« gitime, la somme de mille livres tournoises qui lui seront payées

(1) Arch. B.-Pyr. E 2045 fº 148.

(2) Dans ce nombre ne figure pas Pierre Desbarats, né à Pau le 28 janvier 1646, fils de Pierre et de Magdeleine Alard. (Arch. Com. de Pau. GG 2 fº 166). C'est le seul des enfants dont nous ayons trouvé trace sur les registres de cette ville.

« lorsqu'il trouvera son partie de mariage, ou qu'il voulut dresser
« boutique dans la profession qu'il prendra, voulant ce pendant
« qu'il soit élevé et entretenu aux dépens de la maison jusqu'à ce
« qu'il soit capable de gagner sa vie dans quelque profession que
« leurs amis jugeront.

« Item a dit la dite testeresse qu'elle prie Pierre de Thieux, son
« neveu (1) ; de n'abandonner point la maison ni les enfants, mais
« de travailler dans la boutique et imprimer comme il a fáit jus-
« qu'à présent ; et, pour l'obliger de tant plus, veut et ordonne
« que le tiers du profict qui proviendra de l'imprimerie et de la
« débite des livres de classe, cède au profit du dit de Thieux, dont
« luy et son dict héritier feront un état chaque année, et d'ailleurs
« qu'il soit nourri et habillé et entretenu dans la maison par son
« dict héritier en travaillant dans la boutique de libraire.

« Item, en considération des services rendus jusqu'à présent par
« le dict de Thieux, depuis qu'il est en la maison, la dite testeresse
« veut et ordonne que son héritier luy baille la somme de quatre
« cents livres qui luy seront payées lorsqu'il voudra quitter la
« compagnie de son dit héritier non pourtant de quatre ans, et, au
« cas où le dit de Thieux voulût quitter plus tôt, elle ne luy laisse
« que deux cents livres.

(1) Le 11 juillet 1658, Pierre Tieux acquittait au nom de Jean Desbarats une ordonnance de 16 livres 10 sols pour l'achat par la Chambre des Comptes d'un livre blanc et de deux rames de papier — Arch. B.-Pyr. B 3930 — Le 1er octobre 1659, dans la maison Desbarats, et étant malade, il faisait devant Me Dagoueix, Notaire, et en présence de Pierre Boyer, libraire, son testament dans lequel il déclarait qu'il avait gagné par son travail et son industrie 100 livres qu'il avait remises à Magdeleine Alart, sa tante, pour les lui garder, il les léguait à Marguerite, sa sœur, qu'il instituait, en outre, pour sa légataire universelle avec son *petit frère* Jean — Arch. B.-Pyr. E. 2046 f° 221. — Ce qui ne l'empêchait pas d'assister au contrat de mariage de sa sœur, Marguerite, le 9 octobre 1663, et d'être parrain d'une fille de celle-ci le 30 novembre 1664.

« Item a dit qu'il y a dans la maison une fille, sœur du dict
« Pierre, appelée Marguerite (1), et un petit garçon aussi son frère,
« appelé Jean (2); tous ses neveux ; elle les recommande à son dit
« héritier et l'exhorte de leur témoigner office de parent et cousin,
« particulièrement envers la dite Marguerite.

« Item a dit que feu son mari et elle s'obligèrent en parole et
« par charité de donner annuellement par forme de pension la
« somme de cent livres à demoiselle *de La Place sa mère*, (3), qu'ils
« lui payeront par quartier et par année; elle veut et ordonne que
« son dit héritier continue à payer cette même pension de cent
« livres par année à la dite de La Place et la lui payer de même de
« trois en trois mois par avance et à chaque pacq vingt-cinq livres
« durant sa vie.

« Et comme l'institution héréditaire est le fondement de tout

---

(1) Marguerite de Thieux se maria le 1ᵉʳ Décembre 1663 avec Pierre de Tristan — Arch. Com. de Pau GG. 3 fº 18 — Dans son contrat de mariage passé devant Mᵉ Dagoueix, le 9 octobre précédent, elle déclara être native du lieu de Cassaigne en Gascogne (sans doute la commune de ce nom située canton de Condom); elle était assistée de Pierre de Thieux, *imprimeur et libraire*, son frère, Jean Desbarats, marchand libraire, son cousin germain, demoiselles Magdeleine Alart et Magdeleine Hénault ses tante et cousine germaine et demoiselle Magdeleine Desbarats aussi sa cousine germaine ; son frère Pierre lui constitua 400 livres et Magdeleine Alart lui donna un mobilier. Elle déclara ne pas savoir signer — Arch. B.-Pyr, E. 2050 fº 335 — Sa fille aînée, *Jeannine*, fut baptisée le 30 novembre 1664 et eut pour parrain Pierre de Thieux son oncle — Arch. Com. de Pau GG. 2 fº 97 — Un autre fils, *Jean*, fut baptisé le 18 août 1671 — Arch. Com. de Pau GG. 7 fº 7.

(2) Jean de Thieux se maria le 3 août 1676 avec Marie de Fenouillet de Pau — Arch. Com. de Pau GG. 3 fº 102. — Son contrat de mariage fut passé le 15 juin précédent — Arch. B.-Pyr. E. 2063 fº 110 — il était assisté de Jeanne et Marie de Tristan ses nièces et de Jean Desbarats, son cousin germain. Il fit son testament le 12 mars 1698 — Arch. B.-Pyr. E. 2080 fº 100 — et y prit la qualité de libraire né à *Capots*, diocèse de Condom.

(3) voir 1ʳᵉ partie chap. 7 § 1ᵉʳ.

« bon testament, la dite testeresse a institué pour son héritier
« universel le dit Jean Desbarats, son fils aîné etc.

« Témoins : *Pierre Bouyer, libraire* (1), Pierre Lanusse de
« Pau (2), M. Jean Petit de Lasourdière, marchand de toile, qui
« ont signé et moy André Dagoueix notaire public. »

A défaut de renseignements précis sur les œuvres typographiques de ce premier imprimeur, autres que les impressions d'arrêts du Parlement sorties de ses presses, nous nous bornons à indiquer sommairement ce que devinrent ses enfants cadets.

Jean-Louis se maria le 14 juin 1671 à Isabeau de Videgain (3) et exerça la profession d'apothicaire. Sa femme était la fille unique de Bernard de Videgain et de Magdeleine Mage, qui était elle même fille de Pierre Mage, reçu voisin en juin 1635 ; aussi son petit-fils, Jean-Baptiste Desbarats, avocat au Parlement, pouvait-il, le 7 avril 1739, réclamer à ce titre un droit de voisinage en invoquant l'acte de réception de juin 1635, dont il ne pouvait, disait-il, préciser la date qui avait été *enlevée et mangée par les rats* dans l'expédition qu'il produisait (4).

Magdeleine épousa le 25 novembre 1672 Christophe Julien, du du Vilar d'Arriènes, en Dauphiné, marchand à Pau (5). Son contrat de mariage passé le 21 novembre de la même année (6), cons-

---

(1) voir 1re partie, chap. 7, § VI.

(2) Pierre Lanusse était propriétaire de la maison contiguë à la maison de Desbarats, voir ci-avant l'acte de 1647 p. 110.

(3) Arch. Com. de Pau, G G. 3 fo 105.

(4) Arch. com. de Pau B B. 26. D'une liste des particuliers qui ont épousé des filles héritières des voisins et qui sont ainsi devenus voisins, selon le for, il résulte que le sr Roussille aîné est gendre de feu sr Desbarats-Mage. (Arch. com. de Pau, B B. 27). Isaac Roussille, cartier, avait en effet épousé Marie Desbarats, décédée le 9 septembre 1814, à l'âge de 82 ans.

(5) Arch. Com. de Pau G G. 3 fo 49.

(6) Arch. B.-Pyr. E. 2052 fo 379.

tate qu'elle était assistée par Jean Desbarats, marchand libraire et imprimeur du Roi et des Etats, son frère aîné, Jean-Louis Desbarats, maître apothicaire, son autre frère, Jean de Thieux, son cousin germain et de demoiselle Magdeleine Hénault, sa belle-sœur. Elle apporta douze cents livres que Jean, son frère, lui garantit et qui lui avaient été léguées par Magdeleine Alart, leur mère commune. Elle mourut le 22 août 1696 (1).

Les documents nous manquent pour *Jeanne* et nous arrivons ainsi au fils aîné *Jean*.

II

Celui-ci fut non-seulement imprimeur et libraire, mais encore relieur, ainsi que l'attestent les nombreuses quittances produites à l'appui de leur comptabilité par les trésoriers de la Chambre des Comptes et des Etats de Béarn (2).

A la mort de Pierre, Magdeleine Alart, sa veuve, prit la direction de l'imprimerie, et c'est en son nom qu'elle devint locataire du haut de la Halle, pour l'année 1656, au prix de cent dix écus

---

(1) Arch. Com. de Pau G G. 11 f° 56.

(2) Le 27 novembre 1658. 21 livres pour deux livres blancs fournis au Procureur général pour l'enregistrement des informations criminelles et dénonciations des crimes, et aussi pour avoir imprimé, sur quinze placards, la description des parsans des substituts du Procureur général, attachés en chaque armoire du cabinet qui est au Palais où les informations, procès et autres pièces doivent être fermées. (Arch. B.-Pyr. B. 3931).

5 mai 1664. Quittance de 21 livres. (Arch. B.-Pyr. B. 3966).

19 janvier 1665. Trois livres seize sols pour un grand livre de huit mains de grand papier. (Arch. B.-Pyr. B. 3966).

3 février 1665. 6 livres 6 sols pour la vente d'un almanach et de deux livres blancs pour servir aux procédures et arrêts de la Chambre. (Arch. B.-Pyr. B. 3966).

2 mars 1665. 10 livres pour 300 imprimés d'un arrêt pour la reddition des hommages. (Arch. B.-Pyr. B. 3966).

14 juin 1668. 1 livre 1 sol Tournois pour avoir *relié* le for de la Cham-

petits (1); si elle en fut expulsée par suite de contestation sur le prix de son bail suivant délibération du 19 juillet 1658 (2), Jean, son fils, rentra personnellement en grâce auprès des Jurats, et le 30 mai 1661 ils lui accordèrent, pour trois ans, la jouissance de l'emplacement en question, moyennant un prix annuel de 25 écus petits et à la charge par lui « d'imprimer toutes les ordonnances » et autres actes qui seront remis en ses mains par ordre de » MM. les Jurats pour les affaires publiques (3).

Il n'en continua pas moins cependant à associer sa mère à ses travaux, car 1662, ils éditèrent ensemble : *Le / vieillard noyé / ou / Response à un presche / imprimé par le sieur Majendie / ministre de St-Gladie / et intitulé / l'Enfant flottant (4). / A monseigneur l'évesque d'Oloron (5) / par le R. P. Jacques Boireau de la Compagnie de Jésus. / A Pau / par la V° de Pierre Desbarats et Jean Desba-*

---

bre. (Arch. B.-Pyr. B. 3979). Le 5 juillet suivant, 2 livres seize sols pour deux rames de papier. (Arch. B.-Pyr. B. 3979).

22 janvier 1669. Quatre livres pour cent impressions de l'arrêt du 16 janvier. (Arch. B.-Pyr. B. 3979).

Le 16 juin 1670. Quatre livres dix sols pour la reliure de quatre comptes-rendus par le Trésorier général. (Arch. B.-Pyr. B. 3985). — Le 17 juillet suivant, dix-huit livres pour impressions d'arrêts, reliure et couverture du livre qui en a été fait. (Arch. B.-Pyr. B. 3985).

En 1674-1675. 22 écus 4 sols pour diverses impressions faites pendant l'année pour le compte des Etats de Béarn. (Arch. B.-Pyr. C. 866 p. 26).

Le 31 janvier 1676. 22 écus petits 4 sols pour l'impression des ordonnances faites par M. le Maréchal sur le règlement des milices et autres ordonnances contre le s^r d'Audéjos. (Arch. B.-Pyr. C. 867).

(1) Arch. Com. de Pau, B B. 2 f° 418.
(2) Arch. Com. de Pau, B B. 3 f° 19.
(3) Arch. Com. de Pau, B B. 3 f° 145.
(4) Cet ouvrage avait été imprimé en 1661 par J. Rouyer, voir chap. 6.
(5) Arnaud de Maytie. La 1re partie de cet ouvrage est précédée d'une épître dédicatoire à monseigneur l'Evesque d'Oloron, baron de Moumour, qui contient l'histoire de la famille Arnaud de Maytie. Elle est terminée par une ode à Notre-Dame de Sarrance, Sauvelade et Bétharram.

rats / imprimeurs et marchands libraires du Collége Royal. / MDCLXII (1). /

Cet ouvrage était divisé en trois parties et le Provincial des Jésuites avait accordé, le 14 octobre 1662, à Desbarats et à sa mère un privilège de six ans. Mais ils n'en imprimèrent que la première partie et cédèrent pour le surplus tous leurs droits à Jacques Rouyer, ainsi que l'établit l'acte dont la teneur suit et qui est en tête de l'édition de Rouyer :

« La veuve de Pierre Desbarats et Jean Desbarats, marchands
« libraires et imprimeurs du collége de Pau, de la Compagnie de
« Jésus, cèdent leur privilège à Jacques Rouyer, imprimeur du
« Roy en Béarn, pour la seconde et la troisième partie de l'impres-
« sion du livre intitulé *le Vieillard Noyé*, etc.

« Fait à Pau, le sept septembre 1663.

« Signé : JEAN DESBARATS, MAGDELAINE ALARD ».

La même année, ils imprimèrent : *Chronique / de la ville et Dio- / cèse de Bayonne, puis les / Romains jusques au règne de / Louis XIV, roi de France et / de Navarre / avec / le Catalogue des Evêques, Gouverneurs, / maires et premiers Eschevins. / Par / maistre Bertrand Compaigne conseiller et / premier avocat du Roy en la séné- / chaussée des Lannes et / présidial d'Acqz /. à Pau / par la veuve de Pierre Desbaratz et Jean / Desbarats, imprimeurs et marchands-libraires / du collége Royal / MDCLXIII. /* (2)

Par Lettres Patentes du 6 juillet 1663, Jean Desbarats avait été autorisé à exercer l'imprimerie à Pau, mais elles ne furent enregistrées sur les registres de la communauté que le 6 juillet 1668 et ce jour-là seulement il prêta serment (3).

(1) Bibl. de Pau.
(2) Bibl. de Bayonne. Une copie manuscrite de cet ouvrage existe à la Bibl. du Château de Pau.
(3) Arch. Com. de Pau, B. B. 3 f° 382.

Dans l'intervalle de sa nomination et de sa prestation de serment, il avait sollicité des Etats de Béarn « d'être reçu pour leur « imprimeur en leur promettant de se qualifier tel en toutes les « impressions qu'il fera ». Dans la séance du 29 mai 1666 (1) les députés de l'abrège (2) émirent l'avis qu'on lui accordât ce titre « sans qu'il puisse prétendre à aucun salaire et sans préjudice « pour les Etats de faire imprimer leurs actes par tout autre im- « primeur si bon leur semble » ; cette opinion fut ratifiée par les Etats par délibération du 2 juin suivant (3).

Il ne prenait cependant pas cette qualification lorsqu'en 1680, il imprimait : L'*Edit et déclaration / des Duels / et réglement / de messieurs / les mareschaux / de France / avec l'Edit, qui / règle les rentes / au denier dix-huit. / à Pau chez Jean Desbarats / marchand-libraire et imprimeur du Roy du collège Royal. / 1680 /.* (4) petit in-8° de 94 pages.

Il gardait peut-être rancune aux Seigneurs de la décision qu'ils avaient prise en faveur de Rouyer, d'Orthez, le 22 septembre 1675 (5), mais cette mauvaise disposition d'esprit ne dura pas longtemps, car, en vertu d'une décision du 4 septembre 1681, il fut appelé à travailler pour le compte des Etats.

A cette date il fut représenté « que *le for n'a été imprimé qu'une* « *seule fois, il y a longtemps* (6), ce qui est cause que l'on n'en

---

(1) Arch. B.-Pyr. C. 829 f° 51.
(2) Commission composée de membres des Etats qui délibéraient sur les affaires urgentes dans l'intervalle des sessions et qui instruisaient les requêtes.
(3) Arch. B.-Pyr. C. 728 f° 40.
(4) Bibl. de Pau.
(5) Voir 1re partie, chap. V § II.
(6) Les seigneurs avaient la mémoire courte, car il y avait eu précédemment trois éditions des fors : La 1re en 1552 imprimée par Jean de Vingles et Henry Poyvre. La 2e en 1602 par Rabier. La 3e par Saride en 1625.

« trouve point d'exemplaire dans le Pays, les libraires n'en ayant
« point, partant, il serait à propos d'ordonner une nouvelle im-
« pression pour la commodité du public ».

Sur l'avis de monseigneur de Lescar, il fut arrêté « qu'il serait
« procédé à une nouvelle impression, à la diligence des officiers
« qui retireront 400 exemplaires pour être distribués aux sei-
« gneurs des Etats en l'assemblée de l'année prochaine (1). »

Jean Desbarats fut chargé de ce soin et delà est sortie l'édition
des fors de 1682 à l'occasion de laquelle il reçut cent soixante dix
écus, six sols, quatre ardits (2) :

Elle se compose de 144 pages de texte, y compris la table et
n'offre au point de vue typographique rien de remarquable. No-
tons cependant qu'elle est ornée du frontispice de Saride (3) au
bas duquel les mots : à Lascar / par Joan de Saride 1625 / ab pri-
vilege deu Rey./, ont été remplacés par ceux-ci : A PAV, *per* JOAN
DESBARATZ, *imprimeur / deu Rey*, 1682. /.

En outre, il est existe dans le fût des colonnes, à la hauteur
des marguerites, une solution de continuité, le bois dont s'était
servi Saride ayant dû, dans les divers changements de maîtres
dont nous avons parlé, être brisé quand il parvint en la possession de Desbarats.

De cette possession, même, nous sommes amenés à tirer la
conséquence que Desbaratz avait acheté le matériel de Saride.

Ce ne furent pas seulement les Etats de Béarn qui eurent recours à ses presses, il eut aussi la clientèle des Etats de Navarre.

Le 17 août 1673, le Syndic, M. Detcheverry, avait représenté
« que les exemplaires du *for* sont si rares en Navarre (4) qu'on a

(1) Arch. B.-Pyr. C. 738 fo 370.
(2) Arch. B.-Pyr. C. 872 fo 14.
(3) Voir la planche 5.
(4) Une édition avait été imprimée en 1645 par Rouyer. Voir 1re partie chap. V § II.

« peine d'en trouver, et qu'ainsi il importe de les faire réimprimer
« et s'en faire faire quelques exemplaires ». Sur quoi les Etats
avaient arrêté que « le *for* sera imprimé en béarnais et en fran-
« çais, à même volume, savoir : en la première page le béarnais,
« et en l'autre opposée à icelui en français : Et, parceque Mgr
« l'Evêque de Dax (1) a offert de le faire imprimer sans qu'il en
« coûte rien aux Etats, à la charge que l'imprimeur aura seul la
« liberté et privilège de vendre tous les exemplaires, pour quinze
« sols chacun, relié et couvert en parchemin, afin qué la débite
« s'en fasse en la ville de St-Palais, et à la charge encore qu'il
« soit inhibé à tous autres d'en imprimer ni d'en vendre à peine
« de confiscation des dits exemplaires, les Etats ont accepté l'of-
« fre dudit sieur Evesque en tous chefs, sans que l'imprimeur,
« comme il est ci-dessus dit, puisse espérer, pour raison de la
« dite impression et débite, aucune récompense dudit Royaume,
« et le temps de l'impression en faveur dudit imprimeur a été fixé
« par les dits Etats à *trente ans*, à peine contre tous autres impri-
« meurs de confiscation de tous les exemplaires dudit for pen-
« dant ce temps (2) ».

L'Evêque de Dax ne se pressa pas de tenir sa promesse, car, le
25 juin 1679 (3), le Syndic renouvelait ses doléances sur la rareté
des exemplaires des fors ; « il importe, disait-il, de les faire
« réimprimer, mais comme l'Evêque de Dax s'est obligé à le faire,
« on doit lui demander s'il persiste dans ses sentiments ». Les
Etats accordèrent au Syndic deux mois pour avoir la réponse.

Nous devons supposer qu'elle ne fut pas favorable, car nous
trouvons sur le registre des délibérations, à la date du 5 septembre 1681, la mention suivante :

(1) Philippe de Chaumont, qui administra ce diocèse de 1672 à 1685.
(2) Arch. B.-Pyr C. 1533 fo 70.
(3) Arch. B.-Pyr. C. 1533 fo 132.

« Suivant la charge à lui donnée, le Syndic a fait imprimer *le
« for et le stil* du Royaume à Desbarats, imprimeur de la ville de
« Pau, ayant convenu au préalable avec lui pour les Etats de lui
« donner cinquante écus pour 200 premiers exemplaires ». Le
Syndic, ajoute que Desbarats est en ville « pour effectuer la dite
« commission et remettre les dits 200 exemplaires (1). »

Les 50 écus, représentant 150 livres, ayant été payés le même
jour à Desbarats (2), la livraison fut exécutée.

Cette édition, dont la Bibliothèque des Archives Départementales
de Pau possède un des rares exemplaires (3), porte le titre suivant : *Les fors et / costumas / deu Royaume / de Navarre, / de ça
Ports. / avec l'estil et Aranzel / deu dit Royaume. / A Pau / Par
Jean Desbaratz, imprimeur et marchand li- / braire du Roy et du
collège royal. / 1681 /.*

Quelque soit l'intitulé qui précède, les *fors* dans cette édition
ont avec le *stil* une pagination différente. Les premiers comptent
113 pages de texte et 2 pages non numérotées qui contiennent la
table. Quant au *stil*, qui avec *l'aranzel* a 64 pages, il est précédé
du titre suivant :

*L'Estil de / la chancellerie / de Navarre. / à Pau / par Jean Desbaratz, imprimeur et / marchand libraire du Roy et du collège / royal
et des Etats de Béarn — 1681. /.*

En 1686, il imprimait *Les ordonnances / et / instructions / synodales / faites par Monseigneur / l'illustrissime et révérendissime
Evêque / d'Oloron pour le clergé de son / diocèse / publiées dans son
dernier synode de l'année 1686. / à Pau / chez Jean Desbaratz imprimeur et / marchand libraire ordinaire du Roy /. MDCLXXXVI (4).* —

(1) Arch. B.-Pyr. C. 1533 f° 146.
(2) Arch. B.-Pyr. C. 1533 f° 150.
(3) Arch. B.-Pyr. F. 4.
(4) Ouvrage appartenant à M. Léon Ribaut à Pau.

Le texte est précédé d'une lettre, en date du 7 mai 1667, par laquelle Monseigneur François Charles de Salettes, Evêque d'Oloron, recommande ces ordonnances. In-4º I-100 p.

La même année il éditait en langue Basque un ouvrage du Père Gasteluçar de la Compagnie de Jésus, ayant pour titre : *Eguia Catholicœ, salvamendu éternalaren eguiteco necessario direnac : aita B. Gasteluçar Jésus in Compaigniacoac Composatuac — Pau 1685. Imprimerie de Jean Desbaratz* — volume in-12 contenant 479 pages, moins la table qui n'est pas paginée et une dizaine de feuilles préliminaires pareillement non chiffrées (1).

Jean Desbarats avait été reconnu voisin de la ville de Pau le 7 avril 1681 comme fils et héritier de Pierre Desbarats qui avait été reçu le 27 mai 1653 (2) ; il mourut le 26 février 1687 et son corps fut enseveli dans l'Eglise des R. R. P. P. de l'observance de St-François. (3).

Il avait épousé en 1658 Magdelaine Hénault, native de Paris (4), ainsi que le constate l'acte de baptême d'un de ses enfants, en date du 10 juillet 1661 (5), et se trouvait dès lors allié à la famille des libraires parisiens de ce nom et à celle des Coignard. Nous pouvons d'autant plus affirmer cette alliance qu'un acte de baptême d'Anne Geneviève Butay, fille de Pierre Butay, et de Marie Desbarats, dressé le 3 novembre 1699 (6) est ainsi conçu « Tenue par Louis Coignard et demoiselle Hénault, *la dite demoiselle tenant la place d'Anne Geneviève Hénault, veuve de M. Coignard, marchand libraire, imprimeur du Roi et de l'Académie française à Paris.* »

---

(1) Citation de M. Francisque Michel. *Le Pays Basque* — p. 491.
(2) Arch. Com. de Pau B B. 24.
(3) Arch. Com. de Pau G G. 5 fº 145.
(4) Leur contrat de mariage fut passé à Paris le 10 février 1658.
(5) Arch. Com. de Pau G G. 2 fº 39.
(6) Arch. Com. de Pau G G. 10 fº 16.

De ce mariage naquirent au moins *douze* enfants :

1º *Pierre*, baptisé le 2 mars 1659, ayant eu pour parrain Pierre de Thieux et pour marraine Marguerite Alart, sa grand'mère. Il mourut peu de jours après sa naissance (1).

2º *Marie*, baptisée le 5 mai 1660 (2), qui se maria le 24 août 1681 (3) avec Pierre Butay, peintre (4).

3º *Jean*, baptisé le 10 juillet 1661 (5), marié à Jeanne de Sallefranque originaire de Sus, et qui succéda à son père.

4º *Pierre*, né le 27 octobre 1663 et baptisé le 4 novembre suivant (6).

5º *Jeanne* baptisée le 13 février 1666 (7), mariée à Antoine Desols, marchand droguiste à Pau, le 29 septembre 1685 (8).

(1) Arch. Com. de Pau, G G. 2 fº 28.
(2) Arch. Com. de Pau, G G. 2 fº 29.
(3) Arch. Com. de Pau, G G. 3 fº 110.
(4) Par son contrat de mariage du 14 août 1681, il lui fut constitué par Jean, son frère, imprimeur du Roi, et Magdeleine Hénault, veuve de Jean Desbarats, imprimeur du Roi et marchand libraire, ses frère et mère, une dot de 600 livres. Pierre Butay fit son testament le 8 août 1693 (Arch. B.-Pyr. E. 2073 fº 325); il s'y qualifie de *peintre* à Pau, né à Paris, et déclare que de son mariage avec Marie Desbarats il a eu trois enfants : l'aîné nommé Jean, le second Louis-François, le troisième Marie. Le goût des arts s'est perpétué dans cette famille. L'un des descendants de Pierre Butay, Jean-Baptiste, né à Pau en 1760 et mort dans cette ville en 1852 avait étudié la peinture à Paris d'où il rapporta d'excellentes copies. Il peignit plusieurs tableaux d'autel et quelques fresques parmi lesquelles une remarquable perspective de dôme peinte sur la voûte de l'ancienne église St-Jacques à Pau, aujourd'hui disparue. Le musée de Pau possède, comme lui ayant été offert par l'auteur, un portrait de Charles XIV, roi de Suède (Bernadotte, un enfant du Pays) et une copie du portrait d'Henri IV par Porbus (Lecœur, *Catalogue du Musée de Pau*, nºs 11 et 64).
(5) Arch. Com. de Pau, G G. 2 fº 39.
(6) Arch. Com. de Pau, G G. 2 fº 60.
(7) Arch. Com. de Pau, G G. 2 fº 77.
(8) Arch. Com. de Pau, G G. 3 fº 93. Dans son contrat de mariage du 5 septembre 1685 (Arch. B.-Pyr., E 2059, fº 329) elle fut assistée de Jean

6° *Charles*, baptisé le 10 mai 1667 (1), auquel sa mère, « pour
» l'amitié qu'elle a pour lui et pour les bons et agréables services
» qu'elle a reçus de lui et ceux qu'il lui rendra à l'avenir, » donna
une somme de 300 livres le 13 mai 1691 « à prendre sur la somme
» de 950 livres qu'elle a à sa disposition en vertu de son contrat
» de mariage, et ce, en outre et au-delà de ses droits paternels et
» maternels. » Dans cet acte il était qualifié de libraire imprimeur,
absent de Pau et à présent dans la ville de Tholose (2). Il mourut
à Pau le 10 avril 1693 (3).

7° *Jean-Pierre*, baptisé le 8 mars 1669 (4).

8° *Jean-Isaac*, né le 12 mai 1671 et baptisé le 3 janvier 1674 (5).

9° *Marie*, baptisée le 8 août 1672 (6).

10° *Bernard*, baptisé le 3 janvier 1674, le même jour que Jean-Isaac (7).

11° *Joseph*, baptisé le 2 avril 1676 (8), qui devint curé de Pau,

Desbarats, imprimeur du Roy, son père, de demoiselle Magdeleine Hénault, sa mère, et de Jean de Thieux, son cousin. Il lui fut constitué 600 livres. Le 14 novembre 1687 (Arch. B.-Pyr. E. 2063, f° 320) elle faisait un testament dans lequel elle déclarait que, mariée depuis deux ans, elle n'avait pas d'enfant et laissait ce qu'elle possédait à son mari ; mais le 1er mars 1690, par un codicile (Arch. B.-Pyr., E. 2069 f° 81), elle disait que depuis lors elle avait eu deux enfants, Jean et Marie, et réduisait à l'usufruit le legs en propriété fait précédemment à son mari. C'est dans ces conditions que le 3 février 1692 (Arch. B.-Pyr., E. 2072 f° 47). Antoine Desols recevait de son beau-frère Jean, marchand libraire et imprimeur, et de Magdeleine Hénault, sa belle-mère, la dot de 600 livres constituée à sa femme.

(1) Arch. Com. de Pau, G G. 2 f° 60.
(2) Arch. B.-Pyr., E. 2071 f° 177.
(3) Arch. Com. de Pau, GG. 11 f° 8.
(4) Arch. Com. de Pau, G G. 2 f° 109.
(5) Arch. Com. de Pau, G G. 7 f° 31.
(6) Arch. Com. de Pau, G G. 7 f° 16.
(7) Arch. Com. de Pau, G G. 7 f° 31.
(8) Arch. Com. de Pau, G G. 7 f° 51.

de processive mémoire, fut immatriculé au catalogue des voisins le 21 janvier 1737 (1), et mourut le 5 août 1754 ; son corps fut inhumé le 6 dans le sanctuaire de l'Eglise paroissiale de St-Martin (2).

12° *Isaac*, baptisé le 17 août 1679 (3), qui se maria avec Catherine de Boulay, devint imprimeur au décès de son frère Jean et à qui sa mère donna, le 7 avril 1700, 900 livres à prendre sur les 950 qui lui revenait par son contrat de mariage passé à Paris le 10 février 1658 (4).

Les dépenses qu'entraînèrent l'éducation et l'entretien d'une si nombreuse famille ne permirent pas sans doute à Jean Desbarats d'acquérir une position de fortune brillante, car, après sa mort, son fils aîné, dans un acte du 16 février 1689 (5), en prenant la qualité d'héritier bénéficiaire, reconnaissait devoir à son oncle, Jean Louis Desbarats, apothicaire à Pau, le complément de la dot que son père lui avait promise dans son contrat de mariage avec Isabeau de Videgain passé devant M° Dagoueix, notaire, le 10 juin 1671 (6). C'est aussi en cette qualité qu'il agissait dans la quittance du 3 février 1692 que lui consentait son beau-frère, Antoine Desols (7).

III.

Jean Desbarats (n° 3 de la généalogie) assumait ainsi les charges de l'hérédité paternelle, car il était devenu le successeur de son père comme imprimeur et libraire.

(1) Arch. Com. de Pau, B B. 25.
(2) Arch. Com. de Pau, G G. 78 f° 11.
(3) Arch. Com. de Pau, G G. 7 f° 82.
(4) Arch. B.-Pyr., E. 2081 f° 97.
(5) Arch. B.-Pyr. E. 2067 f° 53.
(6) Voir au sujet de Jean Louis, page 117.
(7) Voir note 8, page 126.

Le 10 juin 1687, en effet, des lettres patentes, dont la teneur suit, lui furent expédiées de Versailles :

« Louis, par la grâce de Dieu, etc.

« L'état et charge de notre imprimeur et libraire ordinaire en
« notre ville de Pau étant à présent vacant par le décès de Jean
« de Desbarats, dernier titulaire, nous avons jeté les yeux sur
« notre aimé Jean de Desbarats, son fils, comme sur une personne
« capable de bien justifier cette charge pour les témoignages
« avantageux qui nous ont été rendus de son zèle et de sa fidélité
« à notre service ; par ces causes, nous avons, au dit Jean Desba-
« rats, donné et octroyé, et, par ces présentes signées de notre
« main, donnons et octroyons le dit état et charge de notre im-
« primeur et libraire ordinaire en notre ville de Pau, etc.

« Donné à Versailles, le 10 jour de juin 1687 ».

Ces lettres patentes furent enregistrées au Parlement de Navarre, le 3 septembre 1688 (1).

Mais le monopole qu'elles créaient en sa faveur lui suscita des envieux. Un nommé Louis Barthe, libraire à Pau, se pourvut devant les jurats pour obtenir d'eux un certificat constatant la nécessité de créer une seconde imprimerie, dont il serait appelé à bénéficier, et ce certificat lui fut délivré le 17 juin 1689 (2). Georges Michon et Jérôme Dupoux, aussi libraires à Pau, obtinrent sur leur demande un certificat dans un but pareil, le 21 du même mois (3).

Dans les chapitres que nous avons consacrés à Barthe et à Dupoux, on verra que Desbarats n'eut pas un plein succès dans l'opposition qu'il fit à ces requêtes, mais il obtint, par lettres

---

(1) Arch. Com. de Pau BB. 7 f° 205.
(2) Arch. Com. de Pau BB. 6 f° 54.
(3) Arch. Com. de Pau BB. 6 f° 55.

patentes du 11 février 1704, d'être maintenu dans son privilège de maître imprimeur et libraire en la ville de Pau, ainsi qu'il résulte de la délibération suivante prise par les jurats, et de la prestation de serment qui y est consignée :

« 9 mai 1704.

« A été dit par le sieur de Bergeron, lieutenant de maire, qu'il a
« reçu de Mgr le Chancelier une lettre au sujet de la réception
« d'imprimeur de Desbarats datée du 29 avril dernier, dans la-
« quelle il ordonne de le recevoir, dont lecture ayant été faite par
« le greffier, et après avoir examiné les provisions dudit Desbarats
« et arrêt du conseil du 11 février 1704, a été arrêté que la lettre
« de Mgr le Chancelier, ensemble les provisions dudit Desbarats
« et arrêt du conseil qui ordonne qu'il sera reçu, seront registrés
« ensuite de la présente, et en conséquence le sieur Desbarats sera
« reçu imprimeur et libraire de la présente ville en prêtant le ser-
« ment au cas requis.

« BERGERON ».

« Tout incontinent ledit Desbarats a été reçu et a prêté son
« serment et a signé.

« BERGERON, DESBARATS ».

Cette délibération est suivie de la transcription des lettres-patentes ; nous les reproduisons en raison des renseignements qu'ils nous fournissent sur notre personnage :

« Sur la requête présentée au Roy en son conseil par *Jean Des-*
« *barats,* imprimeur et libraire de Sa Majesté à Pau, contenant
« que, par *lettres patentes du 10 juin 1687,* l'état et charge d'impri-
« meur et libraire du Roy dans la ville de Pau lui a été donné avec
« *faculté d'imprimeur seul,* vendre et débiter tous les ordres qui
« seront donnés par Sa Majesté...., Les lettres patentes ont été
» enregistrées au Parlement de Pau le 3 septembre 1688 ; le sup-

« pliant n'a jamais été payé des cent livres qui lui sont attribuées
« par les lettres patentes. Son père, son grand père et lui même
« ont toujours seuls et utilement servi le public dans la même
« profession, le suppliant a employé toute sa jeunesse pour se
« perfectionner dans cet art ; *il a longtemps travaillé à Toulouse,*
« *à Bordeaux et ensuite pendant cinq années à Paris*, et d'autant
« que, par deux arrêts du conseil du 6 octobre 1667 et 6 décem-
« bre 1700, Sa Majesté a fait défense à toutes personnes de rece-
« voir dans le royaume aucun imprimeur ni libraire sans sa per-
« mission, à ces causes requérait le suppliant qu'il plût à Sa
« Majesté ordonner que les deux arrêts seront exécutés, ce fai-
« sant que le suppliant sera reçu en la forme accoutumée en prê-
« tant le serment en tel cas requis.

« Vu ladite requête signée de Chaunat, avocat du suppliant, les
« lettres patentes du 10 juin 1687, les arrêts du conseil du 6 oc-
« tobre 1667 et 6 décembre 1700, et autres pièces justificatives ;

« Ouï le rapport du sieur de Lamoignon de Courson, conseiller
« du Roi en ses conseils, maître des requêtes ordinaire de son
« hôtel, commissaire à ce député, et tout considéré ;

« Le Roi, en son conseil, de l'avis de M. le Chancelier, a ordon-
« né que les arrêtés des 6 octobre 1667 et 6 décembre 1700 se-
« ront exécutés, et, en conséquence, que ledit Jean Desbarats
« sera reçu maître imprimeur et libraire en la ville de Pau.

« Fait au conseil d'Etat privé du Roi tenu à Versailles le 11
« février 1704 :

« Collationné sur l'original.

« Demons » (1).

Dans l'intervalle, il s'était fait inscrire, le 3 octobre 1692, sur le
catalogue des Voisins, comme héritier de son père (2), et, en

(1) Arch. Com. de Pau BB. 7 f° 206.
(2) Arch. Com. de Pau BB. 24.

1699, il avait demandé aux Etats d'être reçu imprimeur du Pays, au traitement de 25 livres par année.

Cette requête fut examinée dans la séance du 17 juin 1699 (1) et donna lieu à un débat prolongé : Monseigneur d'Oloron, qui présidait, voulait que Desbarats obtînt satisfaction pleine et entière ; M. de Domy était d'un avis contraire, il voulait que les seigneurs restassent libres de se servir de tel imprimeur qu'ils jugeraient convenable et offrant la meilleure condition. Il avait peut-être le souvenir de ce qui s'était passé en 1675 à l'occasion des Règlements du Pays (2). Cette opinion fut appuyée par M. d'Aren qui ajouta cependant « qu'attendu que le sieur Desbarats est « citoyen du Pays, fils et petit-fils d'imprimeur qui ont coutume « d'imprimer les actes des Etats, quand il sera nécessaire de faire « imprimer, le sieur Desbarats ait la préférence prix pour prix. ».

Les seigneurs se rangèrent à cette proposition, en accordant toutefois à Desbarats le titre qu'il ambitionnait sans qu'un traitement en fût la conséquence.

Il était, en outre, imprimeur du collége royal et il dut dès lors faire de nombreux travaux. En fait d'ouvrages proprement dits cependant, nous n'en connaissons qu'un seul ; il porte la date de 1696 et a pour titre :

La / Grammaire / de / Despautère / abrégée et corrigée / pour la commodité de la jeunesse, qui veut apprendre la langue latine. / Par un Père de la compagnie de Jésus. / A Pau, / par Jean Desbarats, seul impri- / meur et marchand libraire ordinaire / du Roi et du Collège. / in-8° de 332 pages (3).

(1) Arch. B.-Pyr. C. 746 f° 60.
(2) Voir 1re partie chap. v § 2.
(3) Bibl. de Pau. — Jean Despautère était un grammairien célèbre, mort en 1520. Sa grammaire était en honneur et a été éditée par de nombreux imprimeurs de Saintes, Limoges, Poitiers, Bordeaux, Angoulême (Audiat.

Pendant quelques années, il avait été associé avec sa mère, ainsi que cela résulte d'une affiche qu'il avait imprimée en 1690 pour le collège des Jésuites et au bas de laquelle est inscrite la mention suivante :

PALI, *apud viduam* JOANNIS DESBARATS, et JANNEM DESBARATS, *Typographum et Bibliopolam Regis atque collegii Regii / Palensis societatis Jesu.* 1690 (1).

Le 28 décembre de la même année, il touchait une somme de 6 fr. pour impressions et fournitures pour la Chambre des Comptes, et nous ne mettons pas en doute que nous aurions eu l'occasion de découvrir d'autres pièces de cette nature, si, à partir de 1691, la Chambre des Comptes ayant été remise au Parlement, les pièces comptables n'avaient reçu une autre destination que celle du *Trésor de Pau.*

Jean mourut le 6 août 1718 (2); de son mariage avec Marie Sallefranque (3), il avait eu trois enfants :

1° *Jean*, baptisé le 20 septembre 1710 (4).

2° *Jérôme*, baptisé le 26 décembre 1711 (5), dont les parrain et marraine furent : Jérôme Dupoux, Jurat et marchand libraire, et Léonore de Latreille, son épouse (6).

3° *Jeanne*, baptisée le 2 janvier 1713 (7).

Essai sur l'Imprimerie en Saintonge et en Aunis, p. 76 note 1re). Le Béarn ne resta pas en arrière. En 1700 Jean Dupoux la réimprimait, voir chap. 3 § 1er.

(1) Voir à la planche 7, la réduction au quart de cette affiche qui, indépendamment de sa valeur typographique, offre un spécimen intéressant de la marche des études suivie dans les collèges des Jésuites.

(2) Arch. Com. de Pau GG. 13 f° 33.

(3) Marie Sallefranque mourut à Pau le 3 septembre 1647 à l'âge de 75 ans. (Arch. Com. de Pau GG. 60 f° 36).

(4) Arch. Com. de Pau GG. 11 f° 328.

(5) Arch. Com. de Pau GG. 11 f° 352.

(6) Voir ci-après chap. 3 § 1er.

(7) Arch. Com. de Pau GG. 12 f° 10. — Voir au sujet de Jeanne le chapitre suivant.

IV

Quatre ans avant son décès, Jean avait cédé son imprimerie et sa librairie à son frère *Isaac*.

Ce fait nous est révélé par une délibération de la Communauté de Pau, en date du 6 octobre 1714 (1), par laquelle les jurats lui accordent l'autorisation de « placer *son* imprimerie dans une
« salle de la halle et de dresser une boutique pour ses livres sous
« l'arceau de la halle qui est attenante à la maison des Prében-
« diers, à la charge de vider les lieux à la première réquisition
« qui lui sera faite, et dès qu'on voudra travailler à la démolition
« de la halle pour faire les hangards projetés (2) ; à la charge
« aussi d'imprimer *gratis* les billets pour les logements des gens
« de guerre et les taxes des vivres, tant qu'il jouira des sus dits
« logements.

Aussi est-ce à lui que les Etats s'adressèrent pour réimprimer *les fors, les règlements et le styl de la justice,* conformément à la décision qu'ils avaient prise le 23 mai 1715.

Dans cette séance, le syndic avait en ces termes exposé la nécessité de cette réimpression : (3)

« Le grand nombre des évocations qui sont faites des affaires
» pendantes au Parlement de Pau et les renvois desdites affaires
» dans les différents parlements étrangers ont mis les parties
» plaidantes dans la nécessité de porter ou envoyer dans lesdits
» parlements étrangers un grand nombre d'impressions *du for, des*
» *règlements et de l'estil,* pour s'en servir dans les procès, ce qui

(1) Arch. Com. de Pau BB. 8 f° 270.
(2) La halle existait sur l'emplacement actuel de la place de la vieille halle. Elle fut démolie en 1729 à raison de sa vétusté et des arceaux furent adossés aux maisons voisines, tels qu'ils existent actuellement.
(3) Arch. B.-Pyr., C. 756, f° 109.

» a causé qu'il ne reste dans la Province qu'un très petit nombre
» desdits *for, règlements et de l'estil,* qui sont en mains des parti-
» culiers ; actuellement il ne s'en trouve point chez les imprimeurs,
» et, comme les Etats avaient eu la précaution de faire imprimer
» le *règlement* en 1676 (1) et *le for* en 1681 (2) aux frais de la
» Province pour certain nombre d'exemplaires qui furent dis-
» tribués aux seigneurs des Etats, le syndic croit qu'il convien-
» drait de prendre la même précaution la présente année, pour la
» plus grande facilité et commodité des habitants de la Province.

» Et d'autant que, depuis l'année 1676, date de la dernière
» impression des *règlements,* il peut avoir été pris de nouveaux
» règlements, il serait nécessaire de nommer des commissaires
» pour faire la recherche des nouveaux règlements et s'entendre
» à ce sujet avec le Parlement. En attendant, il pourra être
» travaillé à l'impression du *for et du stil* où il n'a rien été
» changé. »

Cette proposition fut acceptée dans son ensemble, et il fut décidé que *six cents* exemplaires de chacun seraient rapportés aux Etats pour être distribués aux seigneurs de l'assemblée ; à la demande du Tiers état, il fut bien entendu que l'impression du *for, stil et règlements* aurait lieu *en Béarnais.*

Isaac Desbarats se conforma à toutes ces prescriptions : en 1715, il fit paraître *Los / fors / et / Costumas / de Béarn. / A Pau / per Isaac Desbarats, imprimeur et / marchand libraire déus Estatz de la / Prouvince de Béarn. /* MDCC. XV. (3) /. Volume in-4° de 144 pages, en tête duquel il inséra l'extrait du privilège accordé à Saride, le 22 février 1620, et l'autorisation d'imprimer donnée au même imprimeur par le Parlement le 11 février 1622.

(1) Edition de Rouyer de 1676.
(2) Edition des fors de 1682 par Desbarats Jean.
(3) Bibl. de Pau.

L'année suivante, il éditait le *Stil de la justice* qu'il faisait précéder des lettres patentes octroyées à Rouyer le 29 avril 1659.

C'est un volume in-4° de 79 pages auquel sont ajoutées avec un titre et une pagination différentes les ordonnances faites par Henri II de Navarre, qui ont 24 pages de texte.

Les deux titres sont les suivants :

1° *Stil / de la Justicy / deu Pays / de Béarn, / publicat en l'an mil cinq cens / sixante quoate / regente Johanne Regine Dame / souvirane de Béarn. / Ensems las ordonnances / feites per / Henric second / rey de Navarre, seignour Souviran / de Béarn. / Sus la Direction de la Justicy. / A Pau, / per Isaac Desbaratz, imprimeur et marchand liberaire / déus Estatz de la Prouvince de Béarn*, 1716. /.

2° *Ordonnances / feites per / Henric II / rey de Navarre, / seignour Souviran / de Béarn, sus la direction / de la Justicy. / A Pau, / per Isaac Desbaratz, imprimeur et marchand / liberaire déus Estatz de la Province de Béarn.* / MDCCXVI. /

Sous la même date il éditait :

Compilation / d'auguns priviledges / et reglamens / deu Pays de Béarn, / feyts et octroyats à l'intercession / deus Estatz, / ab los serments de fidelitat / deus seignors à soos subjects / et per reciproque deus subjects / à loor seignor. / A Pau, / per Isaac Desbaratz, imprimeur et marchand liberaire / déus Estatz de la Province de Béarn, 1716. / — Vol. in-4° de 316 pages (1).

Mais cette date n'est pas essentiellement exacte. Le 11 juin 1718, en effet, Isaac Desbarats demandait aux Etats une indemnité pour la *nouvelle impression* qu'il a été obligé de faire *des règlements* de la province, « *l'impression* par lui faite en exécution d'un traité
« entre lui et le Syndic en 1715 s'étant trouvée inutile, d'autant
« qu'il avait travaillé sur un exemplaire de l'impression ancienne

(1) Bibl. de Pau.

« des dits règlements, ce qui lui arriva par pure méprise dont
« il ne peut être coupable » (1).

Le 13 juin, on lui accorda 300 livres « à la condition qu'il impri-
« merait le résultat de la conférence avec MM. du Parlement »,
car ceux-ci avaient exigé leur concours dans *la compilation des
règlements* (2), et il dut se conformer à ces prescriptions finales, car
il toucha le solde de son indemnité le 9 mars 1719, en vertu d'une
ordonnance de paiement délivrée le 5 février par le Syndic et qui
est ainsi conçue (3) :

« Je prie M. de Day, trésorier des Etats, de payer au sieur Des-
« barats, marchand libraire et imprimeur, la somme de cent cin-
« quante livres pour tout le reste de 900 livres que les Etats lui
« devaient payer pour l'impression du *for*, du *stil* et des *règlements*,
« *outre et au delà* de celle de 300 livres qui lui ont été adjugés aux
« derniers Etats pour le dédommagement des faux frais à quoi il a
« été exposé à l'occasion de la dite impression, la quelle le dit
« sieur Desbarats a finie conformément aux conditions dont il
« était convenu et il a remis aux archives des Etats les exemplai-
« res qu'il était tenu de fournir, même ceux du résultat des con-
« férences entre MM. les Commissaires des Etats et ceux du
« Parlement ; de la quelle somme de 150 livres, il sera fait raison
« au sieur de Day aux prochains Etats, en rapportant la quittance
« du dit sieur Desbarats.

« à Pau le 5ᵉ février 1719.

« Signé Laas, syndic ».

En 1718, il se pourvoyait auprès du Roi pour obtenir la charge
d'imprimeur et de libraire ordinaire du Roi, devenue vacante par

(1) Arch. B.-Pyr C. 760 fᵒ 203.
(2) id. C. 760 fᵒ 211.
(3) Arch. B.-Pyr. C. 1422.

le décès de Jean Desbarats, son frère, le dernier titutaire ; par lettres patentes, données à Paris le 24 décembre de la même année et enregistrées au Parlement de Navarre le 31 janvier 1719, il était admis à jouir de cette charge comme en avait joui son frère, et à toucher à ce titre des gages de 100 livres par année à prendre sur le fisc royal du domaine de Béarn (1).

A cette époque, il prit pour enseigne : *Le Sacrifice d'Abraham*, ainsi qu'il résulte du titre suivant d'un livre qu'il imprimait en 1722 :

Conduite / de la confession / et de la / communion / pour les âmes soigneuses de leur salut. / Tirée des manuscrits de St-F. de Sales. / Imprimée par le commandement de feu / Monseigneur le Prince. / Revue et augmentée de nouveau. / A Pau, / chez Isaac Desbarrats / imprimeur ordinaire du Roy, AU / SACRIFICE D'ABRAHAM. /MDCCXXII./ — Vol. in. 16 de 303 pages.

Vers la même époque que nous fixerons de 1722 à 1726, car cet ouvrage ne porte par de date, il éditait : *Les fors et / costumes / deu Royaume / de Navarre / deçà ports. / Avec l'estil et arancel du dit Royaume.* / in octavo de 118 pages, auquel est joint le *stil et aranzel* portant un titre et une pagination séparés. Ce dernier titre est ainsi conçu ; *L'Estil de / la chancellerie / de Navarre. / A Pau / par Isaac Desbarats imprimeur / ordinaire deu Rey, à la halle*, AU SACRIFICY D'ABRAHAM. — S. D. in 8° de 64 pages (2).

En 1726, sans qu'il fut fait mention de cette enseigne, il imprimait : *Les édits et règlements pour l'université de Pau en Béarn avec les anciens édits, déclarations et règlements concernant les*

(1) Arch. B.-Pyr. B. 4576 f° 179.
(2) Bibl. de la Cour d'appel de Pau C. 1. — C'est l'indication de l'enseigne *du sacrifice d'Abraham* qui nous porte à penser que cette édition eut lieu de 1722 à 1726, car à partir de cette dernière date cette enseigne disparait du titre des ouvrages d'Isaac Desbarats.

études du droit civil et canonique dans toutes les universités du Royaume ». — In f° de 43 pages (1).

Et en 1730, le *Procès-verbal / de la / réformation / générale / des forêts / du pays / de / Soule /* — Petit in 4° de 100 p. (2)

Plus favorisé que ses aïeux, il possédait une certaine fortune, car, par acte sous seing privé du 28 février 1727, il acheta au sieur de Lousteau la maison noble du Buisson. Cette acquisition lui fut contestée par la D^lle de Bourda, veuve de son vendeur, mais un arrêt du Parlement du 27 avril 1730 en ayant ordonné l'exécution il put, sous la date du 27 septembre de la même année (3), se présenter au dénombrement.

Il s'y qualifiait de noble Isaac Desbarats, imprimeur du Roy, seigneur de Buisson et déclarait posséder, « une maison, granges, « pigeonniers et terres nobles en un tenant, appelée de Buisson, « située au terroir de la présente ville de Pau, de contenance de « 26 arpents, vingt escats, grande perche, à raison de laquelle il « devait au Roy, son souverain Seigneur, hommage et serment, « de fidélité *sous le devoir d'un fer de lance doré.*

En 1730, il sollicita des Etats de Béarn, son entrée au rang de la noblesse et justifiait son droit sur les faits suivants : « La terre a « été anoblie par lettres Patentes du 22 février 1613 et arrêt de « vérification rendu par la Chambre des Comptes le 28 février « 1625 sur la tête de Pierre de Buisson, écuyer. Le sieur d'Arneuil, « qui l'avait acquise de celui-ci, avait été reçu aux Etats en 1689 ; « son successeur, le sieur de Lousteau, avait été admis à jouir du « même privilège en 1722 ».

Mais, malgré les démarches qu'il fit en 1730, en 1731 et en

---

(1) Bibl. de Pau.
(2) Bibl. de Pau.
(3) Arch. B.-Pyr. B. 5764.

1734, sa demande fut rejetée, non pas tant seulement parce qu'il était imprimeur, que parce qu'il était associé avec son fils pour le commerce de la librairie, et que, bien qu'il eût fait fermer les arceaux de sa boutique, il vendait *en chambre* livres, papier, encre, cire et autres marchandises, ce qui était contraire au règlement domestique des Etats de 1679 (1).

La délibération de 1734, qui porte la date du 29 mars (2), avait même été prise malgré les termes d'une lettre adressée le 23 mai 1733, par Monseigneur St-Florentin à l'Intendant M. de Pomereu, disant que sur placet adressé au Roi par Desbarats S. M. avait jugé que les Etats n'étaient par fondés dans leur refus, la profession d'imprimeur n'étant point *un art mécanique*. Mais, pour justifier leur nouvelle décision, les Etats s'appuyaient sur ce que Desbarats n'avait pas parlé de la *vente au détail*.

Le 12 mai 1735, cependant, la demande revint devant les Etats (3) et une enquête fut ordonnée. Les commissaires rendirent compte

---

(1) Aux termes de ce règlement toute personne faisant profession *d'art mécanique* ne devait être reçue aux Etats parmi la noblesse qu'*en abandonnant par préalable ledit art, tout dol et fraude cessant, comme marchands tenant boutique, chirurgiens, apothicaires et gens achetant le vins en gros pour le revendre, les fermiers soit en leur propre nom ou par personnes interposées*. Ces dispositions furent plus tard complétées en ces termes : « Ceux qui après avoir professé des arts mécaniques,
« ou avoir fait *quelque commerce en détail*, voudront être reçus, seront
« tenus de déclarer à MM. les jurats de leur résidence qu'ils renoncent
« aux dits arts ou commerce, et, lorsqu'ils présenteront leurs requêtes pour
« leur réception, ils devront y joindre une attestation des jurats, conte-
« nant que, *depuis un an*, ils n'ont point exercé les dits arts, ni fait ledit
« commerce, et ce relativement aux lois de la dérogeance ; bien entendu
« qu'ils ne seront reçus qu'*une année après ladite déclaration*, et, lors
« de la réception, ils seront assujettis à faire leur renonciation ; mais au
« cas où ils viendraient à contrevenir, ils seront privés de leur entrée *pour*
« *toujours* ».

(2) Arch. B.-Pyr. C. 776 f° 139.

(3) Arch. B.-Pyr. C. 777 f° 151.

de leur mission le 2 juin suivant : il en résultait que « plusieurs
« personnes dignes de foi leur avaient assuré qu'elles avaient
« envoyé leurs domestiques chez Desbarats pour acheter papier
« et plumes, et qu'ils n'avaient point trouvé à en acheter dans sa
« maison; la vérité était qu'il vendait livres, factures, manuscrits,
« arrêts du conseil, déclarations du Roi et édits dont il faisait
« l'impression ». D'où les commissaires concluaient qu'ils ne
« croient pas que cette espèce de vente tombe dans le cas des
arts mécaniques, étant une dépendance de l'imprimerie et de la
librairie. Et, « attendu que Desbarats établit par ses lettres
« patentes du 24 décembre 1718 qu'il est pourvu de la charge de
« seul imprimeur et libraire à Pau; qu'il doit jouir ainsi de tous
« les privilèges attachés à cette profession ; qu'il est, en outre,
« nommé imprimeur libraire de l'Université de Pau, qui lui
« accorde des privilèges (1), » ils proposaient de l'admettre à la
charge par lui, lorsqu'il prêtera serment « de promettre qu'il
« ne professera aucun art mécanique et qu'il ne fera d'autre
« commerce que la vente des livres, manuscrits, édits, déclara-
« tions du Roi, arrêts du conseil dont il fera ou fera faire l'im-
« pression ».

Leur proposition fut ratifiée par l'assemblée, et le 11 du même
mois Desbarats prêta le serment qu'on lui avait imposé (2).

Cette difficulté levée, le Parlement ne mit plus obstacle à la
vérification du dénombrement qui avait été fourni le 27 septembre 1730, et un arrêt conforme intervint le 20 mars 1736 (3).

(1) L'art. 1er du règlement du 28 février 1723, porte que les libraires et
les imprimeurs seront censés et réputés *du corps et des suppôts de l'Université* et comme tels maintenus, gardés et confirmés en la jouissance de
tous les droits, franchises, immunités, prérogatives et privilèges attachés
à l'Université.
(2) Arch. B.-Pyr. C. 777 f° 222.
(3) Arch. B.-Pyr. B. 5764.

Devenu noble, Desbarats prit un sceau ; il est ainsi détaillé par M. Paul Raymond dans son ouvrage intitulé : *Sceaux des archives du département des Basses-Pyrénées* (1).

« Sceau ovale, 22 millimètres sur 18. Cire rouge plaqué sur un « dénombrement, daté de Pau 27 septembre 1730.

« Pas de légende.

« Cartouche à une terrasse supportant cinq trèfles, timbré d'un « heaume à lambrequins ».

Il mourut à Pau le 7 juillet 1737, à l'âge de cinquante-sept ans, dix mois, sept jours, dit l'acte de décès dans lequel il est qualifié « d'écuyer, seigneur de Labarthe-Buisson, seul imprimeur et « libraire du Roi dans la ville de Pau » (2).

Le 2 mai 1707, il s'était marié à Dunkerque avec demoiselle Catherine Marie Boullay, de cette ville, alors sans doute qu'il s'y perfectionnait dans l'art de l'imprimerie, suivant en cela l'exemple de son aïeul (Jean) qui, dans sa lutte contre Barthe, Michon et Dupoux, disait « qu'il avait longtemps travaillé à *Toulouse*, à *Bor-*« *deaux* et pendant cinq ans à *Paris* ». Son frère, Joseph, qui n'était pas encore curé de Pau, l'assistait à cette cérémonie.

Catherine Marie Boullay mourut à Pau le 7 avril 1723 (3).

Il en avait eu six enfants, dont l'aîné *Isaac Charles*, qui devait lui succéder, naquit à Dunkerque le 6 mars 1709 (4).

Les cinq autres naquirent à Pau, savoir :

Jean-Baptiste, baptisé le 23 avril 1714 (5).

(1) Pau. Léon Ribaut 1874, p. 269.
(2) Arch. Com. de Pau GG. 30 f° 5.
(3) Arch. Com. de Pau GG. 13 f° 48.
(4) Nous devons à l'obligeance de MM. Dureau, président de la Société Dunkerquoise et Mordack, secrétaire, la découverte des actes de mariage de Desbarats et de naissance de son fils. Nous leur en exprimons toute notre reconnaissance.
(5) Arch. Com. de Pau GG. 12 f° 23.

Pierre, né le 23 juin 1715 (1) baptisé le 19 mai 1726 (2).

Marie, baptisée le 27 juin 1716 (3).

Charles, baptisé le septembre 1717 (4).

Marie Catherine, baptisée le 8 septembre 1719 (5).

V.

Dès le début de ses contestations avec les Etats sur son admission au rang de la noblesse, Isaac Desbarats avait voulu sans doute faire disparaître les motifs qui étaient basés sur l'exercice de sa profession d'imprimeur, car en 1732 le nom d'Isaac Charles Desbarats son fils est substitué au sien, ainsi que le prouve le titre suivant : *Déclaration / du Roy / concernant les curéz des diocèses de Lescar / Oloron et Aire. / Donnée à Versailles le 20 mars 1732 / registrée au Parlement de Navarre le 24 avril 1732. / A Pau, / chez J. C. Desbarats imprimeur ordinaire / du Roy et de Monseigneur l'Intendant. /* MDCCXXXII. */ —* Plaquette de 7 pages (6).

La même année, il imprimait : *L'Aranzel, / ou / Tarif des droits / de Justice, / dans les juridictions du Royaume / de Navarre, /* qu'une délibération des Etats du 12 octobre 1731, homologuée par arrêt du Parlement du 4 mars 1732, venait de modifier. Il y prenait le titre d'imprimeur et libraire ordinaire du Roy, et des Etats du Royaume de Navarre (7).

Il ne fut cependant consacré dans sa charge d'imprimeur du Roi, qu'après la mort de son père, par lettres patentes du

---

(1) Arch. Com. de Pau GG. 12 f° 23.
(2) Arch. Com. de Pau GG. 13 f° 169.
(3) Arch. Com. de Pau GG. 12 f° 43.
(4) Arch. Com. de Pau GG. 12 f° 54.
(5) Arch. Com. de Pau GG. 12 f° 78.
(6) Arch. B.-Pyr. G. 273.
(7) In-4° de 44 pages. Bibl. de M. Adrien Planté, à Orthez.

— 144 —

20 septembre 1737, enregistrées au Parlement de Navarre le 12 décembre suivant. Il y est indiqué comme étant *licencié en droit* (1).

Par délibération du 5 mai 1738, les Etats de Béarn l'admettaient à siéger parmi la noblesse, en qualité d'héritier de son père et il était qualifié *d'avocat au parlement* en même temps que d'imprimeur-libraire du Roy (2).

Le 27 janvier 1739, il se faisait inscrire sur le catalogue des voisins de Pau, en représentant la délibération du 27 mai 1653 qui admettait son bisaïeul paternel Pierre Desbarats. Il était alors député de la ville de Pau (3).

Son titre d'imprimeur n'y est pas, il est vrai, rappelé, non plus que dans les listes des voisins arrêtées les 29 décembre 1759 et 16 décembre 1761 (4) et dans la liste des notables qui furent appelés à l'assemblée de la communauté de Pau du 1er septembre 1765 (5), où il est simplement désigné : *Desbarats-Buisson*, *avocat*, mais il n'en continua pas moins à user de ses presses.

Outre un nombre considérable d'arrêts du Parlement et d'édits royaux, qui portent en suscription : « *à Pau, de l'imprimerie* » *d'Isaac Charles Desbarats, imprimeur ordinaire du Roy et de la* » *souveraine cour de Parlement* »; il édita en effet les ouvrages suivants :

En 1744. — *Calendrier / pour l'année / bissextile / 1744 / calculé pour l'usage du Béarn. /* en tête duquel est un sonnet historique à l'honneur de Louis XV, Roy de France et de Navarre (6).

(1) Arch. B.-Pyr. B. 4583.
(2) Arch. B.-Pyr. C. 780.
(3) Arch. Com. de Pau, BB. 26. Son père avait en 1736 exercé cette charge. (Arch. Com. de Pau, BB. 25). Elle équivalait à celle de conseiller municipal.
(4) Arch. Com. de Pau, BB. 27.
(5) Arch. Com. de Pau, BB. 17, f° 145.
(6) Bibl. de Pau. C'est le plus ancien calendrier imprimé en Béarn.

— 145 —

En 1745. — *Mémoire instructif sur les pépinières de muriers blancs et les manufactures de vers à soie, imprimé par ordre des Etats généraux de la Province de Béarn.* — Petit in-8º de 96 pages (1).

En 1763. — *La / Pastourale / deu / Paysaà / qui cèrque méstièè à son hilh, chens / në trouba à son grat. / Pèsse divèrtissénte et connègude èn Béarn / ainsi quë d'autës oubratgës deü médich authou. En quoate actes. / Pèr moussoü Fondeville de Lescar. / A Pau, / de l'imprimerie d'Isaac Charles Desbarats / soul imprimeur libéraïre deü Réy, / 1763 / vis-à-vis lou castet. / Sè bènd, chez J.-B. Bergé à Lescar.* / In-16 de 43 pages (2).

En 1765. — *Edit / du Roi / concernant la Société des Jésuites. / Donné à Versailles au mois de Novembre 1764 /. Registré au Parlement de Navarre le 9 février 1765.* / — In-4º de 4 pages (3).

En 1768. — *Réglemens / pour les confrères / de Notre-Dame / des agonisans / pénitens gris. / Avec quelques instructions sur l'origine des / confréries, sur les indulgences, sur les / avantages et particularités de celle de N. / D. des agonisans, sur l'établissement des / pénitens gris, avec un abrégé de la vie / de St-Bonaventure patron de / ceux-ci, et un petit recueil des exercices / pour les confrères et confréresses. / Etablis dans le couvent de la régu- / lière observance de St-François / de la ville de Pau.* / — In-4º de 84 pages (4).

En 1769. — *Les / coutumes / générales / du Pays / et Vicomté / de Soule. / sur l'Imprimé à Pau chez Jérome Dupoux. 1692.* / II-96 pages suivi de la *Taxe des droits de justice du Pays de Soule*-27 pages (5).

(1) Bibl. de Pau.
(2) Bibl. de M. Adrien Planté, à Orthez.
(3) Arch. B.-Pyr. G. 274.
(4) Bibl. de M. Raimond Dufau, à Pau.
(5) Bibl. de M. Raimond Dufau. — Un édit du mois de novembre 1691, ayant distrait le Pays de Soule de la juridiction du Parlement de Bordeaux pour le rattacher à celle du Parlement de Navarre, une déclaration du Roi du 15 mars suivant, enregistrée en ce Parlement le 16 avril, décida que les

— *Le procèz verbal / de la / réformation générale / des / forêts / du Pays / de / Soule./* — In-8° de 124 pages, avec le plan des trois forêts de Tibarrene, Lembarre et Arrêtsu appartenant à Sa Majesté (1).

En 1755, il avait pris part au dénombrement des biens nobles, sous le nom d'Isaac Charles Desbarats, habitant à Pau, imprimeur libraire du Roy et avocat en la Cour (2), et le 10 octobre 1763, il avait délivré un certificat attestant qu'il avait reçu notification d'un arrêt du 2 septembre précédent qui supprimait un imprimé intitulé : « Extrait des registres du Parlement de Bordeaux du 19 « août de la même année (3) ».

A ces preuves matérielles sur l'importance de son établissement, viennent se joindre les renseignements officiels que nécessitait, ainsi que nous l'avons dit (4), la mise en vigueur des règlements sur l'imprimerie.

Dans le rapport que l'Intendant d'Etigny adressait au Chancelier le 26 mars 1759, il concluait à son maintien et justifiait son opinion en ces termes :

« Isaac Charles Desbarats fut pourvu de l'état et charge d'im-
« primeur du Roy et libraire à Pau par provisions du 20 septem-
« bre 1737. Il a toujours rempli l'état d'imprimeur, et travaille
« encore ; c'est un fort honnête homme et est très exact dans
« l'exercice de l'art ».

C'est sous les mêmes couleurs que le dépeint le rapport fait à M. de Sartines en 1764, où il est constaté :

« Qu'il emploie deux compagnons ;

instances seraient jugées suivant les usages et coutumes du Pays de Soule et les frais taxés suivant le tarif approuvé à Bordeaux le 21 avril 1675. C'est ce tarif qui fut imprimé à la suite des *coutumes*.
(1) Ce volume nous appartient.
(2) Arch. B.-Pyr. B. 5764.
(3) Arch. B.-Pyr. C. 384.
(4) Voir Introduction.

« Qu'il a trois presses et six caractères ; savoir : Un petit romain, un cicéro, un S**t**-Augustin, un gros romain, un petit parangon et un petit canon, tous assortis d'italiques ».

Enfin, dans un état fourni en 1768 par M. de Sallenave, subdélégué de l'Intendance (1), il est représenté comme « ayant une bonne réputation et étant le plus ancien imprimeur de Pau ; n'étant pas marié et ayant deux sœurs qui vivent avec lui ».

Aussi dans l'ordonnance réglementaire de l'imprimerie en Béarn, qui porte la date du 10 janvier 1766 et est transcrite au f° 268 du Livre Rouge de la ville de Pau (2), bénéficia-t-il de cette bonne renommée, ainsi que le prouve l'art. 2 :

« Permet néanmoins S. M., *par grâce et sans tirer à conséquence,* » à Isaac Charles Desbarats, son imprimeur de la ville, de *conti-* » *nuer* à y exercer l'imprimerie pour y remplir l'une desdites deux » places, en vertu du présent arrêt, et sans qu'il soit tenu de » prêter un nouveau serment dont S. M. l'a dispensé, ainsi que de » toutes autres formalités prescrites par les règlements. »

Il mourut le 6 juin 1787 à l'âge de 78 ans et fut enseveli le 7 au caveau des pénitents bleus (3).

Bien que, dans cet acte, il fut déclaré sous le nom de noble Isaac Charles Desbarats, avocat au Parlement et imprimeur du Roy, il avait cependant depuis 1779 donné sa démission de sa charge d'imprimeur. Par des lettres patentes du 18 septembre de cette année, enregistrées au Parlement de Navarre le 10 janvier 1780, Pierre Daumon avait été nommé à sa place : « l'Etat et » charge de notre imprimeur et libraire ordinaire de la ville de Pau », y est-il dit, « étant à présent vacant par la démission du » sieur Isaac Charles Desbarats, dernier titulaire. » (4).

(1) Arch. B.-Pyr. C. 636.
(2) Arch. Com. de Pau AA. 1.
(3) Arch. Com. de Pau, GG. 180, f° 12.
(4) Arch. B.-Pyr., C. 396.

Avec lui s'éteignit la longue série des imprimeurs de ce nom. Si l'un d'eux avait pris pour enseigne : *le sacrifice d'Abraham*, nons n'avons trouvé nulle part la reproduction de cette enseigne qui eût pu constituer pour lui une marque typographique, et ils se bornèrent à décorer leurs ouvrages des armes du Parlement, ou de celles de la Province, selon que leurs travaux s'appliquaient à l'un ou à l'autre de ces grands Corps.

CHAPITRE II

JEANNE DESBARATS ET GUILLAUME DUGUÉ

1740-1766.

Jeanne Desbarats était la fille de Jean Desbarats et de Marie Sallefranque (1). Elle était née le 2 janvier 1713, et n'avait dès lors que cinq ans lorsque son père mourut le 6 août 1718.

Si on s'en rapporte exclusivement au rapport de M. d'Etigny, en date du 25 mars 1759 (2), « elle aurait conservé l'imprimerie de » son père qu'elle faisait travailler avec le secours d'un imprimeur » nommé Dugué qui est son associé et que l'on dit honnête » homme ».

Les choses ne durent cependant pas se passer ainsi, car nous avons vu qu'à la mort de Jean, son frère Isaac le remplaça dans sa charge d'imprimeur du Roi suivant lettres patentes du 24 décembre 1718, et, d'autre part, il est invraisemblable qu'à l'âge de *cinq ans* Jeanne Desbarats ait pris la direction d'un pareil établissement.

Il est plus admissible de supposer que, parvenue à l'âge de raison, Jeanne ne vit pas sans un grain de jalousie l'imprimerie, qui depuis 1651 se perpétuait dans sa famille de père en fils, passer

(1) Voir chapitre précédent § 3.
(2) Déjà cité p. 16.

dans les mains de son oncle, et delà à monter un établissement rival il n'y avait qu'un pas, poussée peut-être qu'elle était par le sieur Dugué.

A quelle époque se fonda cette association ? C'est ce qu'aucun acte ne nous a révélé. Dans tous les cas, elle existait en 1740. Car, à cette date, Guillaume Dugué et Jeanne Desbarats imprimaient en basque un catéchisme dont le titre est ainsi conçu :

Catichimia / edo / fediaren eta guiristino-eguien / explicacione laburra. / Luis Maria de Suarez d'Aulan, / Aquiceco jaun Aphezpiku ossoqui Illustre eta / Ohoregarriaren manuz imprimatia choila ha- / ren Diocesa gucian eracaxia içaiteco. / Pauen / G. Dugué eta J. Desbarats, Liburu saldça- / liaren imprimeriatic. / Permissionnarequin. / (Mila çazpi ehun eta berrogueigarren urthian) — In-8° de II-128 p.(1)

Plus tard ils imprimèrent les ouvrages suivants :

En 1747. — *Instructions / pratiques et prières / à l'usage des personnes de l'un / et de l'autre sexe, reçues dans / la confrérie du Sacré-Cœur de Marie. / Erigée par Monseigneur l'Illustrissime et / Réverendissime Messire François de Révol Evêque d'Oloron, dans / son Eglise cathédrale de Ste-Marie, en / 1747. / A Pau / chez G. Dugué et J. Desbarats. / Imprimeurs près la Halle. /* (2).

En 1750. — *Exercice / de dévotion / au Sacré-cœur / de Jésus / avec / la préparation à la mort. / Recueilli à l'usage des Demoiselles pen- / sionnaires de Ste-Ursule. / à Pau / chez J. Desbarats, imprimeur du Roi et G. Dugué, proche la Halle /* MDCCL. / —In-16 de 165 pages (3).

En 1753. — *Ordonnances synodales et règlements du Diocèse d'Olo-*

---

(1) Bibl. de Pau.

(2) Communication de M. Binet, à Oloron. — En sa qualité d'héritière de son père, Jeanne possédait la maison près la halle, où ses aïeux tenaient leur imprimerie. Son oncle Isaac avait dû demander aux jurats d'installer la sienne à la halle.

(3) Propriété de M. Lochard à Pau.

ron. A Pau. Par J. Desbarats et G. Dugué, imprimeurs de Monseigneur l'Evêque d'Oloron, 1753 (1).

En 1755. — *Procès-verbal / de / la réformation générale / des forests / du Royaume / de Navarre / deçà les monts. / A Pau, / chez G. Dugué et J. Desbarats imprimeurs / de Monseigneur l'Intendant. /* MDCCLV / ; volume in-4° de III-168 pages qui est orné sur le titre du fronton du frontispice qui décore les fors de 1552 et que Saride avait grossièrement imité en 1625 (2).

En 1757. — *Jesu-Kristen / imitacionia / çuberouaco uscarala, / herri beraurtaco / apheç bateç, / bere Jaun apheççupiaren baimentouareki / utçulia. / Pauben, / G. Dugué eta J. Desbarats, / beithan mouldeçco leteretan eçarria. /* MDCC *eta* LVII. [*guerren ourthian*. / — In-12 de XXII-405 pages, plus le titre et 9 pages de table, orné de 5 gravures sur bois signées : *F. Richeur sculpsit* (3).

En 1760. — *Coustumes / générales / du Pays / et Vicomté de Sole. / Pau, / J. Dugué et G. Desbarats, / imprimeurs du Roi près la Halle,* 1760. / — In-12 de 100 pages (4).

En 1764. — *Idée / géographique / et / historique / du Béarn. / A Pau, / chez G. Dugué et J. Desbarats, / imprimeurs du Roi, près la Halle.* MDCCLXIV. / — In-12 de 95 pages (5).

Enfin, sans que nous puissions en préciser la date : *Noëls choisis, corrigés, augmentés et nouvellement composés sur les airs les plus agréables, les plus connus et les plus en vogue dans la province de Béarn. Par noble Henri d'Andichon, ci-devant curé d'Aucanville,* dio-

---

(1) Bibl. de M. Châteauneuf, curé d'Oloron.

(2) Bibl. de Pau. — La possession par Jeanne Desbarats de partie du bois de ce frontispice de Saride est un nouvel indice que Desbarats Pierre avait acheté le matériel de cet imprimeur.

(3) Bibl. de Pau.

(4) Bibl. de Pau.

(5) Bibl. de Pau.

cèse de Toulouse, archiprêtre de Lembeye, diocèse de Lescar, prieur de Saint-Martin de Mancour, diocèse d'Agen. Pau, G. Dugué et I. Desbarats, sans date. — In-12 (1).

Le 10 octobre 1763, Dugué seul, comme imprimeur, avait signé le certificat de notification de l'arrêt du 2 septembre précédent dont nous avons parlé à l'occasion d'Isaac Charles Desbarats (2).

Le rapport fait en 1764 à M. de Sartines s'exprime à leur sujet en ces termes :

« La demoiselle Desbarats est petite fille d'un imprimeur établi
« à Pau par lettres patentes de 1663. Son père était également
« imprimeur par lettres patentes de 1687. Cette demoiselle s'est
« associé le sieur Dugué, étranger de la ville, on dit qu'il est na-
« tif de Toulouse. La demoiselle Desbarats est âgée de 51 ans et
« le sieur Dugué de 58. Ils ont deux compagnons, un pour l'im-
« primerie et un relieur. Ils possèdent deux presses pour lesquelles
« ils sont assortis d'un parangon, un gros romain, un st-augustin,
« un cicero, un petit romain à gros œil, un idem à petit œil, le
« tout avec leurs italiques ».

Bien que, d'après ce rapport, Jeanne Desbarats et Dugué n'imprimassent que des « factures, thèses de droit, alphabets, canti-
« ques et autres petits livres de dévotion », on a vu dans les quelques ouvrages que nous avons détaillés qu'ils employaient leurs presses à d'autre usage ; et qu'ils allaient même jusqu'à se qualifier d'imprimeur *du Roi, de Monseigneur l'Intendant* (3) et de Monseigneur l'Evêque d'Oloron.

(1) Indication donnée par M. Noulet dans son *Essai sur l'histoire littéraire des patois du midi de la France au* XVIIIe *siècle.* Paris, Maisonneuve éditeur, 1877, p. 168.

(2) Voir 2e partie chap. 1er § 5 page 146.

(3) C'était à Dugué que l'Intendant avait demandé les renseignements qu'il fournit dans la lettre du 12 avril 1765 dont nous avons parlé dans l'introduction.

Mais cette situation ne dura pas longtemps. L'article 4 de l'arrêt du Conseil du 10 janvier 1766, qui réglementait l'exercice de l'imprimerie en Béarn, supprima leur établissement en ces termes :

« L'imprimerie actuellement exercée en la ville par Jeanne
« Desbarats, fille, et par Guillaume Dugué, son associé, sera et
« demeurera supprimée dès à présent. Ordonne S. M. que, par le
« subdélégué de l'Intendant, il sera dressé procès-verbal de l'état
« de la dite imprimerie et que les vis, presses, caractères et autres
« ustensiles en dépendant seront saisis et déposés au greffe de
« l'Intendance, pour être vendus aux imprimeurs reçus dans
« les formes ordinaires, ou à un fondeur conformément aux
« règlements, et le prix en provenant être remis à la dite Desbarats
« et au dit Dugué auxquels S. M. fait très expresses inhibitions et
« défenses d'exercer en la dite ville, ni ailleurs, la profession d'im-
« primeur à peine de 3,000 fr. d'amende. »

Les motifs étaient pris de ce que « cette imprimerie était tenue
« *par une fille*, conjointement avec un particulier qui n'a d'autre
« qualité que celle de son associé, quoique, dans aucun cas, les filles
« ne puissent être admises à remplir les places d'imprimeurs ».

Cet arrêt n'ayant statué que sur le nombre des imprimeurs à Pau, et ayant laissé de côté les villes de Bayonne et de Dax, comprises dans la généralité de Bayonne, M. de Maupou écrivit le 27 avril 1768 à M. d'Aine, Intendant (1), pour lui demander un complément d'instruction, en lui rappelant que cette décision supprimait l'imprimerie de Jeanne Desbarats ; il ajoutait à cet égard :

« Je dois vous observer qu'une disposition de cet arrêt a ordonné
« que les ustensiles de cette dernière imprimerie seraient saisis
« et déposés au greffe de l'Intendance pour être vendus à un im-
« primeur reçu dans les formes ordinaires ; si l'on avait négligé

(1) Arch. B.-Pyr. C. 386.

« de prendre cette précaution, vous aurez soin d'y pourvoir sur
« le champ ».

Ce fut pour Jeanne Desbarats une occasion toute naturelle de solliciter sa réintégration dans le droit de faire valoir son imprimerie, et elle eut même recours à l'influence de M. Butay, son cousin (2) :

Celui-ci adressa à M. de Salenave, subdélégué de l'Intendance à Pau, la lettre suivante (3) :

« A Paris le 26 avril 1768.

« Monsieur,

« J'ai l'honneur de vous écrire pour m'informer de l'état de
« votre santé et en même temps vous supplier d'avoir la bonté de
« soutenir le mémoire qui vous a été envoyé de la part de Mon-
« sieur le comte de St-Florentin à Monsieur Daine qui a été
« nommé à son lieu et place. J'ai eu l'honneur de lui parler plu-
« sieurs fois de l'affaire de *ma chère cousine Desbarats* afin qu'elle
« soit réintégrée en place. Vous m'avez fait la grâce de m'écrire
« une lettre par laquelle vous m'avez marqué qu'il fallait attendre
« le rétablissement de sa santé pour finir l'affaire de ma cousine
« Desbarats, sachant l'injustice qu'on a fait à une citoyenne au
« profit d'un étranger, à une fille revêtue de bons titres de
« lettres-patentes enregistrées au Parlement et à la Chambre des
« Comptes avec cent livres attachées à la charge payables par
« année. Elle est la seule dans la ville qui ait un titre pareil pour
« son état.

« Je suis après à poursuivre pour qu'elle puisse toucher les ar-
« rérages qui sont dus avant le décès de feu son père comme
« étant unique héritière de feu son père et sa mère. Comme le

(1) Voir pour l'alliance des Butay et des Desbarats page 126 note 4.
(2) Arch. B.-Pyr. C. 386.

« droit écrit est que les filles représentent le mâle au lieu et place
« du mâle elle doit jouir de tous les droits des pères et suivant les
« usages et les lois qui sont établies par Louis Treize, Louis Qua-
« torze et par Louis Quinze qui a souscrit à toutes ses lois, ainsi
« on doit les suivre de point en point ; ma cousine étant revêtue
« de ses bons titres, elle ne devait rien craindre dans son état, et
« je suis très persuadé que si monsieur de Marville avait examiné
« ses titres elle aurait été très tranquille dans son état, attendu
« que le procès-verbal qui a été fait n'est qu'à l'avantage de ma
« cousine par les avis et lettres qui ont été écrits à Monsieur le
« Vice-Chancelier par M. d'Etigny et M. de La Caze, Premier
« Président, et la réponse de Monsieur le Vice-Chancelier où il
« était dit qu'on la laisserait continuer en paix et tranquillité le
« reste de sa vie.

« M. d'Etigny le savait bien; voilà pourquoi il cherchait à réin-
« tégrer ma cousine dans tous ses droits comme l'avait écrit Mon-
« sieur l'Intendant à Monsieur de La Caze, Premier Président.
« Ainsi me l'avait dit Monsieur le Vice-Chancelier; Monsieur le
« comte de St-Florentin ministre en cette partie avait écrit que la
« justice qui lui est due lui serait rendue. Non seulement les Etats
« de Béarn et le gouverneur le demandaient, Monsieur et Madame
« de Gramont ont écrit aussi aux Syndics des Etats. Elle n'em-
« pêche pas que les personnes que l'on a mises en place ne soient
« employées dans leur commerce, mais il est très facheux de voir
« ôter le pain de la main, n'ayant autre ressource pour vivre.
« Ainsi, vous voyez la situation où elle se trouve. J'espère de votre
« bonté que vous voudrez bien faire attention à ce que j'ai l'hon-
« neur de vous écrire, et que vous aurez la charité et bonté d'être
« son protecteur en cette partie auprès de Monsieur d'Aine qui
« ne demandera pas mieux de lui rendre la justice qui lui est due.

« Je finis, Monsieur, en vous priant de me croire très assuré-
« ment,

   « Monsieur,
  « Votre très-humble et soumis serviteur.

          Butay.

« J'espère que vous voudrez bien m'honorer d'une réponse fa-
« vorable sur ce que j'ai l'honneur de vous écrire.

 « A Monsieur de Salanave, subdélégué général de la Province
« et Intendance de la Navarre.

      « A Pau, en Béarn

          « A Pau. (1).

L'opinion de l'Intendant dut être conforme à son désir, et bien que la minute de son rapport, en date du 28 juin, manque au dossier, la réponse de M. de Maupou faite le 16 novembre 1768 ne laisse aucun doute à cet égard :

« Monsieur, j'ai rendu compte au Roi de l'état des imprimeurs
» de votre Généralité, et S. M. a jugé à propos de faire rendre en
» son Conseil l'arrêt que je vous envoie par lequel elle a fixé défi-
» nitivement à cinq le nombre de ces imprimeurs. Une des dispo-
» sitions de cet arrêt renouvelle les défenses faites par celui du
» 10 janvier 1766 à Jeanne Desbarats et à Guillaume Dugué, son
» associé, d'exercer l'imprimerie dans la ville de Pau ni ailleurs.
» S. M. a cru devoir confirmer les dispositions de cet arrêt qui a
» été rendu en grande connaissance de cause. Elle n'a pas pensé
» que le dépérissement des ustensiles d'imprimerie qui ont été

---

(1) Nous n'avons pas voulu mettre l'esprit de nos lecteurs à la torture en éditant cette lettre dans son orthographe plus que fantaisiste. Ils jugeront de ce qu'elle peut être par l'adresse: A Mounsieur / Mounsieur de Salanave / seucdé la guay général de la / Proviense et aitandanses / de la Navare / a peau an Béarn. / a peau /.

» saisis sur ces particuliers et la difficulté qu'ils ont à trouver à
» s'en défaire, fussent des motifs suffisants pour déterminer,
» *comme vous l'aviez proposé*, à les leur remettre et à leur per-
» mettre d'en faire usage. Vous aurez donc pour agréable de leur
» faire savoir qu'il est inutile qu'ils insistent pour demander une
» grâce que S. M. n'a pas intention de leur accorder, et qu'ils
» n'ont d'autre parti à prendre que celui de faire leurs efforts pour
» trouver un imprimeur ou un fondeur qui veuille acquérir les
» ustensiles de leur imprimerie.

» Je suis, Monsieur,

» Votre affectionné serviteur.

» DE MAUPOU.

» A M. d'Aine, Intendant de Bayonne. »

L'arrêt en question, qui porte la date du 8 novembre 1768, dispose, en effet : « L'arrêt du 10 janvier 1766 sera exécuté, en consé-
» quence fait très expresses inhibitions et défenses à Jeanne
» Desbarats et à Guillaume Dugué, son associé, d'exercer la pro-
» fession d'imprimeur en ladite ville de Pau, ni ailleurs, à peine
» de *trois mille francs d'amende* et de plus grandes punitions s'il y
» échet ».

Devant une décision aussi formelle, il n'y avait plus de réclamation possible à faire. Les presses furent saisies et retenues au greffe du château, sans que Jeanne Desbarats et Guillaume Dugué aient plus tard cherché à s'en défaire, car un registre d'enregistrement de la correspondance de l'Intendant nous apprend que le courrier du 12 janvier 1787 apportait à ce fonctionnaire une requête par laquelle « Pierre Delrieu-Dugué de Pau demandait
» une indemnité pour une presse qu'avait son père et qui était
» retenue au lieu indiqué plus haut ».

Rien n'indique dans ce registre la suite que reçut cette communication ; elle dût être considérée comme non avenue (1).

Jeanne Desbarats mourut célibataire à Pau le 1er septembre 1788, à l'âge de 76 ans, et fut enterrée au cimetière de la paroisse (2); elle avait survécu à Guillaume Dugué, qui était mort, âgé de 77 ans, le 20 août 1775 (3).

Celui-ci, qui était né à Toulouse, y avait épousé Mlle Elisabeth de Merle, et fut indistinctement connu sous les noms de Dugué, de Delrieu et même de Delrieu-Dugué, ainsi que l'atteste son acte de décès qui lui attribue ces deux noms.

Un de ses fils, Pierre, qui était né aussi à Toulouse en 1735, sans que, dans son acte de naissance, le nom de Dugué fût mentionné, et qui s'appelait dès lors Pierre Delrieu, se maria à Pau, le 29 novembre 1777 (4), avec Catherine Rinchan, fille de Pierre Rinchan, notaire royal, et de Marie Dufau ; il fut cependant à cette occasion dénommé Pierre Delrieu, dit Dugué, fils de Guillaume et d'Elisabeth de Merle. Plus tard, et dans la requête du 12 janvier 1787 dont nous avons déjà parlé, ce fut le même Pierre Delrieu-Dugué qui réclamait les presses saisies au préjudice de *son père*. Or, son père, n'était autre que l'associé de Jeanne Desbarats.

Si nous avons insisté sur la descendance directe qui existait entre ces deux personnes, c'est que le petit-fils de Pierre et de Catherine Rinchan, appelé aussi Pierre, et qui était né le 27 messidor an 12 du mariage de Pierre et de Marie Dulaurier, a exercé pendant longtemps la librairie à Pau, et qu'à ce titre il y avait un intérêt historique à le rattacher à notre imprimeur.

(1) Arch. B.-Pyr., C. 402.
(2) Arch. Com. de Pau GG. 183, f° 20.
(3) Arch. Com. de Pau GG. 14, f° 12.
(4) Arch. Com. de Pau GG. 149, f° 47.

CHAPITRE III

LA FAMILLE DUPOUX

I. JÉROME, 1689-1730 — II. JEAN, 1730-1759.

I.

Jusqu'en 1688, la famille Desbarats avait joui paisiblement du monopole de l'imprimerie à Pau, mais, en 1689, sa quiétude fut troublée par une requête que Georges Michon et Jérome Dupoux, marchands libraires à Pau, adressèrent aux Jurats.

Ils y exposaient que « depuis le temps qu'ils se sont établis dans
« cette ville, ils ont été chargés par diverses personnes de leur
« faire faire des impressions dans la ville de *La Réole* (1) *où ils ont*
« *une imprimerie*, ce qui leur a donné lieu de croire que, n'y ayant
« autre imprimeur en cette province que Jean Desbarats, qui ne
« peut fournir au travail qu'il convient de faire journellement, le
« public trouverait un grand avantage dans l'établissement qu'ils
« souhaitent de faire d'une imprimerie. En conséquence, ils ont
« projeté d'en demander la permission au Roy; mais comme la
« chose sera plus aisée si S. M. est instruite de la nécessité dudit
« établissement, ils ont besoin d'un certificat de MM. Les Jurats;
« ils espèrent qu'ils n'auront pas de la peine à leur accorder,

(1) Chef lieu d'arrondissement de la Gironde.

« puisqu'il s'agit du bien public et demandent qu'il plaise à l'as-
« semblée du Corps de Ville octroyer aux suppliants le susdit cer-
« tificat ».

L'assemblée accueillit favorablement cette requête le 21 juin 1689 (1), et, à partir de ce moment, Jérôme Dupoux fonda une imprimerie à Pau, sans cependant que le nom de Michon y figurât à aucun titre.

Il sut donner à son établissement une réelle importance, car il édita successivement les ouvrages suivants :

En 1692. — *Les / coustumes / générales / du Pays / et vicomté / de Sole. / A Pau /, chez Jérôme Dupoux, Imprimeur / et libraire, proche l'horloge. /* MDCXCII. */* — Petit in-4° de i-94 pages (2).

En 1693. — *Les fleurs / de Guidon / corrigées et augmentées / de la Pratique de la chirurgie / avec plusieurs expériences / et secrets. / Et de la méthode de consulter pour les / jeunes chirurgiens. / Extrait des leçons de / M. L. Meysonnier, conseiller et médecin / ordinaire du Roy, professeur et lecteur en / chirurgie à Lyon. / A Pau, / chez Jérôme Dupoux. Imprimeur / et marchand libraire. /* MDCXCIII, *avec permission. /* — In-12 de 108 pages (3).

La permission d'imprimer, constatant que les *Fleurs de Guidon* avaient été ci-devant imprimées en 1650 et 1676, fut donnée à Toulouse le 18 décembre 1684, et la page 108 et dernière se termine par ces mots : « fin des fleurs de Guidon de Mᵉ Jean Raoul, chirurgien ».

En 1694. — *Seguense / lous Priviledges, / franquesses, / et libertats donnats et autreiats / aux vesins, manans et habitans de la montai-*

---

(1) Arch. Com. de Pau BB 6 f° 55.
(2) Bibl. de M. Louis d'Iriart d'Etchepare, avocat à Pau. — Cette édition servit plus tard à la réimpression faite par Isaac Charles Desbarats en 1769, voir p. 145.
(3) Bibl. de M. René de Musgrave-Clay, docteur-médecin à Pau.

gne et val / d'Aspe per lous seignours de Béarn ; / et primo per Mossen Archambaut en l'an / mille tres cens navante oeit. / A Pau, / chez Jérôme Dupoux, Imprimeur et marchand / libraire. / Proche l'horloge. / MDCXCIV. /— In-4° de 143 pages (1).

En 1695. — *Nouveau / traité / de la / civilité / qui se pratique / en France / parmi les honnêtes gens. / Nouvelle édition, revue, corrigée / et augmentée. / Jouxte la copie imprimée à Paris. / A Pau, / chez Jérôme Dupoux, imprimeur / et marchand libraire.* / MDCXCV. / — In-12 de VI-267 pages (2).

En 1696. — *Catechima / laburra / eta Jesus-Christ / goure ginco jaunaren eçatgucia / salvatu içateco / Çuberoa Herrico Uscaldunen egui- / na, Athanase Belapeyre Hanco, / Jaun officialar, eta Sorhoetaco erretonaz. / Lehen Partia. / Haur da Bethiereco bicitcia, cihaur eçagut citien / ginco eguinazco, eta Jesus-Christ cuc igorri / duçuna. / Dio Jondane Johannec C. 17. V. 3. / Pauven Jérôme Dupoux imprimaçaliaz eguina* / MDCXCVI. /—Petit in 8° de 176 pages, suivi de :

« *Catechimaren / bigarren partia / besta guehienen, / eta eliçaco eguimbide / saintien, eçagutceco, / heren ourthian erran behar dena gouré / christi leguen aratiala Oloronco / gouré Jaun apezcupiac manatu dericun / beçala bere ordenancez tit 2 chap. / jarraikiten diala Trentaco concilio / generala sess. 5 cap. 2 et sess. 24 cap 4 et 7 / Guicoa Miragarrida / Dohoxietan dio erregué Davitco beré. / Psalmu 67. / Pauvem / Jerôme Dupoux, Imprimaçaliaz eguina*. 1696. — In-8° de 136 pages (3).

En 1697. — *Ordo / divini officii / in ecclesia cathedrali / et diocesi Adurensi / recitandi juxta ritum breviarii et / missalis Romani. /*

---

(1) Bibl. de Pau.
(2) Communication de M. Binet, conservateur des hypothèques à Oloron.
(3) Cet exemplaire appartient à M. l'abbé Bidache.

Illustrissimi et Reverendissimi D. D. Armandi / Bazin de Besons, miseratione divinâ / et sanctæ sedis apostolicâ gratiâ Episcopi et Domini Adurensis / regi a Sanctioribus consiliis et / jussu editus. / Pro anno Domini MDCXCVII. */ Ordinabat J. Dupont, presbyter / Paschâ occurente 7 aprilis. / Pali, apud Hieronymum Dupoux, bibliopolam et / typographum Episcopi Adurensis. /* 1697. / — In-8° de 54 pages / (1).

En 1699. — *Catéchisme / ou / abrégé de la foy / et des véritez chrétiennes, / publié par l'ordre de Monseigneur l'illus- / trissime et révérendissime Dominique / d'Esclaux de Mesplès, évêque de Lascar. / Pour être seul enseigné dans tout / son diocèse. / A Pau, / chez Jérôme Dupoux, impri- / meur et libraire.* 1699, */ avec permission. /* Petit in-8° de 62 pages (2).

— *Abrégé / du Catéchisme / pour l'usage de ceux qui com- / mencent à l'apprendre* (sic) */ publié par ordre de Monseigneur Dominique / d'Esclaux de Mesplès, évêque de Lascar. / A Pau, / chez Jérôme Dupoux, imprimeur / et libraire,* 1699. / — Petit in-8° de 34 pages (3).

— *Instruction / sur / le saint / sacrifice / de / la messe / avec des prières. / Publié par l'ordre de Monseigneur / d'Esclaux de Mesplès, évêque de Lescar. / A Pau, chez Jérôme Dupoux, impri- / meur et librai- re,* 1699. / — Petit in-8° de 34 pages (4).

En 1700. — *La / Grammaire / de Despautère, / abrégée / et cor- rigée / pour la commodité de la jeunesse qui veut apprendre / la langue latine. / Par un prêtre de la Compagnie de Jésus. / A Pau / chez Jérôme Dupoux, impri- / meur et libraire /* MDCC. / — In-12 de 394 pages (5).

(1) Arch. B.-Pyr., G. 269.
(2) Bibl. de Bordeaux.
(3) Bibl. de Bordeaux.
(4) Bibl. de Bordeaux.
(5) Bibl. de Pau.

La même année : *Indiculus / universalis / ou l'Univers / en abbrégé* (sic) / *par le P . F. P. de la Compagnie de Jésus / nouvelle édition corrigée. / à Pau, / chez Jérôme Dupoux / imprimeur et libraire.* / MDCC. / — In-12. XII-400 pages (1).

En 1702. — *Catéchisme / ou abrégé de la foy / et des vérités chrétiennes / avec les prières du matin et du soir, etc. / Publié par l'ordre de Monseigneur l'illustrissime et révérendissime / Louis Gaston Fleuriau, / évêque et seigneur d'Aire, / pour être seul enseigné dans tout son diocèse. / 2ᵉ édition, corrigée et augmentée. / A Pau; chez Jérôme Dupoux, imprimeur / de Monseigneur l'évêque d'Aire.* / MDCCII. — Petit in-8° de 112 pages (2).

En 1702, 1703 et 1704. — *Ordo / divini officii / recitandi / in ecclesia et diocesi / Lascariensi / juxta ritum Breviarii et missalis Romani. / Illustrissimi et Reverendissimi D D. Dominici / d'Esclaux de Mesplez Episcopi Lascarien- / sis regi à Sanctioribus consiliis et Jussu editus. / Pali / apud Hieronymum Dupoux, typographum / D. Episcopi Lascariensis.* / — In-12° (3).

En 1706. — *Catechima Oloroeco diocesaren cerbuchuco*, in-8°. — Traduction du français par M. Jacques de Maytie, chanoine d'Oloron, imprimée à Pau en 1706 par Jérôme Dupoux (4).

De 1704 à 1708, Les classiques latins suivants à l'usage du collège des Jésuites :

1704. *M. Tullii Ciceronis epistolarum ad familiares Liber* II in-8° de 56 pages.

1705. id. *Lib.* XIII, in-8° de 32 pages.

---

(1) Communication de M. Lochard à Pau. L'auteur est le Père François Pomey.
(2) Bibl. de Bordeaux.
(3) Arch. B.-Pyr., G. 270.
(4) Indication donnée par M. Francisque Michel dans : *Le Pays Basque*, p. 496.

1706. id. *Lib.* IV, in-8° de 31 pages.

1706. id. *Lib.* IX, *ad Varronem, Dolabellam et Palum*, in-8° de 32 pages.

1706. id. *Lib.* XIV, *ad Terentiam uxorem et liberos*, in-8° de 31 pages.

1706. id. *Lib.* XVII, *ad Tironem*, in-8° de 31 pages.

1706. *Quinti Horatii Flacci odarum Liber primus et secundus*, in-8° de 88 pages.

1707. *Publii Virgilii Maronis Œneidos Lib.* V, in-8° de 46 pages.

1707. *Tullii Ciceronis epistolarum Lib.* V, *ad Metellum et alios*, in-8° de 31 pages.

1707. id. *Lib.* VII, *ad Marium et cæteros*, in-8° de 32 pages.

1707. id. *Lib.* VIII, *Epistolæ Cæli ad Ciceronem*, in-8° de 39 pages.

1707. id. *Lib.* XI, *ad Brutum*, in-8° de 39 pages.

1708. id. *Lib.* X, *ad C. Plancum et alios*, in-8° de 40 pages (1).

En 1712. — *Recueil / des / anciennes / et / nouvelles / ordonnances / du diocèse d'Oleron. / Imprimé par ordre de monseigneur l'illustrissime et révérendissime Joseph / de Révol, Evêque d'Oleron. / A Pau, / chez Jérôme Dupoux, imprimeur de / monseigneur l'Evêque d'Oleron. / 1712. /* — Petit in-8° de 256 pages (2).

En 1712. — *Réponse / d'un / ecclésiastique de... à la / lettre / d'un / ecclésiastique / du diocèse d'Oloron, / sur certaines clauses apposées aux contrats que passent / quelques religieuses de ce diocèse, à la prise / d'habit de leurs novices (A... le 13 avril 1712). / Pau, / chez Jérôme Dupoux imprimeur et libraire. / Par Permission. /* — In-12° de 22 pages (3).

En 1720. — *Ordonnance / et / instruction / pastorale / réimprimée*

---

(1) Bibl. de Pau. Tous ces ouvrages sont imprimés en italiques.
(2) Bibl. de Bayonne.
(3) Bibl. de Pau.

par ordre / de monseigneur l'Evêque de Lescar / sur le catéchisme et l'explication / que les curez en / doivent faire au prône. / A Pau, / chez Jérôme Dupoux, imprimeur et libraire / de monseigneur l'Evêque de Lescar. / avec permission. / MDCCXX. / — Petit in-8° de 91 pages (1).

En 1721. — *Prières / et / cantiques / spirituels / à l'usage des missions des Pères / de la compagnie de Jésus. / A Pau, / chez Jérôme Dupoux, impri- / meur et marchand libraire /* MDCCXXI. / — In-4° de 72 pages (2).

En 1722. — *Los fors / et costumas / deu royaume de Navarre, deça Ports, / avec l'estil et l'aranzel / deudit Royaume. / A Pau, / par Jérôme Dupoux, imprimeur / et libraire. /* 1722. / — In-8° de I. VIII 252 pages (3) ; et pour l'impression duquel il reçut des Etats trois cents livres (4).

En 1723. — *Lôs / fors et / costumas / de / Béarn. / A Pau. / Per Jérôme Dupoux, imprimeur et liberaire. /* MDCCXXIII. (5) /. — In-8° carré de 114 pages, en tête duquel se trouvent transcrites les lettres patentes accordées à Saride le 22 février 1620 et l'arrêt du Parlement du 11 février 1622 qui restreint cette autorisation aux *fors et coutumes*, et se réserve de statuer plus tard sur *le stil* et *les ordonnances*.

La même année, — *Stil / de la Justicy / deu Pays de Béarn / publicat en mil cinq cens sixante / quoate, regente Johanne Regine, daune souvirane de Béarn. / Ensem las ordonnances feytes / per Henry Second / Rey de Navarre, seignour souviran / de Béarn / sus la*

---

(1) Bibl. de Bordeaux.
(2) Bibl. de Pau.
(3) Bibl. de Pau.
(4) Arch. B.-Pyr. C. 1534 f° 388.
(5) Bibl. du Château de Pau.

Direction de la Justicy. / A Pau. / Per Jérôme Dupoux, imprimeur et libraire. / MDCCXXIII (1).

En 1699, il avait entrepris la publication d'un recueil de jurisprudence dont le titre est ainsi conçu : *Suite / du / Recueil / général des Edits / déclarations / arrêts, ordonnances / et règlemens / qui ont esté donnez sur / diverses occurrences concernant la justice ; depuis l'année* 1689, *jusques à présent. / A Pau, / chez Jérôme Dupoux, imprimeur et libraire, /* MDCXCIX. / Il la continua jusqu'en 1712 et la collection forme 4 volumes in-4° (2).

Comme imprimeur des Etats, il fut en 1716 chargé d'imprimer cinq cents exemplaires du *Mémoire présenté à Sa Majesté au sujet du franc-fief.* Deux des exemplaires destinés à S. M. et à monseigneur le Régent furent dorés sur tranche, et cinquante reliés en papier marbre. Il toucha le montant de la facture, réduite à 311 livres, le 15 janvier 1717 (3).

Quelques années avant 1709, il avait acquis la maison de Livron, sise Grande Rue (4). C'est ce que nous révèle une délibération du 27 avril de cette année, dans laquelle fut agitée l'ouverture d'une rue destinée à relier la place Royale et la rue des Cordeliers, et de laquelle il résulte que la commission chargée des études avait dans cet objet jeté ses vues sur l'emplacement de cette maison, qui était marquée sur le plan pour être abattue, mais, y

---

(1) Bibl. de M. Loustalot, avocat à Oloron. C'est l'exemplaire de Rouyer en 1663 qui a servi pour l'impression de cet ouvrage.

(2) Bibl. de Pau. — Ce recueil fait suite au *Recueil général des Edits, déclarations, arrêts etc. de 1684 jusqu'à présent*, édité à Bordeaux en 1690 et qui se compose d'un vol. in-4°.

(3) Arch. B.-Pyr. C. 1418.

(4) Elle forme aujourd'hui le coin de la rue Préfecture et de la rue St-Louis et porte le n° 18. — Par adjudication du 22 février 1762, homologuée par arrêt du Parlement du 16 mars suivant, elle fut vendue par les héritiers Dupoux à madame de Haran, veuve d'Abadie. — Arch. B.-Pyr. B. 4915.

est-il dit, « l'acquisition faite, il y a quelques années, par Dupoux, « marchand libraire, et les réparations qui ont été effectuées, « rendent aujourd'hui difficile la réalisation de ce projet » (1).

Il possédait, en outre, une maison au faubourg de dessus la fontaine, « pour l'agrément de laquelle », il achetait le 21 septembre 1718 (2) et 26 juillet 1719 (3), sept cannes de terre et un jardin (4).

Le 5 juillet 1716 (5), il avait été admis sur la liste des voisins de Pau et avait fondé sa requête sur ce qu'il était retiré dans cette ville depuis *vingt huit ans* ou environ (6).

Il mourut le 6 octobre 1730, à l'âge de 70 ans (7).

Il était né à Toulouse, où il avait épousé Eléonore de La Treille, dont il eut six enfants :

1° *Jean*, qui devait lui succéder comme imprimeur.

2° *Bernard*, dont nous n'avons trouvé d'autre indication que dans l'acte de baptême de sa sœur Marie Anne, à laquelle il servit de parrain (8).

---

(1) Arch. Com. de Pau DD. 14 f° 28. — La rue fut cependant ouverte ; elle porte aujourd'hui son nom primitif, celui de la rue *St-Louis*, après avoir été dénommée, pendant la période révolutionnaire, de rue des *quatre coins* et rue de l'*Egalité*. Elle fut établie sur l'emplacement de la maison de Lenfant qui était contiguë à celle de Dupoux, mais pour lui donner une largeur de 32 pieds on fit abattre une toise de la muraille du jardin de celui-ci. (Arch. Com. de Pau DD. 14 f° 32. Délibération du 13 octobre 1710).

(2) Arch. B*-Pyr. E. 2084 f° 173.

(3) Arch. B.-Pyr. E. 2085 f° 9. La venderesse dans cet acte était Marie Fenouillet veuve de Jean Thieux dont il est parlé P. 116 note 2.

(4) Cet immeuble porte aujourd'hui le n° 6 de la rue Bernadotte.

(5) Arch. com. de Pau BB. 9 f° 4.

(6) Il en résulterait qu'il arriva à Pau en 1684 et ce fut dès lors cinq ans après qu'en 1689 il sollicitait la création à son profit d'une imprimerie.

(7) Arch. Com. de Pau GG. 23 f° 6.

(8) Ces deux enfants durent naître à Toulouse.

3º *Elie*, baptisé à Pau, le 15 octobre 1691 (1).

4º *Ignace*, baptisé le 14 novembre 1692 (2).

5º *Joseph Jérôme*, baptisé le «« novembre 1694 (3).

6º *Marie Anne*, baptisée le 20 août 1695 (4), qui se maria avec Jean Mourot, dont elle eut plusieurs enfants, au nombre desquels figure Jean François Mourot, né à Pau le 1ᵉʳ avril 1740, qui, tour à tour avocat au parlement de Navarre, professeur de droit français à l'université de Pau, député aux Etats de la Province et aux Etats Généraux du Royaume, membre du conseil général, mourut le 8 avril 1813, doyen et bâtonnier des avocats de la Cour de Pau, après s'être montré avec une égale distinction dans les travaux de tout genre qui remplirent sa longue carrière (5).

II.

Quatre ans avant sa mort, Jérôme Dupoux avait associé à ses travaux son fils aîné *Jean*, car, ils éditaient ensemble :

En 1726 : *Oraison funèbre / de très haut / et très puissant seigneur/ Antoine, / duc de Gramont, / pair et maréchal de France, / colonel des gardes françoises / et gouverneur de Navarre et Béarn. / Prononcée dans l'église des P. P. Cordeliers le 25 may 1726, / en présence des Etats généraux de Béarn, assemblez / dans la ville de Pau./ Par le Père Desplasses de la Compagnie de Jésus. / A Pau, chez Jérô-*

---

(1) Arch. Com. de Pau GG. 7 fº 261.
(2) Arch. Com. de Pau GG. 10 fº 36.
(3) Arch. Com. de Pau GG. 11 fº 10.
(4) Arch. Com. de Pau GG. 11 fº 56.
(5) *Mourot, Etude Biographique*, par Emile Garet. Pau, Veronese. 1859. — *Documents sur le département des Basses-Pyrénées*. Pau Vignancour. 1850. p. 430. — *Pau et les Basses-Pyrénées pendant la révolution* par F. Rivarès. Pau, Veronese. 1875.

— 169 —

me et Jean Dupoux, imprimeurs et marchands libraires. / MDCCXXVI. / — In-4° de 31 pages (1).

En 1727 : *La Grammaire / de Despautère / abrégée / et corrigée / pour la commodité de la jeunesse, qui veut apprendre / la langue latine. / Par un père de la Compagnie de Jésus. / A Pau / chez Jérôme et Jean Dupoux / imprimeurs et libraires.* / MDCCXXVII. / — In-12 de 394 pages (2).

En 1728 : *Supplementa / ad Brevarium / romanum, seu / offica sanctorum / quorumdam recentium, in Brevario / romano apponenda. / Jussu Illustris. et reverendiss. Dom./Dom. / Martini de la Cassaigne, Episcopi lascariensis, edita / Pali, / Typis Hieronymi et Joannis / Dupoux, typographorum Episcopi Lascariensis.* — In-12 de II-252 pages (3).

A son décès, Jean devint donc son successeur en titre et, dès 1730, il imprimait : *Pomarium / latinitatis / seu / Phrases synonymæ, / a Manutii / in novum ordinem / utiliorem que formam descriptæ. / Auctore uno e Societate Jesu. / Editio septima./Pali, / Typis Joannis Dupoux, typographi et bibliopolæ* / MDCCXXX. / In-8° de 342 pages avec 17 pages de table non chiffrées (4) ; qu'il fit suivre en 1731 de : *M. Tullii Ciceronis epistolarum Liber* XVI, *pars secunda, ad Tironem.* — In-8° de 24 pages (5).

En 1733 de : *Les / Principes / de la / grammaire ou / rudiments / nouveaux / par le R. P. Jean Gaudin, de la Compagnie de Jésus, / quatrième édition.* — In-12 de 216 pages. (6).

En 1734 de : *Elementa rhetoricæ selectis ex antiquis auctoribus*

---

(1) Bibl. de Pau.
(2) Bibl. de Pau.
(3) Bibl. du Château de Pau.
(4) Bibl. de Pau.
(5) Bibl. de Pau.
(6) Bibl. de Pau.

exemplis illustrata, juxta exemplar Lugduni. — In-12 de 144 pages (1).

En 1740, il éditait en qualité d'imprimeur de l'évêque d'Oloron : *Le Règlement / pour les petites / écoles / du diocèse d'Oleron, / imprimé par l'ordre de Monseigneur l'Illustrissime et Révérendissime Messire / Jean François de / Montillet, évêque d'Oloron.* / — Petit in-8° de 24 pages (2).

En 1742, il faisait paraître avec « permission et privilège de Monseigneur l'évêque de Lescar » dont il se qualifiait l'imprimeur : *Le Catéchisme ou abrégé de la foy et des vertus chrétiennes, réimprimé par l'ordre de Monseigneur l'illustrissime et révérendissime Harduin de Chalon, évêque de Lescar* (3), *pour être seul enseigné dans son diocèse.* — In-16 de 118 pages (4).

En 1751 : *Jubilé / universel / pour / l'année sainte ; / avec les prières / pour les stations. / Imprimé par ordre de monseigneur l'il- / lustrissime et révérendissime Hardouin de Chalon, Evêque / de Lescar.* — Petit in-8° de 78 pages à nous appartenant.

A partir de cette époque, nous ne connaissons aucun ouvrage qui soit sorti de ses presses, mais il exerçait encore en 1759, car le rapport de M. d'Etigny, à la date du 26 mars de cette année, s'exprime sur son compte en ces termes :

« Il y a un troisième imprimeur à Pau, nommé Dupoux, mais
« il n'est point pourvu de lettres-patentes, et *il ne travaille pres-*
« *que plus, étant d'ailleurs fort à l'aise* ».

---

(1) Bibl. de M. Forestié à Montauban.
(2) Bibl. de Bayonne. — Monseigneur Jean-François de Montillet fut évêque d'Oloron de 1735 à 1742.
(3) Evêque de ce diocèse du 5 février 1730 au 28 février 1762.
(4) Communication de M. Lochard à Pau. — M. Raimond Dufau possède un exemplaire de ce catéchisme sans nom d'imprimeur ; il porte la date de 1760 *et se vend chez Gardelle oncle.*

Aussi concluait-il à la suppression de son établissement.

Il mourut le 23 juillet 1759, à l'âge de 74 ans, et son acte de décès, qui le qualifie de bourgeois (1), imprimeur et ancien jurat de la ville, constate que son corps fut déposé le 24 dans l'Eglise des R. R. P. P. Cordeliers (2).

Un sieur Mourot, très probablement son neveu Pierre, fils de Marie-Anne Dupoux et de Jean Mourot, qui était né le 8 juillet 1721 (3), avait, porte un arrêt du Conseil du 24 novembre 1760, demandé à lui succéder ; mais le procès-verbal dressé en exécution de cet arrêt, par les jurats exerçant la police de Pau, chargés d'examiner les titres et capacités des candidats, « lequel pro-« cès-verbal est daté au commencement du 13 décembre 1760 et « à la fin du 27 mars suivant (4) » constate que *le sieur Mourot s'est désisté de ses prétentions*, et que son concurrent, Jean Pascal Vignancour, remplit les conditions voulues pour exercer la qualité d'imprimeur.

Jean Pascal Vignancour fut, en conséquence, appelé à succéder à Jean Dupoux par arrêt du Conseil du 10 janvier 1766 dont le préambule retrace les faits qui précèdent (5).

La famille Dupoux avait adopté la marque typographique suivante qui est reproduite sur la plupart des ouvrages qu'elle a édités, notamment sur les *Privilèges d'Aspe* de 1694 :

---

(1) Le 25 novembre 1736, il avait été inscrit sur le catalogue des Voisins en produisant la délibération du 23 juin 1717 par laquelle son père avait été reçu en cette qualité.
(2) Arch. Com. de Pau GG. 96 f° 9. — L'Eglise des Cordeliers occupait l'emplacement de l'Eglise St-Jacques actuelle.
(3) Arch. Com. de Pau GG. 12 f° 93.
(4) Ce procès-verbal n'existe pas aux archives communales de Pau.
(5) Voir chap. suivant.

On serait tenté de croire à première vue, que, dans son enthousiasme pour l'art qu'il exerçait, Jérôme Dupoux, en prenant cette marque, avait voulu affirmer que l'imprimerie seule par les livres qu'elle produisait pouvait faire *sortir la vérité du puits* où, dans son apologue, Démocrite (1) l'avait blottie. L'attitude des enfants qui servent de supports, et dont l'un montre un livre et l'autre l'orifice du puits, confirmerait cette interprétation.

Mais, quelque fondée qu'elle puisse paraître, nous pensons que, dans l'esprit de Dupoux, cette pensée n'était pas la sienne, et qu'à ses yeux la marque en question constituait en sa faveur un jeu de mots auxquel son nom se prêtait en le traduisant en Béarnais.

Dans cet idiome, en effet, *Puits* se traduit par *Putz* ; or, l'*u* sonnant jadis *ou* en Béarnais, comme en latin (2) ; il s'en suit que la légende *E. Puteo veritas* pouvait aussi signifier *du Poutz la vérité*, prononciation qui rappelait à l'oreille le nom même de l'imprimeur.

(1) La paternité de cette apologue est quelques fois attribuée faussement au fabuliste Florian. (L'*Esprit des autres* par Fournier ; Paris, Dentu 1859, p. 82).

(2) *Grammaire Béarnaise* par V. Lespy, 2ᵉ édition, Paris Maisonneuve éditeur, 1881, p. 31.

Le seul reproche que l'on pourrait faire à cette marque, c'est que le *puits* n'est pas nettement indiqué. Cette défectuosité cependant n'existe pas dans une marque de dimension plus petite que l'on retrouve sur certains ouvrages, mais dans laquelle la légende n'est pas reproduite. A titre de comparaison, nous la donnons ci-dessous :

CHAPITRE IV

LA FAMILLE VIGNANCOUR

I. Jean Pascal Vignancour 1763-1807. — II. Jean Antoine Sylvestre Vignancour 1807-1827. — III. Jean Pascal François Emile Vignancour 1827-1873. — IV. Veuve Vignancour et Lalheugue 1873 a ce jour.

I

A la mort de Jean Dupoux, survenue le 23 juillet 1759, Jean Pascal Vignancour, originaire de Toulouse, fils de Jean Antoine, marchand de cette ville, et de Jeanne Dalles, se porta candidat à sa succession.

Agréé par les jurats de Pau, ainsi que l'établit le procès-verbal du 13 décembre 1760 (1), il n'attendit pas l'autorisation royale pour prendre la direction de l'imprimerie de son prédécesseur.

Si nous nous en rapportons, en effet, à l'appendice bibliographique, dont M. le Dr J. B. Noulet a fait suivre son *Essai sur l'histoire littéraire des Patois du midi de la France au XVIIIe siècle* (2), il imprimait en 1763 la *Noubelle pastourale bearneze* (3).

(1) Voir chapitre précédent.
(2) Paris. Maisonneuve et Cie, Editeurs. MDCCCLXXVII. page 206.
(3) Une seconde édition fut imprimée par Daumon en 1788. De nos jours, la *Nouvelle Pastourale Bearneze* a été réimprimée en 1881 par les soins de M. Léon Ribaut, libraire à Pau.

Ce fut sans doute à la même date qu'il éditait le : *Compte / rendu / de l'institut / des ci-devant / soi-disans Jésuites, / des titres de leur établissement / à Pau, / et de l'édit du mois de mars 1762 ; / par Messieurs de Belloc et de Mosqueros / le fils, / conseillers au parlement, commissaires à / ce députés, à la suite duquel se trouvent / les notes d'après lesquelles les vérifica- / tions ont été faites par le Parlement toutes / chambres assemblées. / A Pau, / de l'Imprimerie de J. P. Vignancour, / près des Cordeliers, rue Neuve.* / Ce volume in-12 de 253 pages ne porte pas de date, mais, en raison de l'importance des documents qu'il contient, nous pensons que son apparition dut suivre sans délai l'arrêt rendu par le Parlement de Pau le 28 avril 1763 qui déclarait les Jésuites exclus du collège de Pau et de toute l'étendue du ressort de la Cour, et dont le texte, inséré à la suite des notes, ne comprend pas moins de 17 pages (1).

En 1764, le rapport fait à M. de Sartines contient à son sujet les énonciations suivantes :

« Le troisième imprimeur est le sieur Vignancour, natif de
« Toulouse, âgé de 34 ans (2). Il a pris à Pau l'imprimerie de feu
« sieur Dupoux, et a déclaré avoir présenté une requête au Con-
« seil avec les pièces nécessaires pour pouvoir exercer l'impri-
« merie.

« Il a *trois* compagnons et *trois* presses et est assorti de sept
« caractères : petit texte, petit romain, cicéro, s^t-augustin, gros
« romain, parangon et petit canon.

« Il imprime pour M. l'Evêque de Lescar, pour le collège des

---

(1) Bibl. de Pau. — Il existe dans cette bibliothèque une autre édition de cet ouvrage sortie comme la précédente de l'imprimerie J. P. Vignancour. Elle ne porte pas non plus de date, et le texte comprend 111 pages en ce non compris les *notes* qui ont 80 pages.

(2) Il serait dès lors né en 1730 ; mais il mourut en 1807, âgé de 80 ans, ce qui reporterait la date de sa naissance à 1727.

« Barnabites, pour le Parlement et pour l'Intendance les impres-
« sions qui se font à Pau.

« Il jouit d'une bonne réputation ».

Le 26 septembre 1765, il se qualifiait d'*imprimeur libraire* à Pau, à l'occasion du mariage qu'il contractait, dans l'Eglise succursale Notre-Dame, avec D[lle] Thérèze Tonon, fille mineure de feu Jean Tonon, greffier principal au Parlement, et de D[lle] Jeanne Diturbisquy (1).

Sa position ne fut cependant régularisée que par l'arrêt réglementaire du 10 janvier 1766 qui, dans son article 3 (2), « lui per-
« mettait de *continuer* à imprimer dans la dite ville de Pau, en
« prêtant le serment accoutumé devant les jurats exerçant la
« police en ladite ville ».

Il prêta ce serment le 7 février suivant (3) et devint dès lors légalement un concurrent sérieux pour son collègue Desbarats.

Le 1er mai 1766, il imprimait « L'*oraison funèbre de très haut,*
« *très puissant et très excellent Prince monseigneur Louis, Dauphin,*
« *prononcée dans l'Eglise paroissiale de Notre Dame de Pau, par*
« *M. Poeydavan, prêtre curé de Cosledaà, au diocèse de Lescar* (4) », et, le 26 du même mois, il touchait des Etats « la
« somme de 72 livres pour l'impression de deux lettres-circulai-
« res écrites par M. de Sallenave, subdélégué général, à MM. les
« Jurats des Communautés de la Province, concernant l'entretien
« des tâches sur les grandes routes (5) ».

En 1767, il rééditait *La / Pastourale / deu Paysaà / qui cèrque Mestièè à son hil, chéns / në trouba à son grat. / Pesse divèrtissente*

(1) Arch. Com. de Pau GG. 113 f° 22.
(2) Arch. Com. de Pau. *Livre Rouge* AA. 1er p. 268.
(3) Arch. Com. de Pau FF. 26 f° 124.
(4) Bibl. de M. l'abbé Châteauneuf, curé d'Oloron.
(5) Arch. B.-Pyr. C. 1481.

et connégude én Béarn, / ainsi què d'autës oubratgës déü médich / authou, / en quoato actes. / Pér moussü Fondeville de Lescar. / A Pau, / de l'imprimerie de J. P. Vignancour, / imprimur-libéraïre déü Réy, vis-à-vis la / Plante. 1767. / Se bénd, chez J. B. Bergé, à Lescar (1). / in-8º de 46 pages, qui est précédé d'une permission de Monsieur de Cassaigne, maire de la ville de Pau, ainsi conçue : « Permis d'imprimer, à Pau le 23 mai 1763, Cassaigne maire » ; permission qui, en raison de sa date, nous paraît devoir se rapporter à l'édition de la *Noubelle Pastourale Bearneze* que Vignancour imprimait en 1763, plutôt qu'à la *Pastourale deu Paysaà*.

En 1768, sa situation fut menacée, ainsi que nous l'avons expliqué dans l'introduction (2) et M. de Sallenave, subdélégué de l'intendant, fut appelé à fournir de nouveaux renseignements sur son compte.

Voici en quels termes il s'exprimait :

« Vignancour exerce en vertu d'un arrêt du Conseil du 10 jan-
« vier 1766, il imprime pour l'Intendance, le Parlement, les
« Etats et l'Evêché ; il ne fait point le commerce des livres.
« Sa réputation est bonne. Il a perdu sa femme depuis peu (3),
« a un enfant et deux sœurs. Son imprimerie est à conserver ».

Ces indications, M. de Sallenave les avait demandées à Vignancour lui-même, car il existe à l'appui de son rapport un mémoire signé de celui-ci qui les contient en substance, sous la réserve cependant de ce qui a trait à la réputation, point sur lequel Vi-

---

(1) Bibl. de Bordeaux. Ce titre est en tout semblable à celui de l'édition de cet ouvrage imprimée en 1763 par Isaac Charles Desbarats (voir p. 111).

(2) Page 18.

(3) Thérèze Tonon, épouse Jean Pascal Vignancour, imprimeur du Roi, était décédée à l'âge de 25 ans le 7 mai 1767. Son corps fut inhumé dans l'église des RR. PP. Cordeliers. (Arch. Com. de Pau, GG. 120 fº 16.

gnancour se bornait à dire : « Pour ce qui est de sa vie et mœurs,
« il n'en dit rien, vu qu'il a l'honneur d'être connu de M. de Sal-
« lenave, et il espère qu'il lui rendra justice à cet égard » (1).

Le 17 novembre 1768 il obtenait un privilège spécial pour éditer le *Calendrier / de / Pau / pour l'année de grâce / 1769 / présenté à M. le marquis de Lacaze / premier président au Parlement / à Pau,* / publication qu'il continua jusques et y compris l'année 1789 (2).

C'était pour lui l'occasion d'annoncer au public les ouvrages qui sortaient de ses presses, et, à ce titre, nous relevons dans celui de 1780 l'avis suivant qui est pour ainsi dire une bibliographe locale de cette époque :

« Les personnes, qui prennent quelqu'intérêt à ce calendrier,
« sont priées d'envoyer à l'imprimeur leurs observations avant
« le mois d'octobre prochain.

« L'on trouvera chez le même imprimeur un livre intulé :
« *Exercice de dévotion à l'usage des demoiselles pensionnaires de No-*
« *tre Dame de Pau* ; et une brochure intitulée : *Mémoire instructif*
« *sur la culture des pommes de terre.* Ouvrage très propre aux
« propriétaires des biens et cultivateurs.

« On trouve également chez le même, les *Edits, déclarations*
« *et lettres patentes du Roi* enregistrées au Parlement ; ainsi que
« les *Arrêts du Parlement.*

« *La vie de Madame de Bordes, religieuse au couvent de Notre*
« *Dame de Pau*, petit in-8°.

« *Nouv. Instit. du droit français.*

« *Questions sur les dots, pour les étudiants en droit.*

« *Questions sur le traité des successions.*

(1) Arch. B.-Pyr. C. 636.
(2) La collection complète de ces calendriers fait partie de la bibliothèque de M. Adrien Planté, d'Orthez.

« *Questions sur le traité des Légitimes* » (1).

Son établissement fut d'abord situé au haut de la côte de la Fontaine, chez M. Souton receveur des consignations, où, indépendamment de nombreux arrêts du Parlement et mémoires judiciaires et des ouvrages que nous avons signalés plus haut, il imprima :

En 1773 : *Nouvelle méthode de défricher les landes et vieilles prairies, plus prompte et moins coûteuses que toutes celles qu'on a pratiquées jusqu'à ce jour, dont l'expérience a été faite à Pau le 1er avril 1773, à l'usage du Béarn, Navarre, Soule, Bigorre, Guyenne, Comminges et Pays circonvoisins : méthode très utile pour fertiliser les terres usées, ainsi que pour les Pays où l'on fait le travail des terres à la bêche, en ce que par elle on l'exécute beaucoup mieux et à moitié moins de frais. Ouvrage nécessaire à tout possesseur de fonds. Par MM. d'Alband, l'un secrétaire perpétuel de la société royale d'agriculture au bureau de St-Gaudens, et l'autre adjoint au secrétariat de la même société.* — Petit in-8° de 55 pages revêtu de l'autorisation d'imprimer, donnée à Pau, le 20 octobre 1773, par M. Péborde de Pardies, maire.

En 1776 : *L'Eloge historique de Henri IV, roi de France et de Navarre, par le baron de Navailles Poeyferré.* — Petit in-8° de 86 p. (2).

Mais à partir de 1779, il s'installa dans la maison du sieur Labat-Serresèque qu'il venait d'acheter (3), et il eut soin d'en avertir le public par un second avis qu'il inséra en ces termes dans le Calendrier de 1780 :

(1) Ces trois derniers ouvrages sont l'œuvre de François Mourot ; ils furent édités le premier en 1775 et les deux autres en 1779, par J. P. Vignancour. *Mourot, Etude Biographique*, par Garet. Pau, Veronese, 1859.
(2) Bib. du Château de Pau — Daumon donna en 1780 une seconde édition de cet ouvrage.
(3) Cette maison est située au n° 1 de la rue St-Jacques actuelle.

— 181 —

« Le sieur Vignancour prévient les personnes qui auront besoin
« de faire imprimer ou acheter des Edits, déclarations, arrêts du
« Parlement et des livres classiques à l'usage du Collége Royal
« de Pau, d'aller ou d'envoyer près des RR. PP. Cordeliers dans
« *sa maison*, anciennement du sieur Labat-Serresèque, procu-
« cureur au Parlement. »

C'est là que lui et ses successeurs exercèrent désormais leur industrie et il y imprima notamment en 1781 : « *Règlements et statuts pour les confrères de Notre Dame des agonisants pénitens gris, établis dans le couvent de la régulière observance de St-François de la ville de Pau*. — In-12 de 128 p. (1).

En 1785 : *Essai / sur / la noblesse / des Basques, / pour servir d'introduction à l'histoire / générale de ces peuples. / Rédigé sur les Mémoires d'un Militaire Basque, / par un ami de la Nation.*/—In-8° de 254 p. (2).

En 1786 : *Les Questions sur les biens paraphernaux, l'augment ou gain de survie et les institutions contractuelles,* traités rédigés par M. Mourot (3).

En 1787 : *Cours d'études du Collège d'Oloron. — Littérature n° 6. — Humanités* —In-12 de VII-126 pages (4).

— *Sujets des conférences ecclésiastiques du diocèse d'Oloron pour l'année 1787. Sur les Censures et les irrégularités.* — in-8° de 14 pages (5).

Sur chacun de ces ouvrages, il prenait le titre d'*Imprimeur du*

(1) Bibl. de Pau.
(2) Bibl. de Pau. — Le militaire basque était le chevalier de Béla et l'ami de la Nation dom Sanadon. (*La Société Béarnaise au XVIIIe Siècle*. Pau, Léon Ribaut, 1876, page 22).
(3) Garet. *Etude Biographique sur Mourot*, p. 21.
(4) Bibl. de Pau.
(5) Communication de M. Lochard, à Pau.

Roi et du Parlement ; mais il fut accusé par Daumon (1) d'empiéter à ce point de vue sur ses priviléges, et un arrêt du 19 janvier 1788, dont la teneur suit, lui défendit de prendre cette qualité :

« Vu par le Roi, étant en son Conseil, la requête présentée en
« icelui par le sieur Pierre Daumon, imprimeur de S. M. à Pau,
« ladite requête tendante à ce que pour les causes y contenues il
« plut à S. M. ordonner que les arrêts et règlements relatifs à
« l'état d'imprimeur du Roi, ensemble les provisions dudit état
« et charge d'imprimeur libraire ordinaire de S. M. en la ville de
« Pau, accordées audit sieur Daumon, le 18 septembre 1779,
« seraient exécutées suivant leur forme et teneur, *ce faisant faire*
« *défense au sieur Vignancour, imprimeur à Pau, de prendre à l'ave-*
« *nir la qualité d'imprimeur du Roi, du Parlement, des Etats et de*
« *la ville de Pau, comme aussi d'imprimer, vendre ni débiter à*
« *l'avenir les ordres de S. M., les édits, déclarations, arrêts, règle-*
« *ments, ordres, lettres patentes et autres causes concernant le*
« *service de S. M., les arrêts du Conseil, des cours de Parlement et*
« *Chambre des Comptes, résolutions de l'Hôtel de Ville, délibérations*
« *et arrêtés des Etats, etc.,* pour ledit Vignancour avoir pris ladite
« qualité d'imprimeur de S. M., condamner ledit Vignancour en
« telle amende qu'il plaira à S. M. et en 10,000 livres de dom-
« mages-intérêts ; vu les dires et réquisitions faits par ledit
« sieur Vignancour en présence du sieur Perrin, subdélégué du
« sieur Intendant d'Auch et de Pau, et vu pareillement l'avis dudit
« sieur Intendant ;

« Ouï le rapport, le Roi étant en son Conseil, ayant aucune-
« ment égard à la requête dudit sieur Daumon, a ordonné et
« ordonne que les arrêts et règlements concernant l'état et
« charge d'imprimeur de S. M., ensemble les provisions dudit

(1) Voir chapitre suivant.

« état et charge d'imprimeur libraire ordinaire de S. M. en la
« ville de Pau, accordées au sieur Daumon le 18 septembre 1779,
« seront exécutées suivant leur forme et teneur. En conséquence,
« fait S. M. défenses audit sieur Vignancour de prendre à l'avenir
« la qualité d'imprimeur de S. M. comme aussi d'imprimer (le
« reste comme à la requête), sous telle peine qu'il appartiendra.

« Fait au Conseil d'Etat du Roi, S. M. y étant, tenu à Versailles
« le 19 janvier 1788.

« Signé, le baron de Breteuil » (1).

Cet arrêt ne fut notifié à Vignancour que le 8 mars suivant, et ce fut sans doute antérieurement qu'il imprima le : *Supplément / aux / Gasconismes / corrigés / de feu M. Desgrouais, / professeur au collège royal de Toulouse. / Destiné principalement pour les mai- / sons d'éducation d'Oléron et de / Sainte-Marie* (2), car cet ouvrage porte en sous-titre : *A Pau, / de l'Imprimerie de J. P. Vignancour, /* IMPRIMEUR DU ROI ET DU PARLEMENT. / *Et se vend à Oloron, chez François Ducos, libraire, / près le Pont. /* MDCCLXXXVIII. /

Mais il s'inclina dans la suite devant cette décision royale, ainsi que l'établit la simple mention : *Pau ven J. P. Vignancour,* MDCCLXXXVIII dont il faisait suivre le titre ci-après d'un catéchisme qu'il éditait en basque : *Catechisma oloroeco diocesaren cerbutchuco Joseph de Revol, hanco aphezcupiaz eguina, emendatia eta berriz imprimatia François de Revol, Oloroeco appezcupiaren manuz.* — In-12 de VIII-94 p. (3).

S'il se mettait de cette façon en règle vis-à-vis de son collègue Daumon, il n'en était pas de même dans ses rapports avec l'auto-

---

(1) Bibl. de Pau.
(2) In-8° de VIII-60 p. qui nous appartient.
(3) Indication donnée par M. Francisque Michel dans *le Pays Basque*, p. 494.

rité, car un arrêt du Conseil du Roi, en date du 5 avril 1788, l'interdisait de ses fonctions en ces termes :

« Le Roi étant informé en son Conseil, que le sieur Vignancour,
« imprimeur à Pau, fait un usage répréhensible de ses presses,
« en imprimant divers écrits en contravention des Règlemens ;
« Sa Majesté a jugé devoir réprimer un abus aussi condamnable.
« A quoi voulant pourvoir, le Roi étant en son Conseil, de l'avis
« de Monsieur le Garde des Sceaux, a ordonné et ordonne, que
« les Règlemens concernant l'imprimerie seront observés, et que
« le sieur Vignancour, imprimeur à Pau, sera et demeurera inter-
« dit des fonctions de son état ; en conséquence, que les presses
« de son imprimerie seront démontées et les vis d'icelles déposées
« au greffe de l'Intendance de Pau. Fait très expresses inhibitions
« et défenses au sieur Vignancour de continuer directement ni
« indirectement le commerce de la librairie pendant la durée de
« son interdiction, à peine de destitution. Enjoint au sieur de
« Boucheporn, intendant et commissaire départi en la généralité
« du Béarn, de tenir la main à l'exécution du présent arrêt qui
« sera imprimé, lu, publié et affiché partout où besoin sera, et
« transcrit sur les Registres de toutes les chambres syndicales du
« Royaume. Fait au Conseil d'Etat du Roi, Sa Majesté y étant,
« tenu à Versailles le 5 avril 1788. Signé le Baron de Bre-
« teuil » (1).

Cette interdiction devait avoir pour motif le concours que prêtait Vignancour à la résistance des Béarnais aux mesures financières proposées par Loménie de Brienne ; aussi, bien que l'Intendant ait commis M. Perrin, subdélégué à Pau, pour exécuter cet arrêt, le retour aux affaires de Necker (août 1788) apaisa l'orage et Vignancour rentra immédiatement en grâce.

(1) Bibl. Nationale. Collection Anisson-Duperron FF. 22129 p. 22.

Il imprimait, en effet, en 1789 : — *Ordo divini officii recitandi, missæque celebrandæ, per singulos dies anni Domini* MDCCLXXXIX. *Jussu Illustrissimi et Reverendissimi in Christo Patris D. D. Joannis Baptistæ Augusti De Villoutreix de Faye, Episcopi Oloronensis Reg. ab omnibus consiliis editus. Pascha occurente die 12 aprilis. Pali, Typis J. P. Vignancour typographi Diœcesis oloronensis.*—Petit in-8° de 51 pages (1).

En 1790, il exposa au Roi que « son âge et ses infirmités ne « ne lui permettaient plus de donner à son état tous les soins et « l'activité qu'il exige » ; il suppliait, en conséquence, S. M. « de vouloir bien lui nommer pour adjoint et survivancier le sieur « Jean Antoine Sylvestre Vignancour, son fils unique, qui a subi « son examen devant la chambre syndicale de Bordeaux le 18 « décembre 1789 et a obtenu son brevet de capacité ».

Un arrêt du conseil privé du Roi du 10 mai 1790 fit droit à sa requête, mais si « Jean Antoine Sylvestre Vignancour, fils, avo- « cat, fut reçu imprimeur adjoint et en survivance de Jean Pas- « cal Vignancour, son père, imprimeur à Pau », l'établissement n'en continua pas moins à porter le nom d'imprimerie J. P. Vignancour.

C'est, en effet, sous cette dénomination que figurent 80 brochures que M. Soulice a relevées de 1789 à 1800 dans l'intéressant « *Essai d'une bibliographie du département des Basses-Pyré-* « *nées pendant la période révolutionnaire* », dont il donna connaissance au Congrès scientifique de France tenu à Pau en 1873 (2) et auquel nous ajouterons :

1792. — *La religion de Dieu et la religion du Diable, précédée du sermon civique aux gardes nationales,* par Dorfeuille, auteur de la

---

(1) Communication de M. Lochard, à Pau.
(2) Pau, imprimerie Ve Vignancour, 1874.

Lanterne magique et du Chien aristocrate. Nouvelle édition. L'an quatrième de la liberté. — In-8º de 48 pages (1).

1793. — *Ordo divini officii recitandi missæque celebrandæ, juxta breviarium et missale romanum. In totâ diœcesis imorum Pyrenœorum, pro anno Domini* MDCCXCIII. *Annuente B. J. B. Sanadon, hujus diœc. Epis. Pascha occurrente die 31 martii. Palı, Typis J. P. Vignancour, typographi imorum Pyrencorum, Reipublicæ primo.* — petit in-8º de 56 pages, qui porte en tête de la 9ᵉ page la date suivante : 1793 *et Gallicanæ reipublicæ 2*, et est terminé par une page non numérotée contenant : *Nécrologe / des prêtres décédés dans le diocèse / pendant l'année* 1792 : / LES CITOYENS, / DUFREISE, *curé de Herrère.* / ARRIPE, *curé d'Augène.* / BOURBON, *curé de Ledux.* / LENGRAGNAT, *d'Accous.* / SUPERBAT, *de Lescun.* / LANE, *de Pressillon.* / ARRIPE, *de Lescun.* / (2).

1796. — *Cantiques spirituels, imprimés par ordre de Monseigneur François de Révol, évêque d'Oleron, à l'usage de son diocèse. A Pau, de l'imprimerie de J. P. Vignancour, imprimeur de monseigneur l'Evêque d'Oloron* (3).

En 1806. — *Calendrier du département des Basses-Pyrénées pour l'année* 1806, *à Pau, chez J. P. Vignancour, imprimeur rue St-Jacques et chez Sisos, imprimeur, rue de la Préfecture* (4).

Il mourut à Pau le 14 février 1807 à l'âge de 80 ans (5), et, pour compléter nos renseignements sur sa famille, nous ajouterons que des deux sœurs qui, d'après la note de 1768, vivaient avec lui, l'une, Claire, était morte le 9 frimaire an 11, âgée de 80 ans, et l'autre, Antoinette, le 5 mars 1806, à l'âge de 84 ans. Elles étaient toutes les deux célibataires.

(1) Cette brochure nous appartient.
(2) Communication de M. Lochard à Pau.
(3) Communication de M. Binet à Oloron.
(4) Propriété de M. Adrien Planté, à Orthez.
(5) Arch. Com. de Pau E. 4 fº 8.

II

En vertu de l'arrêt de survivance du 10 mai 1790, Jean Antoine Sylvestre Vignancour, son fils, lui succéda.

Le 7 frimaire an II, il avait été porté sur la liste des suspects comme « Girondin inconséquent » et incarcéré le même jour ; mais il fut rendu à la liberté le 12 du même mois avec cette observation marginale. « Aristocrate depuis le principe de la Révolution « qui se glissa à la société, vota pour rompre avec les Jacobins. « Imprimeur de cet arrêté qu'il distribua avec profusion. Un des « piliers des Girondistes qui, dans un discours très applaudi, pei- « gnait avec des traits hideux la montagne. Exclu de la société. « Renvoyer à la Presse (1).

Le 1er vendémiaire an XI (23 septembre 1802) il fonda le *Journal des Pyrénées* dont il devint le rédacteur en chef et le continua sous ce titre jusqu'au 15 avril 1814 où il l'échangea pour celui de : *Mémorial Béarnais* (2) ; il est inutile de dire que ce fut chez lui que ce journal fut imprimé.

Il fut maintenu dans ses fonctions par le décrêt du 5 février 1810 qui règlementait l'imprimerie et la librairie, et fit le 11 avril suivant à la Préfecture la déclaration à laquelle il était astreint par cette loi.

Le 8 octobre 1814, il obtenait un brevet d'imprimeur ordinaire du Roi.

---

(1) Arch. B.-Pyr. L. (Cahier des hommes suspects et liste des personnes mises en réclusion par le comité établi à Pau, arrêtée par les membres le 21 pluviose an II).

(2) A partir du 1er janvier 1829 le *Mémorial Béarnais* s'est appelé le *Mémorial des Pyrénées*, nom qu'il porte actuellement.

Editeur des ouvrages de Palassou (1), il imprima en 1815 : *Mémoires pour servir à l'histoire naturelle des Pyrénées et des Pays adjacents.* — In-8° de xvi-485 pages.

En 1819 : *Suite des mémoires pour servir à l'histoire naturelle des Pyrénées et des Pays adjacents.* — In-8° de xxix-428 pages.

En 1821 : *Supplément aux mémoires pour servir à l'histoire naturelle des Pyrénées et des Pays adjacents, suivis de recherches relatives aux anciens Camps de la Novempopulanie.* — In-8° de 205 pages.

En 1822 : *Notice historique sur la ville et le château de Pau, depuis leur fondation jusqu'au milieu* du 18ᵉ siècle. — In-8° de vi-69 pages.

En 1823 : *Nouveaux mémoires pour servir à l'histoire naturelle des Pyrénées et des Pays adjacents.* — In-8° de 192 pages.

En 1824 : *Une deuxième édition de la Notice sur la ville et le château de Pau.* — In-8° de vi-74 pages avec un plan du château de Pau et de ses dépendances sous Henri IV.

En 1825 : *Description des voyages de S. A. R. Madame la Duchesse d'Angoulême dans les Pyrénées, pendant le mois de juillet 1823.* — In-8° de 128 pages.

En 1828, enfin : *Observations pour servir à l'histoire naturelle et civile de la vallée d'Aspe, d'une partie de la Basse-Navarre, et des Pays circonvoisins.* — In-8° de 204 pages (2).

Il imprimait en outre :

En 1816 : *Dissertation où l'on détermine en quoi consiste le crime*

---

(1) Palassou, Pierre Bernard, membre correspondant de l'Académie des Sciences, né à Oloron le 9 juin 1745, décédé à Ogenne canton de Navarrenx le 9 avril 1830, s'adonna à l'étude des sciences naturelles. Son premier ouvrage : *Essai sur la minéralogie des Monts Pyrénées*, publié chez Didot en 1784, lui valut de grands éloges de la part des savants, et retiré à la campagne en 1788 il écrivit sur l'histoire naturelle des Pyrénées une suite d'ouvrages remplis de recherches savantes et d'observations judicieuses.

(2) Tous ces ouvrages font partie de la Bibliothèque de Pau.

de l'usure, et dans quel cas on peut recevoir des intérêts, en sûreté de conscience, sans qu'il soit nécessaire ni d'aliéner le capital, ni de recourir aux deux exceptions du lucre cessant et du dommage naissant. Par M. B.... curé de P..... — In-8° de VIII-297 pages (1).

En 1818 : *Voyage au Pic du Midi dans la vallée d'Ossau, Basses-Pyrénées, par C. Vénat officier à la 60° légion (Orne).* — In-8° de VIII-15 pages (2).

En avril de la même année : *Notice sur Henri IV, et sur la conservation du berceau de ce prince, pendant les troubles de la France, en 1793. Par M. le Marquis de Chesnel, lieutenant colonel de la légion des Pyrénées Orientales.* — In-8° de 54 pages (3).

En octobre suivant : *Mémoire sur l'impossibilité d'asseoir l'impôt foncier avec justice d'après le classement des terres dans les Basses-Pyrénées. Par M. Mazères.* — In-8° de 55 pages (4).

— *Notice sur Saint Jean de Luz, par M. Léremboure ancien maire de cette ville.* — Petit in-8° de V-48 pages (5).

En 1820 : *Estrées Béarnèses, en ta l'an 1820.* — In-12 de 102 pages, orné d'un petit médaillon représentant Henri IV (6).

En mars de la même année : *Loisirs d'un militaire. Par M. le marquis de Chesnel, lieutenant colonel de la légion d'infanterie légère des Pyrénées Orientales.* — In-8° de 26 pages (7).

En 1823 : *Manuel des greffiers des justices de paix, des tribunaux*

---

(1) Bibl. de Pau. — L'auteur est M. Baradère, mort curé de l'Eglise St-Jacques de Pau le 13 juin 1817. Il avait été professeur de belles-lettres à l'Ecole centrale et bibliothécaire de cette ville.

(2) Bibl. du Château de Pau.

(3) Bibl. de Pau.

(4) Bibl. de Pau.

(5) Bibl. du Château de Pau.

(6) Bibl. de Pau. — Ce recueil de poësies était dû aux soins de M. Emile Vignancour, voir § suivant.

(7) Bibl. de Pau.

de simple police, des tribunaux civils de première instance, des tribunaux de commerce, des cours royales et des secrétaires des conseils de prudhommes, suivi de leurs tarifs respectifs. Par M. Sauvaud, l'un des receveurs de la Direction Générale de l'enregistrement et des domaines à Pau. — In-4° de xii-358 pages (1).

— *Notice sur le passage et le séjour de S. A. R. monseigneur le Duc d'Angoulême dans le département des Basses Pyrénées, à son retour d'Espagne, les 23, 24 et 25 novembre 1823.* — In-8° de 16 pages (2).

En 1824: *Cantica izpiritualac*, ou collection de Cantiques en langue basque, qu'il réimprima pour le compte de M. Léon Martin Cluzeau, libraire à Bayonne (3).

— *La fleur choisie des Noëls nouveaux, français et gascons, composés à l'honneur de l'incarnation de Jésus-Christ.* — In-16 de 88 pages qu'il imprimait pour le même.

Dès 1821, il avait commencé la publication, qui continue encore, d'un *Annuaire du département des Basses Pyrénées* (4).

En 1827, il céda son établissement à Jean Paul François Emile Vignancour, son fils aîné, qu'il avait eu le 27 janvier 1797 de son mariage avec D^e Suzanne Andriette Canet, et il se retira sur un domaine qu'il possédait à Pomps (5) où il mourut le 19 août 1835.

(1) Ouvrage qui nous appartient.
(2) Bibl. de Pau.
(3) Francisque Michel. *Le Pays Basque.* p. 505.
(4) Cet annuaire, dont la collection existe à la Bibliothèque de Pau, compte donc aujourd'hui 63 années d'existence et nous croyons devoir signaler à l'attention des chercheurs la *petite revue* des événements survenus dans le département qui termine chaque volume.
(5) Canton d'Arzacq, Basses-Pyrénées.

III

Bien qu'il n'obtint son brevet d'imprimeur que le 5 juillet 1828, Jean Pascal François Emile Vignancour commença, dès 1827, à publier un recueil de « *Poésies Béarnaises* » (1) in-8° de 240 pages, avec une table de IV pages, qu'il fit précéder d'un avertissement de XVIIII pages dans lequel il trace à grands traits les règles de l'idiome béarnais et explique que cette édition est la réimpression plus complète des *Estrées Béarnaises*, qu'il avait fait paraître en 1820.

Béarnais de cœur et d'âme, et poète à ses heures, Emile Vignancour avait sans doute voulu marquer son premier pas dans la carrière d'imprimeur, par une publication qui correspondait à ses sentiments intimes, sentiments qu'il exprime en ces termes à la fin de l'avertissement :

« Heureux si j'ai contribué à ranimer dans le cœur de mes com-
« patriotes le culte trop longtemps négligé des muses, et si j'ins-
« pire à des hommes de talent le désir de connaître un pays fait
« pour leur fournir de nobles inspirations ! »

En 1829, il réunit à son imprimerie celle qui appartenait à Mme veuve Sisos (2) et obtint, le 5 septembre 1835, un brevet d'imprimeur lithographe.

Il est mort à Pau le 24 mai 1873, à l'âge de 76 ans, ne laissant pas d'enfant du mariage qu'il avait contracté le 25 juin 1828 avec D^{lle} Louise Bernarde Brascou, fille de M. Mathieu Brascou, notaire à Pau, et de feue Marie Anne Darracq, mais par un acte de dernière volonté il a voulu que le nom de sa veuve fût conservé à

(1) Bibl. de Pau.
(2) Voir chap. VII § II

son imprimerie ; il disposait en effet le 28 avril 1871 : Je désire que l'imprimerie, *qui a toujours fait l'objet de mes préoccupations,* continue à paraître sous la raison V° *Vignancour.*

Durant le demi-siècle pendant lequel il dirigea son établissement qu'il avait toujours eu à cœur de doter du meilleur outillage et dans lequel il avait introduit en 1864 l'emploi d'une presse mue par la vapeur, Emile Vignancour édita un nombre considérable d'ouvrages. Nous en donnons ci-après la nomenclature chronologique, tout en reconnaissant qu'elle doit contenir des lacunes :

1827. — *La Pastourale deu Paysaà qui cerquè mestiè à soun hilh, chens ne trouba à soun grat ; en quoate actes, per Moussu Foundeville, de Lescar.* — In-8° de 64 pages (1).

1828. — *La Dianeïde, poème en quatre chants, avec notes, par G. P. C*ᵗᵉ *Le Noble, ancien capitaine.* — In-8° de 40 pages.

1829. — *Epidémie de Souye, par J. F. Deffis.* — In-8° de 34 pages.

1830. — *Les bains de St-Sauveur. Lettre à M. H. d'A......dre, par M. L......* — Plaquette in-19 de 32 pages.

1831. — *Mémoires sur ma vie à mon fils, pendant les années 1803 et suivantes, que j'ai rempli des fonctions publiques à La Lousiane, à La Martinique, à La Guyanne française, par M. de Laussat (Pierre Clément).* — In-8° de 636 pages.

1831. — *Les Eaux de Cambo. Lettre à M. F.... T. G.... R....,* par M. L...... — Petit in-8° de 40 pages.

1831. — *Réponse en vers à M. N...., sur l'éducation à donner à son neveu; précédée d'une lettre à Mme Gluize, née Cafarelli, par M. Lérembourre, père.* — Plaquette in-8° de 9 pages.

(1) Réimpression de l'édition de 1767, de J. P. Vignancour ; bien que cet ouvrage ne porte pas de date, le papier et les cararactères sont d'une conformité telle avec ceux des *Poésies Béarnaises,* imprimées en 1827, par E. Vignancour, que nous n'hésitons pas à lui assigner la même date.

Décembre 1831. — *Description du château de Pau et de ses dépendances*; par *P. Saget*, attaché au service de cette maison royale. — In-8° de ix-96 pages.

1833. — *Recherches sur les eaux minérales des Pyrénées* par *M. Théophile de Bordeu*. — In-8° de viii-168 pages.

1834. — *Exercices pour les retraites spirituelles qui se font chez les dames Ursulines.* — In-8° de 568 pages.

1835. — *Le Gave, poème en quatre chants par M. de D****.* — In-8° de 68 pages (1).

1836. — *Essai sur l'art de faire vivre l'homme sous l'eau, et sur les divers travaux qu'il peut faire même pour le service des bâtimens sous-marins et flottans, par le Dr Muth, médecin.* — In-8° de 256 pages avec 3 planches.

1836. — *L'Arcis. Dédié à Mlle de Disse*; par *M. de D****.* — In-8° de 15 pages.

1836. — *Recueil des Poésies de M. le baron de Disse.* — In-8° dont chaque pièce a une pagination séparée ; au bas de chaque page existent des chiffres qui indiquent le nombre de vers.

1836-1842. — *De l'unité ou aperçus philosophiques sur l'identité des principes de la science mathématique, de la grammaire générale et de la religion chrétienne*; par *M. Etchegoyen, colonel d'artillerie*. — 4 vol. in-8° de 425, 378, 611 et 832 pages.

1837. — *Notice sur Bétharram.* — In-8° de 16 pages.

1837. — *Le Deuil, poème lyrique*; par *V. B....* (de Bataille). — In-8° de 30 pages.

1837. — *Obstétrique ou Cours élémentaire d'accouchemens, sous forme de catéchisme, à l'usage des élèves sages-femmes*; par *J. Mespec, docteur en chirurgie, directeur et professeur théorique et pratique de*

(1) En 1836, E. Vignancour fit une seconde édition de ce poème. — In-8° de 68 pages.

l'école d'accouchemens des Basses-Pyrénées. — In-8° de 172 pages avec une planche.

Décembre 1837. — *Christian Psalmody for public and private Worship compiled for the use of the english congregation at Pau (Basses-Pyrénées); By a clergyman of the church of england.* — Petit in-12 de xx-92 pages dont les numéros sont mis au bas de chacune.

1838. — *Observations sur le cours du Gave ; par P. F....* — In-8° de 32 pages avec planche.

1838. — *De la nécessité des croyances religieuses ; discours prononcé à la distribution des prix au collège royal de Pau, le 30 août 1837, par M. Badé, professeur.* — In-8° de 30 pages.

Septembre 1838. — *Observations contre le projet de conservation du cadastre arrêté le 20 juillet 1837 et modifications importantes à introduire dans l'exécution et dans la forme du cadastre actuel; par J. Félix Barrau, géomètre en chef du département des Basses-Pyrénées.* — In-8° de 100 pages.

Octobre 1838. — *Description du château de Pau et de ses dépendances, par P. Saget, attaché au service de cette maison royale. Deuxième édition revue, corrigée et augmentée. Dédiée à S. A. R. monseigneur le duc d'Orléans ; par Joseph Ferron, éditeur.* — In-8° de 152 pages avec un plan du château de Pau.

1838. — *Notices sur la vallée d'Ossau en Béarn par le Cte C^r d'A....* — In-8° de 104 pages avec une lithographie représentant les armes de la vallée d'Ossau et une carte de l'itinéraire de Pau au Pic du Midi de la vallée d'Ossau.

Mars 1839. — *Notice sur l'établissement thermal de Barbotan (Gers).* — Plaquette in-8° de 15 pages.

1839. — *Panorama historique et descriptif de Pau et de ses environs ; par A. Dugenne.* — Petit in-8° de 504 pages.

1839. — *Histoire du Béarn et du Pays Basque* ; par M. A. Mazure. — In-8° de 588 pages avec un appendice de 80 pages.

1840-1841. — *Album Pyrénéen* ; *revue Béarnaise*. — 2 vol. in-8° de 516 pages chaque avec planches, gravures et musique.

1841. — *Fors de Béarn* (1). *Législation inédite du 11ᵉ au 13ᵉ siècle, avec traduction en regard, notes et introduction*; par MM. A. Mazure et J. Hatoulet. — In-4° carré de LXVI-329 p.

1841. — *Itinéraire de la grande tournée des Bains, en partant de Luchon* ; par Nérée Boubée. — Petit in-8° de IV-154 pages.

1841. — *Mémoires et observations pratiques de médecine vétérinaire;* par B. Mouzis, *médecin vétérinaire du Haras départemental des Basses-Pyrénées*. — In-8° de VIII-254 pages.

Février 1842. — *Émigration à Montevideo et à Buenos-Ayres*. Par B. Barrère, ancien consul général et chargé d'affaires de France, officier de la Légion d'honneur, etc. — In-8° de 51 pages.

Juin 1842. — *Sur une œuvre d'art qui s'exécute à Bétharram, lieu de pèlerinage aux Pyrénées* ; par l'auteur de « *l'Essai sur la philosophie* « *des arts du Dessin* ». *In-8° publié en* 1838 (*M. Mazure*). — Plaquette in-8° de 19 pages.

1843. — *Le Béarn à Henri IV à l'occasion de l'inauguration de la statue de Henri IV sur la Place Royale à Pau*. In-8° de 32 pages. — A la suite, les Cantate et autres pièces de vers parues à cette occasion, dont chacune porte une pagination séparée formant un total de 34 pages.

1843. — *Chronique de Notre-Dame du Calvaire de Bétharram, lieu de pèlerinage dans le pays de Béarn (Basses-Pyrénées)* ; par M. l'abbé J. M. Menjoulet. — In-12 de 238 pages.

---

(1) Il s'agit des fors qui avaient précédé le for général dont nous avons raconté l'historique. Voir p. 4 et suivantes.

1843. — *Aux Béarnais, à l'occasion de l'inauguration de la statue d'Henri IV.* — Brochure in-8° de 11 pages.

1843. — *Copie du procès-verbal de l'érection et de l'inauguration de la statue de Henri IV sur la place Royale de Pau, chef-lieu du département des Basses-Pyrénées, et du dépôt dans le piédestal d'une boite comprenant divers objets déterminés par la commission de la statue.* — 15 pages in-4° lithographiées chez E. Vignancour et signées en tête F. Bettès de Bedous.

Août 1843. — *S. A. R. Mgr le duc de Montpensier dans le département des Basses-Pyrénées.* — In-8° de 58 pages.

1843. — *Pouésies Béarnèses recoueilhudes dans la Vallée d'Aspe.* — Brochure in-8° de 30 pages.

1843. — *De l'influence curative du climat de Pau et des eaux minérales des Pyrénées sur les maladies ; par M. A. Taylor, docteur médecin. — Traduit de l'anglais par M. Patrick O'Quin, avocat.* — In-8° de 457 pages.

Mai 1844. — *Itinéraire de Pau aux Eaux-Bonnes et aux Eaux-Chaudes ; par un touriste (A. Moreau). — Séjour et excursions. — 2º édition.* — In-8° de 500 pages suivi d'un *itinéraire*, 20 pages.

1844. — *Chansons et airs populaires du Béarn, recueillis par Frédéric Rivarès.* — In-4° de XXIV-152 pages avec LXV airs notés.

1844. — *Rapport sur la race bovine des Basses-Pyrénées, remis à M. le Préfet du département des Basses-Pyrénées le 22 mai 1844 ; par M. J. B. vicomte de Nays.* — In-8° de 16 pages.

1845. — *Chronique de la ville et du château de Lourdes. Recherches historiques et archéologiques. Mystères de la Bastille des Pyrénées, etc.* — In-8° de 212 pages.

1846. — *Antiquités du Béarn, par Pierre de Marca ; manuscrit inédit de la bibliothèque royale.* — Brochure in-8° de 43 pages.

1847. — *De la noblesse de la Gentry la plus ancienne d'Angleterre, d'Irlande et d'Ecosse et la seule héraldique d'après le blason* ; par T. J. R...., *l'un des barons d'Hulster.* — In-8º de 63 pages.

1847. — *Vie de Saint-Orens. Pèlerinage à St-Orens, dans le Lavedan.* — In-8º de 32 pages.

1847. — *Etudes sur la question des subsistances dans ses rapports économiques avec l'agriculture de l'arrondissement de Pau ;* par M. le baron de Laussat. — In-8º de 114 pages.

1847. — *Panorama historique et descriptif de Pau et de ses environs ;* par A. Dugenne. 2º *édition.* — In-8º de LV-494 pages avec deux plans.

1847. — *Napoléon et Pie IX, poème dithyrambique* par M. de Norvins. — In-8º de 58 pages.

1848. — *Abrégé de ce que tout chrétien doit savoir croire et pratiquer.* — Petit in-8º de 48 pages.

1848. — *Hygiène de l'arrondissement de Pau,* par J. J. Deffis, D^r-médecin. — In-8º de 143 pages.

1848. — *Khurutchiaren Bidiaren eguiteco Pratica eta othoitciac J. D. R. Ciberoutar Batez uscaralat utçuliric. Salduric içateco. Oloron, P. A. Vivent, dona Mariaco marchant librairiaren etchen.* — Petit in-8º de 32 pages.

1849. — *Notice historique et médicale sur l'établissement thermal des Eaux-Chaudes,* par Joachim Laffore. — In-8º de 118 pages.

1849. — *Recueil de 25 cantiques, dont 18 français et 7 béarnais, à l'usage des écoles et des congrégations ; paroles de M. V. Bataille et de l'abbé Garet ; musique très facile à deux et trois voix de H. Paravel, jeune.* — In-8º de 47 pages de texte et de 33 pages de musique.

1849. — *Pièces justificatives produites par M. Chégaray, dans son procès contre l'Eclaireur des Pyrénées.* — Petit in-8º de 96 pages.

1850. — *Documents sur le département des Basses-Pyrénées*, 1808-1830. — In-8° de iii-476 pages.

1850. — *Simple aperçu des deux sources thermales de Capvern : La Houn Caüte (fontaine chaude) et Le Bouridé (qui bouillonne), dans le département des Hautes-Pyrénées, par S. L.* — Plaquette in-8° de 16 pages.

1851. — *Catéchisme hygiénique ou petit traité d'hygiène à l'usage des maisons d'éducation des deux sexes ; par le docteur Guirette, médecin de la faculté de Paris.* — Petit in-8° de 108 pages.

1851. — *Pouésies Béarnéses ; par F. de Laborde.* — In-8° de 39 pages.

1851. — *Règles et statuts de la vénérable et dévote confrérie du Très-Saint sacrement de l'autel et de la glorieuse vierge Marie établies dans l'église paroissiale de St-Martin à Pau.* — In-16 de 31 pages.

1851. — *Le Trésor de Pau, archives du Château d'Henri IV, avec des fac-simile.* — In-8° de 364 pages. — 12 planches.

1852-1860. — *Poésies Béarnaises avec la traduction française.* 2ᵉ édition. — 2 vol. in-8° de xx-358 et viii-390 pages.

1852. — *Le Château de Pau (souvenirs historiques), son histoire et sa description.* — In-8° de 471 pages.

1852. — *Aperçu historique, topographique et médical sur les Eaux-Chaudes, par le Dʳ Izarié.* — In-12 de 84 pages.

1853. — *Observations à l'appui de la demande faite par la fabrique de Saint-Martin de Pau, pour l'achèvement de l'église Saint-Louis.* — In-8° de 38 pages.

1853. — *Des chemins de fer Pyrénéens, par P. O'Quin, député et membre du Conseil général des Basses-Pyrénées.* — In-8° de 112 pages.

1854. — *Poésies Béarnaises avec la traduction française en regard.* — Grand in-8° de i-65 pages, suivi de : *L'Enfance d'Henri IV*, poëme béarnais par E. Vignancour, traduit en vers français par Cabaret Dupaty. 15 pages.

1854. — *Les illustrations du Béarn. Discours prononcé à la distribution des prix du Lycée impérial de Pau, le 23 août 1854, par M. V. Lespy, professeur de quatrième.* — In-8º de xix pages.

1855. — *La couronne du précieux sang de Notre-Seigneur.* — In-32 de 12 pages.

1855. — *Guide du Pélerin à Notre-Dame de Bétharram, par l'abbé F. Rossigneux.* — In-16 de 96 pages.

1855. — *Pouesios Béarnèses. Nousté Dame de Bétharram, à Théophilo, per Destrade, oubré imprimur.* — In-8º 15 pages.

1855. — *Dialogues sur les principales difficultés grammaticales, suivis des verbes modèles conjugués en phrases morales, par Z. Baradat.* — In-8º de 74 pages.

1855. — *Instructions, méthode et pratiques à l'usage de l'association du Sacré-Cœur de Jésus, canoniquement établie dans l'Eglise paroissiale de St-Jacques (de Pau).* — In-16 de 167 pages.

1856. — *Chemin de fer de France en Espagne, par P. O'Quin, député et membre du Conseil général des Basses-Pyrénées.* — In-8º de 76 pages.

1856. — *Notice sur le choléra des Basses-Pyrénées en 1855, par J.-B^{te} Cazaux d'Espoey, officier de santé, en mission dans le pays Basque.* — Brochure in-8º de 27 pages.

1856. — *Mosaïques de Jurançon et de Bielle, par Ch. Lecœur.* — In-8º de 54 pages avec planches.

1856. — *Notice sur l'histoire des Etablissements thermaux de la vallée d'Ossau, Eaux-Bonnes, Eaux-Chaudes, Eaux de Soucours, par P. J. Lavillette.* — In-8º viii-64 pages.

1856. — *Notice sur la ville de Pau en 1768 de l'abbé d'Expilly.* — Brochure in-8º de 23 pages.

1856. — *Etude sommaire sur les anciens fors et la coutume réformée de Béarn, par M. Blandin.* — In-8º de 51 pages.

1857. — *Homélie sur St-Julien, premier évêque de Lescar, au commencement du vᵉ siècle, prononcée le jour de la fête patronale, 21 août 1856, par M. l'abbé L. P. Laplace.* — In-8º de 51 pages.

1857. — *Société scientifique de Pau. Aperçu de la bienfaisance en France, sous le double rapport de l'assistance et de la prévoyance, par M. Blandin.* — In-8º de 56 pages.

1857. — *Etudes sur le décroissement de la population dans le département des Basses-Pyrénées, par P. O'Quin, député, membre du Conseil général.* — In-8º de 68 pages.

1858. — *Bétharram ou Notre-Dame du Calvaire, lieu de pèlerinage en Béarn. Poème religieux et historique en quatre chants, par J. G. Huc.* — In-12 de 141 pages.

1858. — *Coup d'œil sur le passé et l'avenir de St-Jean-de-Luz, par E. M. François-Saint-Maur.* — In-8º de 62 pages.

1858. — *Statistique générale des Basses-Pyrénées, par Ch. de Picamilh, avocat, chef de bureau à la Préfecture.* — 2 vol. in-8º de iv-556 et 498 pages.

1858. — *Lectures sur la Géologie de la France, par M. Lejeune.* — In-8º de 200 pages.

1859. — *Mes vingt ans. Essais poétiques dédiés à ma bonne mère, par Léon Dessalles.* — In-8º de xx-304 pages.

1859. — *Chemin de la Croix. Traduction nouvelle en prose et en vers, par T. C. D. et le comte de Causans.* — Petit in-12 de 27 pages.

1859. — *Semaine sainte à l'usage de Rome ; traduction nouvelle en prose et en vers français par T. C. D.... (Cabaret-Dupaty), avec le texte latin, accompagnée d'un grand nombre de pièces détachées du paroissien romain en vers français par le comte de Causans et T. C. D.* — In-12 de 537 pages.

1860. — *Fables, par J. Brunton.* — In-8º de 24 pages non numérotées.

1860. — *Mémoire sur la construction projetée de la nouvelle église Saint-Martin de Pau.* — In-8º de 36 pages.

1860. — *Des intérêts de la ville de Pau.* — In-8º de 16 pages. Signé : *Pardeilhan-Mézin*.

1860. — *Le Crédit Foncier de France et le département des Basses-Pyrénées, par A. Bellemare* — In-8º de 58 pages.

1861. — *Le maréchal Bosquet, sa mort, ses funérailles. Notice nécrologique. Documents divers.* — Petit in-8º de 52 pages.

1861. — *Visite dans les ateliers de sculpture et autres industries tant à Rome qu'à Florence, en 1841.* — In-8º de 19 pages.

1861. — *Notes pour l'histoire de la chanson, par V. Lespy, professeur au Lycée impérial de Pau.* — In-8º de 115 pages.

1861. — *Guerre d'Italie jusqu'à la paix de Villafranca. Poëme en quatre chants par M. Huc.* — In-12 de 195 pages.

1861. — *Notice sur le général baron Lejeune.* —In-8º de 19 pages.

Mai 1862. — *Alimentation hydraulique de la ville de Pau, par M. Bellemare.* — In-12 de vi-68 pages.

1862. — *Petite géographie pour les écoles du département des Basses-Pyrénées contenant la géographie du département, par E. Nouguier, secrétaire de l'Inspection académique.* — In-16 de 128 pages, édité par Lafon.

— 2ᵉ *édition de cet ouvrage, revue, corrigée et augmentée d'un chapitre historique sur Pau et les principales maisons souveraines du Béarn.* — In-16 de 132 pages.

1862. — *Réponse d'un Béarnais à la lettre d'un Etranger à M. d'Auribeau, préfet des Basses-Pyrénées.* — Petit in-8º de 16 pages.

1863. — *La France historique à vol d'oiseau par Louis Froment.* — In-plano.

1863. — *Une conversation à propos de la vie de Jésus de M. Renan, par Gustave Prat.* — Petit in-8° de 97 pages.

1863. — *Examen de conscience à l'usage de la Jeunesse.* — Petit in-8° de 23 pages.

1863. — *Tableaux de la nature ; par M. Lejeune, chef d'escadron d'état-major en retraite.* — In-8° de 701 pages.

1863. — *Monographie de Notre-Dame de Lescar, précédée d'une dissertation sur Beneharnum* (1); *par M. l'abbé L. P. Laplace, curé de Bassillon.* — Petit in-8° de 247 pages avec une planche.

1863. — *Cinq jours d'un parisien dans la Navarre espagnole ; par M. E. M. François St-Maur.* — In-8° de 38 pages.

1864. — *Rome et Naples. Simples notes.* — In-8° de 149 pages.

Juin 1864. — *Promenades historiques dans le pays d'Henri IV* (*Album de la jeunesse du Roi de Navarre*) ; *publié d'après les notes, dessins et manuscrits de M. A. E. Houbigant par M. E. M. François St-Maur. Dédié aux Béarnais.* — Grand in-f° de ix-44 pages avec 15 lithographies et 9 bois (culs de lampe), frontispice gravé, titre rouge et noir, majuscules ornées, tiré à cent exemplaires numérotés et non mis dans le commerce.

1864. — *Gaston-Phébus, comte de Foix et souverain de Béarn, par M. J. Madaune, directeur de l'institution Moncade à Orthez.* — Petit in-8° de 335 pages.

1864. — *Les neuf preux. Gravure sur bois, du commencement du quinzième siècle, fragments de l'Hôtel de Ville de Metz ; par le Comte de Van der Stratten Ponthoz.* — In-8°.

1864. — *Considérations critiques sur le rapport du Jury pour le*

---

(1) Vignancour avait fait paraître antérieurement sous le titre : *Recherches sur la position probable de la cité Beneharnum ou Bénarnum, ancienne capitale du Béarn*, une étude de M. A. Perret, — Brochure de 24 pages sans date.

concours de la prime d'honneur dans le département des Basses-Pyrénées ; par M. le baron de Laussat. — In-8° de 75 pages.

1864. — *La société du Prince Impérial (prêts de l'enfance au travail), son but, ses progrès, son avenir. Etude suivie d'un recueil pour servir à l'intelligence du mécanisme de l'institution ; par A. G. Bellemare.* — In-8° de 64 pages.

1864. — *Ascension du lac d'Artouste. (Légende du lac). Dédiée à M. le comte de Beaufort, par F. Laborde, instituteur à Livron (B / P /).* — In-8° de 26 pages.

1865. — *Les Pyrénées, les ascensions et la philosophie de l'exercice par le comte Henri Russell-Killough.* — In-8° de 119 pages.

1865. — *Notes sur diverses espèces de champignons ; par J. A. M.* — In-4° de 16 pages.

1865. — *Du progrès agricole dans le département des Basses-Pyrénées ; par A. de Castarède.* — In-8° de 40 pages.

1865. — *De Pau à Tolède.* — In-8° de 137 pages.

1865. — *Spécialité thérapeuthique de l'établissement thermal des Eaux-Chaudes (Basses-Pyrénées), deux lettres à son ami F..... par C. Lemonnier, médecin inspecteur.* — 2ᵉ édition, petit in-8° de 77 pages.

1865. — *Trente dictées sur un plan nouveau ; par M. Z. Baradat, professeur à Aire (Landes).* — Petit in-8° de 32 pages.

1865. — *Notice historique et archéologique sur Sainte-Foi de Morlaas et les monumens gallo-romain, roman, gothique de Taron (Basses-Pyrénées) ; par M. l'abbé L. P. Laplace, curé de Bassillon.* — Petit in-8° de 85 pages 1 planche.

1865. — *Traité sur les successions et les donations au point de vue du droit et de l'Enregistrement comparés, par L. de Laurens.*— In-8° 2 vol. VIII-287 — 344 pages.

1865. — *L'Intérêt de l'argent* par M. Lavielle, ancien député. — In-8º de 120 pages.

1865. — *Noels français, béarnais et basques.* — In-18 de 94 pages.

1866. — *Journal de mon voyage à Rome, mai 1865.* — In-18 de 52 pages.

1866. — *Cansous béarnaises de Despourrins et aütes.* 3º édition.— Petit in-8º de 216 pages (1).

1866. — *De la possibilité d'établir en Béarn une cure aux raisins* par Ed. Cazenave de la Roche. D. M. P. — In-12 de 36 pages.

1866. — *Catalogue de la bibliothèque de la Cour Impériale de Pau, octobre 1866.* Dressé par M. Bordenave d'Abère, conseiller. — In-8º de 68 pages.

1866. — *Petit Guide de poche (Pocket Guide). Pau et ses environs* par M. de Puymère. — In-16 de 32 pages.

1866. — *Des conférences dans leurs rapports avec l'éducation des femmes* par M. L. Ayma, Proviseur du Lycée Impérial. — In-8º de 36 pages.

1867. — *Catalogue des livres d'une bibliothèque à Pau.* — Grand in-8º de 348-IV pages (2) tiré à 120 exemplaires numérotés et non mis dans le commerce.

1867. — *Premières Inspirations ; par Félix Faust.* — In-8º de 119 pages.

1867. — *Aperçu sur la nouvelle église de St-Martin.* — In-8º de 33 pages avec un plan.

---

(1) Dans une préface, E. Vignancour dit que les deux premières éditions in-8º (1827 et 1852) sont épuisées et qu'il croit devoir en faire une nouvelle édition dans un petit format *pour rendre populaires* ces poésies.

(2) Catalogue des livres appartenant à M. Manescau et qui sont devenus la propriété du Château de Pau.

1867. — *Dix-sept années de pratique aux Eaux-Bonnes* ; par Ed. Cazenave de la Roche. — In-8º de 231 pages.

1867-1870. — *Recueil des procès-verbaux du conseil général des Basses-Pyrénées depuis l'an 8 jusqu'à 1838* ; par M. Ed. Orcurto-Joany, chef de division à la Préfecture. — 4 vol. in-8º de IX-496-491-455 et 406 pages.

1868. — *Notice médicale sur les Eaux-Bonnes.* — In-8º de 23 pages.

1868. — *Recueil des usages locaux constatés dans le département des Basses-Pyrénées* ; par Ed. Orcurto-Joany, chef de division à la Préfecture. — In-8º de VIII-126 pages.

1868. — *Observations pratiques sur la loi d'assistance judiciaire du 22 janvier 1851*, par M. Blandin. — In-8º de 20 pages.

1868 — *A Fortnight in the Pyrenees (Luchon to San Sebastian)* ; vith a map : By Count Henri Russell-Killough. — In-12º de 165 pages.

1869. — *Souvenir d'un vieillard de quatre-vingts ans* par J. Pellou. — In-8º de 132 pages.

1869. — *Fables et Souvenirs* (par J. Brunton). — In-12 de 54 pages.

1869. — *Guide des Eaux-Bonnes. Excursions à pied.* Par Jam. — In-8º de 174 pages. Lafon, éditeur.

1869. — *Guide de Pau aux Eaux-Bonnes, suite des Excursions à Pied* par Jam. — In-8º de 295 pages. Lafon, éditeur.

1869. — *Etude sommaire sur les anciens fors et la coutume réformée de Béarn* ; par M. Blandin : 2º Edition avec quelques notes additionnelles. — In-8º de 59 pages.

Juillet 1870. — *L'Imitatiou de Jesu-Chrit traduside en Béarnés* par M. L'abé P. Lamaysouette. — In-8º de VI-328 pages.

1870. — *Récréations et souvenirs d'un ancien fonctionnaire*, par

J. *Mestepès, Inspecteur primaire en retraite*. — Petit in-8° de 72 pages.

1870. — *Roncevaux et la chanson de Roland, simple réponse à une question de géographie ; par M. François St-Maur*. — In-8° de 12 pages.

1871. — *Paix ou Victoire*. — In-8° de 79 pages.

1871. — *Vieillesse. Simple note. Souvenirs Littéraires ; par Blandin, ancien bâtonnier*. — In-8° de 13 pages.

Juillet 1872. — *L'Imitatiou de Jesu-Christ traduside en Béarnés per M. L'abé P. Lamaysouette. 2ᵉ Edition aümentade de la misse, de toutes las Brespes y de las anciénes Prégaries Béarnéses*. — Petit in-16 de XXVII-552 pages.

1872. — *Veillées d'hiver ou chasse à l'ennui ; par M. Lassalle, prêtre*. — In-8° de 321 pages.

1872. — *L'ancien collège de Lescar (Basses-Pyrénées), ses tranformations et l'école normale primaire du département. Simples souvenirs historiques par Hilarion Barthéty*. — Petit in-8° de 46 pages.

1872. — *Considérations sur les Musées de Province, par Ch. Le Cœur*. — In-8° de 44 pages.

1872. — *Monographie de l'Eglise de Sauveterre. Notice précédée de quelques indications sur la ville de Sauveterre, par Ch. Le Cœur*. — Brochure in-8° de 15 pages.

1872. — *Las haunous de Gastou-Phébus ; poéme Béarnais, par Guillaume de Bataille*. — In-8° de 29 pages.

A cette liste, il convient d'ajouter les *Procès-verbaux du Conseil général des Basses-Pyrénées* que Vignancour imprima depuis 1838 ; enfin, le 5 juin 1856, il avait fait paraître : *Les Pyrénées, journal des établissements thermaux et des bains de mer*, mais cette publication ne dura que jusqu'au 4 septembre de la même année et ne comporte que quatorze numéros.

C'est aussi chez lui que s'imprima, depuis sa fondation, *La semaine religieuse des diocèses de Bayonne, Tarbes et Aire-Dax,* qui compte aujourd'hui quinze années d'existence.

IV

A la mort d'Emile Vignancour, sa veuve a conservé son imprimerie ; mais, à partir du 25 août 1876, elle en a transféré le titre à M. François Lalheugue qui, depuis longues années, avait été le collaborateur dévoué de son mari.

Sous la signature : *Imprimerie veuve Vignancour,* ont paru de 1873 à 1876, les ouvrages suivants :

1873. — *La Très Sainte Vierge dans les Pyrénées, Lourdes, Bétharram, Féas, Garaison, Sarrance, Piétat.* — Brochure in-12 de 12 pages.

1873. — *Manuel du Pèlerin à Notre-Dame et au Calvaire de Bétharram ; par un prêtre de Bétharram.* 2° *Edition.* — Petit in-12 de 98 pages.

1873. — *Congrès scientifiques de France. Trente-neuvième session. Pau.* — 2 vol. in-8° de XVIII-652 pages-10 planches — 584 pages-5 planches.

1874. — *Le Syndicat de Soule et la fontaine d'Ahusquy.* — Petit in-8° de 30 pages.

1874. — *L'âme considérée dans ses manifestations extérieures. Etude philosophique au point de vue des arts d'expression, par M. Justin Bellanger.* — In-8° de 24 pages.

1874. — *Essai d'une bibliographie du département des Basses-Pyrénées, période révolutionnaire 1789-1800, par M. Soulice bibliothécaire de la ville de Pau.* — In-8° de 115 pages.

1874. — *Le Calvaire de Bétharram. Bénédiction du nouveau Calvaire.* — In-16 de 207 pages.

1874. — *Le Comte de Paris.* — Petit in-8° de 254 pages.

1874. — *Notice sur Notre-Dame de Piétat en Béarn, par M. l'abbé Salles, curé de Pardies.* — In-12 de 32 pages.

1874. — *Etude historique sur la vie du Cardinal Pierre de Foix, dit le Jeune, Evêque de Vannes et administrateur du diocèse d'Aire 1449-1490 ; par M. Emile Labeyrie.* — In-8° de 42 pages.

1875. — *Vie de Son Altesse Royale Marie-Immaculée de Bourbon Comtesse de Bardi, fille de Ferdinand II, roi des Deux Siciles ; par le P. Jean Spilman, D. C. D. J.* — In-8° de 176 pages.

1876. — *Chacun son métier. Proverbe en un acte revu et corrigé par un Professeur de l'Institution St-Martin de Pau. Souvenir de la St-Jean 24 juin 1876.* — In-8° de 45 pages.

1876. — *Une mère. Drame en deux actes par le Comte Ernest de Montebello.* — In-8° 83 pages.

1876. — *Cérémonies et prières de la consécration des Eglises selon le pontifical romain avec leur explication d'après les meilleurs auteurs ; par M. l'abbé Sempé.* — In-8° de 84 pages. Bergerot, éditeur.

1876. — *Histoire du Béarn en cent pages ; par Ch. Le Cœur, Conservateur du Musée de Pau.* — Petit in-8° de 99 pages.

1876. — *Tableau historique de la vallée d'Ossau ; par Michel Bernis.* — In-plano.

1876. — *Escualduner.* — In-8° de 13 pages.

1876. — *Syllabaire de la nouvelle méthode de lecture dite de N. D. à l'usage des écoles dirigées par les Servantes de Marie, approuvé par Monseigneur l'Evêque de Bayonne, quinzième édition.* — In-16 de 126 pages.

Depuis le 25 août, 1876, cette imprimerie a pour raison sociale : *Imprimerie veuve Vignancour, F. Lalhougue, Imprimeur*, et elle a édité :

1876. — *Lettre d'un grand'père à sa chère petite fille ; à propos d'un joueur d'orgue qu'il lui avait donné comme joujou.* — In-8° de 20 pages, signé Comte Ernest de Montebello.

1876. — *Noëls Français, Béarnais et Basques, 2ᵉ Edition.* — In-16 de 94 pages.

1877. — *Morlaàs et sa basilique par M. de Bordenave d'Abère, conseiller à la cour d'appel de Pau.* — Petit in-8° de 15 pages avec photographie.

1877. — *Le Béarn. Histoire et promenades archéologiques par Ch. C. Le Cœur.* — In-8° de XI-352 pages avec 70 planches lithographiées d'après les dessins de l'auteur.

1877. — *Manuel à l'usage des congrégations des filles de Marie, 4ᵉ Edition.* — In-16 de 286 pages édité par Bergerot.

1877. — *Encore Galilée! Polémique-Histoire-Philosophie par le P. Eugène Desjardins de la Compagnie de Jésus.* — In-8° de 107 pages.

1877. — *Notes sur la création d'une école de garçons et d'une école de filles au hameau de Pau. — Démission de M. Vigné, conseiller municipal.* — Brochure in-8° de 11 pages. Signé : Vigné.

1878. — *Vie et Lettres du R. P. Michel Garicoïts, fondateur et premier supérieur de la congrégation des Prêtres du Sacré-Cœur de Jésus établie à Bétharram ; par le P. Basilide Bourdenne.* — In-8° de 429 pages édité par Bergerot.

1879. — *Notice sur la Société des Amis des Arts de Pau.* — Petit in-8° de 28 pages.

1879. — *Adresses du clergé de l'ancien diocèse de Lescar et des habitants de cette ville à Monseigneur Ducellier pour le prier d'ajouter à son titre d'Evêque de Bayonne le titre d'Evêque de Lescar.* — In-8° de 58 pages avec une carte de l'ancien évêché de Lescar.

1879. — *La question des tours par M. Adrien Planté.* — In-8° de 28 pages.

1879. — *Sen Grat oloroneco aphezcu-piarentaco mous de Lassalle, Catradaleco eretorac erran dutianac uscaraz ezariric.* — In-8º de 27 pages.

1879. — *Etude historique sur St-Galactoire, Evêque de Lescar*, par H. Barthéty. — In-8º de 42 pages.

1879. — *La sorcellerie en Béarn et dans le Pays Basque suivie des pratiques de sorcellerie populaires du Béarn* ; par H. Barthéty. — In-8º de 87 pages.

1879. — *Quelques notes sur les institutions de prévoyance au Brésil*, par le baron d'Ourem, de la société de législation comparée. In-8º de 47 pages.

1879. — *Souvenirs d'un montagnard* par le comte Henry Russell. — In-8º 420 pages.

1880. — *Notice biographique de M. l'abbé St-Guily, archiprêtre curé de St-Martin de Pau*, par l'abbé Ambroise de Benque-d'Agut. — In-8º de 57 pages et portrait photographique.

1880. — *L'Hôpital et la Maladrerie de Lescar. Notice historique* par Hilarion Barthéty. — In-8º de 41 pages.

1880. — *Science Viticole. Principaux documents pratiques sur la culture de la vigne dans la Région du Sud-Ouest de la France* par Victorien Langlet. — In-8ᵉ de 19 pages et 4 planches.

1880. — *Les Institutions artistiques de la ville de Pau. 1863-1880. Notices* par Ch. C. Le Cœur. — In-8º de VIII-142 pages.

1880. — *L'ambitieux Castagnas. Mœurs politiques et électorales dans le midi de la France* ; par L. de Joantho, ancien sous Préfet. — Petit in-8º de 281 pages.

1881. — *La Persécution religieuse en Béarn et dans le Pays Basque*, par L. de Joantho. — In-16, de XV-105 pages.

1881. — *L'Expulsion des franciscains de Pau, le 6 novembre 1880 ; ode* par Gaston de La Fuye. — In-8º de 7 pages.

1881. — *Notices historiques et chronologiques sur quatre seigneuries de la vicomté de Béarn.* — In-8º carré de 52 pages tiré seulement à 20 exemplaires.

1881. — *Le Béarn. Vers par Gaston de La Fuye.* — In-18 de 16 pages.

1882. — *Noces d'or de M. L'abbé Menjoulet, vicaire général de Bayonne, célébrées à Notre-Dame de Bétharram, le 17 décembre 1881.* — In-8º de 32 pages.

1882. — *Les feux de joie de la Saint Jean à Lescar dans les derniers siècles ; par Hilarion Barthéty.* — Petit in-8º carré de 16 pages.

1882. — *Considérations, notes et documents pour le maintien de la cour d'appel de Pau. Mémoire à M. le Garde des Sceaux et aux Chambres, signé Joseph Ernest Lasserre, bâtonnier de l'ordre des avocats à la cour d'appel de Pau.* — In-4º de 56 pages.

1882. — *L'Exposition de Bordeaux à coups de crayon par M. Adrien Planté.* — In-16 de 32 pages.

1882. — *La Grèce depuis les temps les plus reculés, par M. Albert de Salinis.* — Tableaux synoptiques de 16 pages grand in-4º.

1882. — *Ascension aux Pyrénées par M. le comte Henry Russell.* — Petit in-8º de 36 pages.

1882. — *L'Acte de Huesca ou la percée des Pyrénées centrales, par Adrien Planté, maire de la ville d'Orthez, ancien député des Basses-Pyrénées.* — Grand in-8º de 24 pages.

1882. — *Eaux-Bonnes. Causeries par Cric-Crac. Croquis de E. Jacque.* — In-8º de VIII-188 pages.

1883. — *De la betterave à sucre, par M. L. de Dufourcq.* — In-16 de 16 pages.

1883. — *Une excursion en ballon, par M. L. de Joantho.* — In-16 de 24 pages.

1883. — *Rome depuis sa fondation jusqu'au partage définitif. Ta-*

bleaux Synoptiques par M. Albert de Salinis. — Grand in-4º de 32 pages.

1883. — *Traitement hydrothérapique à Capvern par* M. le Docteur Sancery. — In-8º carré de 64 pages.

1883. — *Lettres aux Cayolaristes par* M. Detchandy, notaire à Tardets. — In-4º de 16 pages.

1883. — *Notice sur Sainte Foi patronne de Morlaàs. Signée* A. de Bordenave d'Abère, conseiller honoraire à la cour d'appel de Pau. — Brochure petit in-8º de 5 pages avec une photographie.

1883. — *Morlaàs et sa Basilique par* M. de Bordenave d'Abère, conseiller honoraire à la cour d'appel de Pau. Nouvelle édition. — In-8º de 14 pages avec une photographie.

1883. — *L'affaire du Mémorial. Le Coup de balai. Cour d'assises des Basses-Pyrénées — Audience du 16 février 1883.* — In-8º de 49 pages.

1883. — *Monseigneur Lamazou par* M. Adrien Planté. — In-8º de 24 pages.

1883. — *Ascensions aux Pyrénées, par* M. le Comte Henry Russell. — Petit in-8º de 32 pages.

CHAPITRE V

Daumon, 1779-1803.

Par lettres patentes du 18 septembre 1779, enrégistrées au Parlement de Navarre le 10 janvier 1780 (1), Pierre Daumon fut nommé imprimeur libraire en la ville de Pau, en remplacement d'Isaac Charles Desbarats « attendu, y est-il dit, les bons témoi-
« gnages qui nous ont été rendus de son zèle et de sa fidélité à
« notre service, ainsi que de sa capacité au fait de l'imprime-
« rie et librairie ».

Il était fils de Claude Aumon, cavalier de la maréchaussée à Pau, et de Marie Guillot, et était né le 26 janvier 1757 (2).

Suivant contrat du 22 juillet 1769, au rapport de Me Casenave, notaire, il avait été placé en apprentissage, pour quatre ans, chez J. P. Vignancour, imprimeur, mais ce contrat fut rompu par un jugement du tribunal de police en date du 17 avril 1771 (3).

Ce fut évidemment chez Isaac Charles Desbarats qu'il continua à apprendre son art et il devint ainsi son successeur.

Nous avons déjà dit que l'apprenti et le patron de 1769 ne vécurent pas en bonne intelligence quand le premier devint imprimeur en titre, car, à sa sollicitation, un arrêt du conseil du

---

(1) Arch. B.-Pyr. C. 396 — Daumon prêta serment le 28 novembre 1779 devant les jurats. Arch. Com. de Pau FF. 29 f° 52.
(2) Arch. Com. de Pau GG. 88 f° 6.
(3) Arch. Com. de Pau FF. 28 f° 12.

Roy, du 19 janvier 1788 (1), défendit au sieur Vignancour de prendre à l'avenir la qualité d'imprimeur de Sa Majesté. Daumon ne jouit pas longtemps de son triomphe.

Sept mois après cette notification, le 21 août 1789, l'Assemblée Constituante, en abolissant les privilèges, le réduisit au rôle d'un simple imprimeur.

Dans cette première période de son existence, indépendamment des nombreux édits royaux et arrêts du Parlement qui sortirent de ses presses, et dont l'importance était telle que, du 1ᵉʳ janvier au 31 décembre 1786, pour le service seul de l'Intendant, il lui était dû 13,725 fr. (2), il édita plusieurs ouvrages au nombre desquels nous citerons :

En 1780. — *L'almanach / du Parlement / de Navarre / pour l'année de grâce* 1781 (3), pour l'impression duquel il avait obtenu un privilége, ainsi que l'établit la lettre suivante datée de Paris le 16 novembre 1780 :

« M. le Garde des Sceaux vous a accordé, Monsieur, le privi-
« lège que vous sollicitez pour l'impression de l'almanach du
« Parlement de Navarre. C'est à M. Le Bègue, secrétaire du Roi,
« rue Pavée St-André à Paris, qu'il faut vous adresser pour avoir
« l'expédition de ce privilége, en lui observant qu'il a été accor-
« dé sur la feuille du 29 août dernier, n° 2181. Je suis, Monsieur,
« votre très humble et très obéissant serviteur.

Signé : NÉVILLE.

« A M. d'Aumon, imprimeur à Pau (4) ».

La même année. — *Eloge historique d'Henri* IV, *roi de France*

---

(1) Page 182.
(2) Arch. B.-Pyr. C. 387.
(3) Bibl. de Pau.
(4) Arch. B.-Pyr. B. 7979.

et de Navarre, par M. Le B... de N... P... (Nouvelle édition corrigée et augmentée par l'auteur), — petit in-8° de 125 pages (1).

1782. — *Instructions, pratiques et prières à l'usage des personnes de l'un et de l'autre sexe, reçues dans la confrérie du Sacré-Cœur de Marie. Erigée par monseigneur l'Illustrissime et révérendissime Messire François de Révol, Evêque d'Oloron, dans son Eglise Cathédrale de Ste-Marie, en* 1747. — In-8° de 56 pages.

En 1785. — *Mandatum / D.D. / Episcopi oloronensis / de Casibus et Censuris in suâ Diocesi / reservatis et de ordine servando in pœnitentiæ / sacramenti administratione,* / ouvrages pour lesquels Daumon prend le titre de seul imprimeur du Roi et du diocèse d'Oloron (2).

En 1786. — *Tableau / annuel / historique / et géographique / du Béarn /* 1786. */* — petit in-4° de 143 pages, précédé d'un avertissement, du titre et du calendrier non chiffrés quoique entrant dans la détermination du nombre des pages (3).

En 1786 il mit à exécution le projet d'imprimer *la collection des édits, déclarations, ordonnances, etc. enregistrés au Parlement de Navarre*, pour lequel il avait obtenu un privilége le 14 juillet 1781, et que, par une lettre du 6 octobre 1785, insérée en tête de cet ouvrage, M. de Bordenave-Cassou, Procureur-Général, l'avait approuvé de mener à bonne fin (4).

(1) Bibl. du Château de Pau. — L'auteur est le baron de Navailles-Poeyferré. Une première édition avait été imprimée en 1776 par J. P. Vignancour.

(2) Bibl. de M. Châteauneuf, curé d'Oloron.

(3) Bibl. de Pau.

(4) « C'est avec bien du plaisir, Monsieur, lui écrivait ce magistrat, que
« je reçois la nouvelle que vous me donnés sur le projet que vous formés.
« Je désire et j'espère qu'il vous sera aussi utile pour votre fortune, que
« je le crois avantageux au bien de la justice. Le recueil imprimé chez
« Dupoux (*voir page 166*), finit au commencement du règne de Louis XV,

Aussi plaça-t-il cette publication sous les auspices de ce magistrat par la dédicace suivante, dont la sobriété du style fait honneur à son auteur :

A MONSEIGNEUR

de Bordenave-Cassou,

Seigneur

de Salles Mongiscard (1) *et autres lieux, conseiller du Roi en tous ses conseils,*

ET

son Procureur Général, au Parlement de Navarre.

Monseigneur,

« Permettez que le recueil des lois du Prince et des règlements
« de la Cour paroisse sous vos auspices. De quel nom plus cher à
« la Patrie et à la magistrature pourroit-il être décoré ! Vous avez
« daigné autoriser un projet inspiré par l'amour du bien public ;
« l'hommage que je prends la liberté de vous offrir est bien légi-
« time, et, si vous daignez l'agréer, j'aurai déjà recueilli la pre-
« mière et la plus précieuse récompense de mon travail.

« Je suis avec un profond respect,

Monseigneur,

« Votre très humble et très obéissant serviteur.

« Daumon. »

Ce recueil, dont quatre volumes in-4º seulement parurent de 1786 à 1787, et qui se termine à l'année 1757, a pour titre : *Collection / d'édits, déclarations / ordonnances etc. / enregistrées au Par-*

« et je crois que vous faites fort bien d'essayer le goût du public en com-
« mençant d'imprimer les lois du dernier règne. Ce n'est pas que dans la
« suite, et si votre entreprise réussit, il ne soit à désirer que vous impri-
« miez votre collection en remontant ; car le recueil de Dupoux est fort
« rare, etc. »

(1) Abbaye Laïque, canton de Salies, arrondissement d'Orthez.

— 217 —

lement de Navarre. / ensemble les arrêts de règlement rendus par cette Cour / depuis 1716. / (1).

En 1788, il donnait une nouvelle édition de la *Noubele / Pastourale / Bearnèze, /* dont le titre est en tout semblable à celle que Vignancour avait fait paraître en 1763 (2), sauf l'indication de l'imprimeur qui est remplacée par celle-ci : *à Pau, / de l'imprimerie de P. Daumon, / imprimeur déü Réy 1788. /* — in-18 de 28 pages (3).

La même année, il imprimait : 1° *Arrêté / et / représentations / de la noblesse du Béarn / du 19 juin 1788 / ensemble / les lettres de MM. les commissaires / de la noblesse au Roi, à Monsieur, frère du Roi, à monseigneur comte d'Artois,* — petit in-8° de 29 pages.

2° *Très respectueuses / remontrances / du Parlement de Navarre, au Roi. /* — petit in-8° de 34 pages.

3° *L'arrêté du Parlement / de Navarre / du 17 juillet 1788 / et lettre au Roi du 19 juillet 1788. /* — Petit in-8° de 15 pages (4).

Si nous citons spécialement ces trois brochures, c'est qu'elles se rapportent à la résistance faite par le Parlement de Navarre à l'enregistrement des Edits qui enlevaient aux Parlements tous leurs pouvoirs en matière d'administration générale et de finances, résistance dont M. Rivarès, un des rares travailleurs de la société des Sciences, Lettres et Arts de Pau, a retracé naguère les épisodes émouvantes (5).

La première de ces brochures porte : « à Pau, imprimé par « Daumon, FORCÉ PAR LE PEUPLE » et la troisième : « Imprimé

---

(1) Bibl. de Pau.
(2) Voir page 175.
(3) Un exemplaire appartient à M. l'abbé Bidache, à Pau.
(4) Bibl. de Pau.
(5) Bulletin de la Société, T. 12 II° série p. 202 et suiv.

« à Pau, chez P. Daumon, PAR ORDRE DU PARLEMENT ». Or, ces indications avaient aux yeux de Daumon une importance.

Il était, on le sait, imprimeur privilégié du Roi, et ces brochures étaient dirigées contre le Roi !

Pour justifier le concours de ses presses dans cette révolte contre l'autorité royale, il n'imagina rien moins que de constater qu'il ne cédait qu'aux ordres du Parlement et à la volonté populaire, et il plaidait ainsi les circonstances atténuantes pour le crime de Lèse-Majesté qu'il commettait en matière d'imprimerie.

En 1789 il imprimait : *Extraits / de deux mémoires opposés / sur la question / si le Béarn députera aux Etats généraux de France / présentés l'un et l'autre aux Etats de Béarn* (1) /, question qui amena au sein des Etats des discussions pleines de violences et d'orages, basées qu'elles étaient sur ce que « l'indépendance du « Béarn, absolue d'après ses lois particulières, mettait ses « intérêts en dehors de ceux des Français (2) ».

Jusqu'alors son imprimerie était établie place Gramont, mais le 22 août 1789, et par acte passé devant Mᵉ Legros, notaire, il acquit de Messire Bernard de Salettes, « seigneur de Denguin, Cas-« tillon et autres, conseiller au Parlement de Navarre », une maison appelée de Pourteau, située rue de Camgrand (3).

C'est là qu'il transporta ses presses, et, si l'on en croit l'auteur des articles sur la ville de Pau qui parurent dans l'*Indicateur des Pyrénées* de 1866 (4), l'impression par Daumon d'un catéchisme républicain valut à cette rue le nom de *Rue des droits de l'homme* qui lui fut attribué par délibérations de la Commune de Pau des

(1) In-8º de 139 pages.
(2) *Mourot, étude biographique* par Garet. — *Pau et les Basses-Pyrénées pendant la révolution* par Rivarès, Pau Ribaut, 1876.
(3) Cette maison porte actuellement le nº 10 de la rue Sully.
(4) Nº du 6 octobre. Bibl. de Pau.

13 octobre 1793, 7 frimaire et 19 messidor an 3, nom qu'elle échangeait du reste, le 20 germinal an XII, contre celui de rue Camgrand qu'elle avait porté autrefois.

Pendant la période révolutionnaire, Daumon prit le titre d'*imprimeur national du Département*. Son imprimerie était alors *un des plus beaux établissements de ce genre*, à en juger par une pétition que ses ouvriers, au nombre de huit, avaient adressée au Directoire du département pour se plaindre de « leur position qui « est des plus fâcheuses par le défaut de travail qu'ils éprouvent « depuis près de trois mois » (1).

Sur le premier point, cette assertion est corroborée par les indications que nous avons trouvées dans un « Etat nominatif du « tiers des citoyens les plus aisés de la commune de Pau, pour « la taxe des dons patriotiques » (2). Daumon y figure sous le n° 55, comme « possesseur présumé d'une fortune de 100,000 fr. « consistant en immeubles, meubles à Pau et au Laur (3), et son « industrie », « le tout », est-il ajouté, « acquis depuis la révolution ».

Quant au second, le défaut de travail, dont se plaignaient les ouvriers, devait à ce moment tenir à une cause accidentelle, car l'*Essai d'une bibliographie du département des Basses-Pyrénées de*

---

(1) Cette pétition, qui ne porte pas de date, fait partie dans les archives du département du fonds des pièces postérieures à 1790 série L. *Papiers de l'administration du département*. Elle est signée par Pierre Boé, Jean Higuès, Lespès, Chaine, Toumiu, Sisos, Barbier et Délis. L'un des signataires Jean Higuès fut mis en réclusion le 20 février 1793 par le comité de surveillance établi à Pau, pour *propos inciviques*, mais il fut élargi le lendemain sur la demande de Daumon, imprimeur, pour les besoins de la presse.

(2) Cet état fait partie de la série L des Arch. des B.-Pyr. ; il n'est pas daté.

(3) Hameau, commune de Lescar.

1789 à 1800 que nous avons déjà cité (1), nous révèle que, dans une nomenclature de 462 pièces, l'imprimerie de Daumon figure à elle seule pour 130 ouvrages, sans y comprendre un chiffre de 34 dus à une association passagère que Daumon contracta avec le sieur Toumiu, l'un de ses ouvriers.

Cette communauté d'intérêts était en pleine prospérité le 6 thermidor an II (24 juillet 1794) époque à laquelle Daumon et Toumiu sollicitaient de la municipalité de Pau « quatre quartaux de cen-
« dre pour lessiver les presses de *leur atelier continuellement en*
« *activité pour le service de la République* » (2).

Elle ne dura cependant que jusqu'en 1795.

En 1791, Daumon avait édité un : *Mémoire pour servir de supplément à l'essai sur la minéralogie des monts Pyrénées* (3), grand in-4° de 67 pages qui avait pour auteur le savant Palassou (4).

La même année, il commença la publication d'un *Almanach du département des Basses-Pyrénées,* qu'il continua d'année en année jusqu'en 1800-1801, époque à laquelle il lui donna le nom d'*Annuaire du département* en prenant le titre d'imprimeur de la Préfecture (5).

En l'an IX il imprimait : la *Constitution de la République Française* — in-8° de 68 pages (6) et en l'an X, en substituant à son prénom de Pierre celui d'Alexandre, la *Statistique du départe-*

(1) Page 185.
(2) Rivarès. *Pau et les Basses-Pyrénées pendant la révolution*, page 59.
(3) Bibl. du Château de Pau.
(4) Voir sur Palassou la note 1 page 188.
(5) Collection de la Bibl. de Pau. L'almanach de l'an 2e de la République française (1792-1793) contient comme digne de remarque une liste des *noms des hommes illustres* que Daumon conseille aux pères de famille de donner à leurs enfants.
(6) Bibl. de Pau.

ment des Basses-Pyrénées par le Général Serviez, préfet, — in-8º de 102 pages (1).

Dans l'intervalle, il avait fait paraître une *Instruction sur le nouveau système des poids et mesures rédigée par un professeur de l'Ecole centrale, approuvée par la Commission des poids et mesures, et imprimée par ordre de l'administration centrale,* — petit in-8º de 70 pages (2).

Bien que la date ne soit pas mentionnée sur le titre, cet ouvrage est postérieur à l'an 7, car l'autorisation d'imprimer ne fut accordée à Daumon que dans la séance du 8 ventôse an 7, et une annotation mise sur l'exemplaire que nous avons eu en notre possession fait connaître que le professeur de l'Ecole centrale se nommait M. Estarac ; or nous ne l'avons retrouvé comme professeur de mathématiques qu'en l'an xi.

Enfin, et suivant une indication que nous puisons dans les « Mémoires de Palassou pour servir à l'histoire naturelle des « Pyrénées et des pays adjacents » (3), ce fut Daumon qui avait imprimé une *Dissertation sur la ladrerie par M. Minvielle.*

En 1803, il céda son imprimerie à M. Pierre Laurent Veronese, auquel, par acte du 29 germinal an xi (19 avril 1803), il vendait aussi sa maison située alors rue des Droits de l'homme nº 5. Dans cet acte, il se qualifiait d'ancien imprimeur et M. Veronese prenait le titre d'imprimeur.

Bien qu'à partir de cette époque sa vie ne nous appartienne plus, nous pouvons dire cependant qu'il n'avait pas su conserver la fortune qu'il avait acquise pendant la révolution, car ses créan-

---

(1) Bibl. de Pau.
(2) Bibl. de M. Raymond Dufau.
(3) Pau. Vignancour 1815. Page 322.

ciers frappèrent de surenchère la vente de la maison qu'il avait consentie à M. Veronese.

Marié à Catherine Carret, il en avait eu au moins un fils appelé Jean-Claude-Alexandre Thomas, né le 29 décembre 1777 (1).

Nous ne lui connaissons pas de marque typographique.

(1) Arch. Com. de Pau GG. 148 f° 72.

CHAPITRE VI

LA FAMILLE VERONESE

I. Pierre Laurent, 1803-1827. — II. Auguste, 1827-1865. —
III. Adolphe, 1865 a ce jour.

I.

Lorsqu'au mois de ventôse an 9, le général Serviez vint à Pau en qualité de préfet (1), il amenait avec lui, comme secrétaire particulier, Pierre Laurent Veronese qui, à son départ, continua à exercer les mêmes fonctions auprès de son successeur le général Castellane (2) jusqu'au moment où, en 1803, il acheta l'imprimerie de Daumon.

Il fut pourvu immédiatement du titre d'imprimeur de la Préfecture, car il prenait cette qualité dans l'*Almanach du département des Basses-Pyrénées pour l'an* XII *de la République* (1803-1804, *Ere Grégorienne*), qui formait la suite de la publication de ce genre qu'avait commencée Daumon et que lui-même devait continuer jusqu'en 1822 (3).

(1) Il y exerça ces fonctions du 13 ventôse an 9 au 23 germinal an 10.
(2) Préfet du 23 germinal an 10 au 10 août 1810.
(3) La collection de ces almanachs, qui existe à la Bibliothèque de Pau, s'arrête à cette année.

En 1810, il fut confirmé dans son industrie et reçut un brevet d'imprimeur successible.

Nommé en 1814 inspecteur dans le département pour la vérification des poids et mesures, fonctions qui, à partir de 1821, furent limitées aux arrondissements de Pau et d'Oloron, il fut, en outre, chargé de vérifier l'estampille pour la librairie et cumula ces diverses positions avec son titre d'imprimeur, auquel il adjoignait celui d'*avocat*, jusqu'en 1827, époque à laquelle il céda son établissement industriel à son fils Auguste pour rester seulement vérificateur des poids et mesures.

Indépendamment des pièces officielles émanant de la préfecture et de l'almanach dont nous avons parlé, il imprima les ouvrages suivants :

An XI. — *Cours d'arithmétique à l'usage des écoles publiques, par le Cⁿ. Auguste Franç. Estarac.* — In-8° de 372 pages (1).

An XI. — *Flore des Basses-Pyrénées ; par J. Bergeret, docteur en médecine.* — 2 vol. in-8°, CLXXV-195. — 516 pages.

An XI-1803. — *Code civil, suivi des discours prononcés au Tribunal et au Corps législatif, sur les lois qui le composent, avec leurs motifs et une table raisonnée de matières, première partie.* — In-8° de 144 pages (2).

1806. — *Les règles et statuts de la vénérable et dévote confrérie du Très Saint Sacrement de l'autel et de la glorieuse Vierge Marie, établie dans l'église paroissiale de Saint-Martin à Pau.* — In-16 de 31 pages.

1806. — *Règlements et statuts de la confrérie des dames de la charité établie à Pau en l'année 1640.* — In-16 de 23 pages.

(1) Daumon avait imprimé du même auteur une *Instruction sur les poids et mesures*. Voir page 221.

(2) Nous ne connaissons de cet ouvrage que la première partie qui s'arrête à l'article 389 du livre III.

1808. — *Règlemens de L∴ R∴ L∴ Saint-Jean, sous le titre distinctif du Berceau d'Henri IV à l'O∴ de Pau.*— In-12 de 50 pages.

1809. — *Les Projets contrariés, vaudeville en un acte fait à l'occasion de la fête de Monsieur de C...... le 4 juin 1809, par A. N....* — Petit in-8º de 24 pages (1).

1809. — *Jurisprudence de la Cour d'appel séant à Pau, à l'usage des Tribunaux civils et de commerce, des justices de Paix, des maires et des curés qui peuvent être dans les communes les conciliateurs des parties, des jurisconsultes, avocats, avoués, notaires, huissiers, propriétaires, etc.* — 2 parties en 1 vol. in-8º de XVI-303-284 pages.

1815. — *Avis sur les Eaux minérales de Saint-Christau de Lurbe, par M. Bousquet, propriétaire.* — In-12 de 16 pages.

Août 1815. — *Ma vie politique depuis la révolution, et mon journal, comme maire de la ville de Pau, pendant les mois de février et mars 1814.* — In-4º de 18 pages signé *Bordenave d'Abère.*

1819. — *Tableaux de la conversion des mesures nouvelles en anciennes, et des anciennes en nouvelles par E. Perris, ancien géomètre du cadastre, actuellement instituteur à Pau.* — Petit in-8º de 20 pages.

1820. — *Etrennes Béarnaises pour l'année 1820.* — Petit vol. in-16 contenant les mois de l'année, la famille royale et un recueil de chansons béarnaises.

1823. — *Relation du voyage de Sa Majesté Louis XVI, lors de son départ pour Montmédi et de son arrestation à Varennes le 21 juin 1791 ; par M. le comte de Moustier, l'un des trois gardes du corps, honorés de la confiance de leurs augustes et infortunés maîtres dans*

---

(1) Il s'agit de la fête de M. de Castellane, alors préfet à Pau. La scène se passe dans le jardin de la Préfecture et dans le cours de la pièce il est fait allusion à la bravoure de *Boni*, le fils du préfet, qui devait plus tard devenir le Maréchal de Castellane.

ce funeste voyage; maintenant colonel au service de S. M. l'Empereur de Toutes Les Russies. — In-8º de 68 pages (1).

Enfin, et sans que nous puissions lui assigner une date certaine, car elle n'est pas indiquée, un volume de : *Cantiques spirituels pour les missions, à l'usage des nouveaux missionnaires de Bétharram, à Pau, chez P. Veronese, imprimeur de la Préfecture.* — In-8º de 95 pages contenant depuis la page 88 des cantiques *en gascon* au nombre de 7.

II.

Né à Paris le 8 mars 1798, Auguste Veronese fut breveté imprimeur à Pau le 5 juin 1828, en remplacement de son père qui avait démissionné en sa faveur (2).

En 1830, il fonda sous le titre de : *Le Montagnard des Pyrénées*, un journal de nouvelles, littérature, arts, sciences, industrie, commerce et annonces, qu'en 1840 il transforma en un journal politique, scientifique, littéraire, industriel et d'annonces, qu'il appela : *L'Observateur des Pyrénées.*

En 1849, il échangea ce titre contre celui de : *La Constitution, Journal des Pyrénées* qui cessa de paraître à la fin de 1851.

Le 8 mai 1852, il y substituait : *L'Echo des Pyrénées*, journal littéraire, agricole, industriel, judiciaire et d'annonces, paraissant le samedi et le mercredi, mais, après 98 numéros, il disparut le 27 avril 1853.

En 1841 quelques amis des lettres essayèrent de faire revivre l'ancienne *Académie des Sciences et Arts* que des lettres-patentes

(1) L'imprimerie était alors située rue Notre-Dame nº 10.
(2) A l'occasion de son mariage avec demoiselle Uranie Chassaing, en date du 18 juillet 1827, il prenait le titre d'*imprimeur*, fils de Pierre Laurent, *vérificateur des poids et mesures*.

du 20 août 1721 avaient instituée à Pau et que la fin du 18ᵉ siècle avait emportée avec elle (1), ce fut Veronese qui fut chargé du soin d'imprimer le bulletin de cette Société qui avait pris le nom de : *Société des Sciences, Lettres et Arts de Pau* et qui vécut jusqu'en 1844.

En 1865, il a cédé son imprimerie à son fils Adolphe.

Dans le nombre des ouvrages qu'il a édités, nous relevons les suivants :

1828. — *Les héritiers Lassansaà.* — *Divertissement représenté chez Madame la marquise de Gontaut-Biron, dans une soirée que S. A. R. Madame, Duchesse de Berri, a honorée de sa présence ; par M. le baron de Gayrosse, chevalier de l'ordre Royal de la Légion d'honneur.* — In-8° de 20 pages.

1830. — *L'histoire en action ou les deux Léonidas ; par le vicomte de Saint-Cricq.* — 2 vol. in-8° de xxxxiii-202 et 194-179 pages.

1832. — *Au profit des Polonais.* — *Chansons pour la fête du Roi, dédiées aux gardes nationaux des départements des Hautes et Basses-Pyrénées ; par M. X. Navarrot, étudiant en médecine et voltigeur de la garde nationale d'Oloron.* — Brochure in-8° de 24 pages.

1832. — *Coup d'œil sur les relations commerciales de la France avec Haïti et sur la dette de cette République envers les anciens colons de Saint-Domingue ; par Fournier de Pescay.* — Broch. in-8° de 23 pages.

1833. — *Manuel de prononciation anglaise d'après des règles faciles et claires ; par A. L.* — In-8° de 80 pages.

1836. — *Le Bonhomme Popule, poème burlesque en six chants ; par MM. A. Lagarde et X. Navarrot.* — In-32 de xii-107 pages.

(1) Arch. B.-Pyr. Série D., n° 13. — *Panorama de Pau*, par Dugenne, 2ᵉ édition, 1847, p. 337 et suiv.

1836. — *U juré a u méc accusat d'habe cridat bi-bi-bi-bibe la repu-pu-publique*; par X. Navarrot.

1836. — *Notices sur la ville de Pau et la Place Gramont*, par J. Félix Barrau. — In-8° de 16 pages.

1838. — *Dialogue entre Moussu Matheü l'electou y Jean de Minjequannas, lou bouhèmi*; par X. Navarrot. — In-8° de 23 pages.

1839. — *De la peine de mort considérée dans tous ses rapports avec la religion, la morale et la politique*; par le vicomte de St-Cricq. — In-8° de 38 pages.

1839. — *Instruction et exercice sur le système métrique*; par M. V***. — Brochure in-12.

1840. — *Agriculture*. — *Réponse à une circulaire ministérielle*; par le baron de Laussat. — In-8° de 67 pages.

1840.— *Pausautes d'u aousalès*, par F. Laborde, aü profieyt d'cou mounumen à eslleba à la memori de Despourins. — In-8° de 23 pages.

1841. — *Petit traité de lecture à l'usage des écoles élémentaires et supérieures*, par A.-L. V........ — Petit in-8 de 44 pages.

1846. — *Lou Saint Evangeli, d'après St-Mathieu*. — Petit in-8° de 59 pages.

1846. — *Recueil de 24 pages, au profit des familles victimes du désastre arrivé au Pont d'Orthez*, par X. Navarrot.

1850. — *Du Crédit foncier*, par Marcel Barthe. — In-4° de 33 pages.

1850. — *Almanach démocratique des Pyrénées pour l'année 1850*. — In-16 de iv-100 pages.

1850. — *Poésios Bearnesos, per lou citoyen Destrade, oubrè imprimur*. — In-12 de 24 pages.

1854. — *Partage du Pont-Long entre les cantons de Laruns et d'Arudy*. — In-8° de 15 pages. *(Signé J. Livron).*

1858. — *Grammaire Béarnaise suivie d'un vocabulaire Français-Béarnais, par V. Lespy.* — In-8º de xx-300 pages.

1859. — *Mourot. — Etude Biographique — par Emile Garet, avocat à la Cour Impériale de Pau.* — Petit in-8º de 110 pages.

1862. — *Etudes sur les vraies doctrines sociales et politiques ; par Ed. de Gavardie, magistrat à Pau.* — In-8º de 365 pages.

1862. — *Lettre d'un Etranger à M. d'Auribeau, nouveau Préfet des Basses-Pyrénées sur quelques questions intéressant le présent et l'avenir de la ville de Pau.* — In-12 de 36 pages.

1862. — *La Presse à Pau ; par Emile Garet.* — In-12 de 36 pages.

Et, sans que nous puissions préciser une date : *Les Boutades d'un Ecolier , par M. Nestor, dédiées à son ami Frédéric S.....* — Brochure petit in-8º de 16 pages.

Coup d'Etat. — Guerre d'Orient. — In-8º de 18 pages.

III.

Breveté le 14 septembre 1865, Adolphe Veronese débuta dans la carrière par l'impression de l'*Indicateur de Pau et des Basses-Pyrénées* (9 décembre 1865), « journal du Syndicat de Pau et des « stations thermales », qui dura jusqu'au 11 mai 1867.

En 1866, c'est chez lui que s'imprima *Jean qui rit*, « journal « littéraire, artistique, fantaisiste, humouristique, judiciaire et non « agricole » auquel succéda en 1867 *Le Furet ex Jean qui rit*.

Mais ces feuilles disparurent lorsque, le 16 octobre 1867, fut créé à Pau un nouveau journal politique sous le nom de l'*Indépendant des Basses-Pyrénées*, avec M. Emile Garet pour rédacteur en chef.

Il intervint alors entre ce dernier et Adolphe Veronese une société qui avait trait non seulement à ce journal, mais encore à l'exploitation de l'imprimerie dont la direction cependant resta sur la tête de Veronese qui parut seul en nom.

Cette société a pris fin à l'expiration du délai de dix ans, pour lequel elle avait été créée, et depuis lors Adolphe Veronese est seul possesseur de son imprimerie, M. Garet devenu acquéreur de l'*Indépendant* ayant à cet effet créé un nouvel établissement (1).

En 1870, la Société des Sciences, Lettres et Arts de Pau ayant repris ses travaux interrompus en 1844 (2), Adolphe Veronese fut chargé, comme l'avait été son père, d'en imprimer le bulletin.

De 1872 à 1875, il a imprimé la *Chronique de Pau*, « journal lit-« téraire, artistique et d'annonces, organe de l'Union Syndicale « de Pau », auquel a été substitué en 1875 le *Journal des Etrangers* qui existe encore et dont il est toujours l'imprimeur.

Lorsque le 15 mai 1876 la *Société des Bibliophiles du Béarn* fut constituée sur l'initiative de MM. Paul Raymond et V. Lespy, c'est Adolphe Veronese qui fut investi de la mission d'imprimer les publications de cette Société et le soin intelligent qu'il a apporté à cette œuvre lui a valu, lors de l'Exposition Industrielle annexée au Concours Régional qui a eu lieu à Pau en 1881, une médaille d'or, récompense la plus élevée qui ait été décernée à la section dans laquelle il exposait.

Depuis 1882, il imprime le *Petit Républicain des Basses-Pyrénées*, journal hebdomadaire, et, depuis 1881, le *Journal d'Agriculture Pratique*, fondé par M. Guittet.

Nous donnons ci-après la liste des ouvrages qu'il a édités, tout en faisant observer que nous n'avons pas cru devoir y comprendre les tirages à part des nombreuses études qui ont paru dans le *Bulletin de la Société des Sciences, Lettres et Arts de Pau* et qui, à

(1) Voir chap. suivant § 5
(2) Voir page 226.

ce titre, ne nous paraissent pas constituer des ouvrages spéciaux :

1865. — *Le Renard de Lafontaine*, conférence faite à Pau le 5 janvier 1865 par V. Lespy, professeur au Lycée Impérial, officier de l'Instruction publique. — In-8° de 30 pages.

1866. — *La Vigne en France et spécialement dans le Sud-Ouest* ; par M. Romual Dejernon. — In-8° de ix-481 pages.

1866. — *Essai climatologique sur Pau*, par le D^r Fr. Schaer — Traduit de l'allemand. — In-12 de iii-51 pages avec deux tableaux, édité par Lafon.

1866. — *Le Paysan français au XVIIIe siècle*, par Emile Garet. — Petit in-8° de 91 pages.

1866. — *L'Enquête agricole dans le département des Basses-Pyrénées en 1866*, par Louis Sers. — In-8° de 94 pages.

1867. — *Les femmes d'après les proverbes*, conférence faite à Pau le 7 décembre 1865 par V. Lespy, professeur au Lycée Impérial, officier de l'Instruction publique. — In-16 de 54 pages.

1867. — *Un avocat Béarnais (1625-1626)*, conférence faite à Pau le 14 février 1867, par V. Lespy, professeur au Lycée Impérial, officier de l'Instruction publique. — In-8° de 28 pages.

1867. — *Petite géographie pour les Ecoles du département des Basses-Pyrénées, contenant la géographie du département*. 3e Edition (1) augmentée d'un chapitre historique sur Pau et les principales maisons souveraines du Béarn ; par E. Nouguier. — In-16 de 143 pages édité par Lafon.

1867. — *Lettre d'un conseiller général sur les dépenses départementales*. Signé Louis La Caze. — In-8° de 24 pages.

1867. — *Coup d'œil sur l'histoire de Béarn*, par Emile Garet. — In-18 de 103 pages.

---

(1) Les deux premières éditions ont été imprimées en 1862 par Vignancour. Voir page 201.

1868. — *Les Beaux Arts à Pau, par Emile Maze.* — In-8° de 65 pages.

1868. — *Chansons et airs populaires du Béarn, recueillis par Frédéric Rivarès. Traditions, Mœurs, Usages. Deuxième édition* (1). — Grand in-8° de 116 pages de texte plus 56 pages de musique.

1868. — *Chansons de Xavier Navarrot, publiées par V. Lespy, professeur au Lycée Impérial de Pau, officier de l'Instruction publique.* — Petit in-8° de 323 pages.

1869. — *Aux habitants de Pau à propos du marché couvert.* — Brochure in-8° de 15 pages.

1870. — *Etudes sur les améliorations et les embellissements à faire dans la ville de Pau, par H. Fric, avocat.* — In-8° de 118 pages.

1870. — *Notice sur l'abbaye de Capbis dépendance de l'abbaye de Sauvelade de 1127 à 1792, par Terré, ancien instituteur et secrétaire de mairie.* — In-8° de 50 pages.

1871. — *La guerre de 1870. Formule du communalisme, par le Dr Marchal (de Calvi).* — In-8° de 370 pages.

1872. — *Notions sur l'impaludisme, par le Dr Duboué de Pau.* — In-8° de 39 pages.

1873. — *Fables par G. T. Sabatier précédées d'une introduction par A. Cadier.* — In-8° de 157 pages.

1873. — *Frédéric Soutras. Les Echos de la montagne.* — In-8° de xxi-260 pages.

1873. — *Philosophie de la guerre par Frédéric Borde.* — In-8° de 172 pages.

1874. — *Le Bon vieux temps en Béarn ; par Marcel Barthe.* — Petit in-8° de 56 pages.

1874. — *Pau, the pyrenean Winter — Station. — Hygienic appreciations of its climate.* — Petit in-8° ix-114 pages.

(1) La première édition a été imprimée par Vignancour en 1844.

1874. — *Soirs d'hiver par Jocelyn Bargoin, avec un sonnet préface par François Coppée.* — In-8º de 101 pages. L. Ribaut, éditeur.

1875. — *Lou sermou deu curé de Bideren.* xviiiᵉ siècle — *publicat per la segounde betz* (1). — Petit in-8º carré de 15 pages.

1875. — *Dictons du Pays de Béarn par V. Lespy, secrétaire général de la Préfecture des Basses-Pyrénées en retraite.* — In-8º de 293 pages tiré à 102 Exemplaires, édité par L. Ribaut.

1875. — *La Chasse aux Palombes par Messire Henry d'Andichon, curé archiprêtre de Lembeye* — xviiiᵉ siècle. — In-8º de 23 pages édité par L. Ribaut.

1876. — *Catalogue abrégé des tableaux exposés dans les salons de l'ancien asile de Pau, appartenant aux héritiers de feu Mgr L'Infant Don Sébastien de Bourbon et Bragance.* — Petit in-8º de 80 pages.

1876. — *La Société Béarnaise au dix-huitième siècle — Historiettes tirées des mémoires inédits d'un gentilhomme béarnais, publiées pour la Société des Bibliophiles du Béarn.* — Petit in-8º carré de iii-iii-301 pages.

1876-1877. — *Récits de l'histoire sainte en Béarnais, traduits et publiés pour la première fois sur le manuscrit du xvᵉ siècle par V. Lespy, secrétaire général de la Préfecture des Basses-Pyrénées en retraite et P. Raymond, archiviste du département des Basses-Pyrénées, pour la Société des Bibliophiles du Béarn.* — 2 vol. petit in-8º carré iii-lxxi-249 — iii-vii-384 pages ; un glossaire se trouve à la fin du 2ᵉ volume.

1877. — *Liste des Suspects du département des Basses-Pyrénées — 1793 — dressée par le comité de Salut public de Pau ; publiée pour*

---

(1) L'éditeur est M. Léon Ribaut, libraire à Pau, qui, en 1873, avait fait imprimer la première édition chez Jouaust à Paris. Il en a fait réimprimer une troisième en 1879 chez Chollet à Sauveterre de Guyenne.

la Société des Bibliophiles du Béarn. — Petit in-8° carré III-II-109 pages ; n'a pas été mis en vente.

1877. — *Le Diable Blanc de Sardace ou la vérité dans les apparitions de St-Palais, par R. Vinay*. — In-8° de 36 pages.

1877. — *L'éducation du Maréchal de Castellane ; notes écrites par sa mère, publiées pour la Société des Bibliophiles du Béarn*. — Petit in-8° carré de VIII-119 pages.

1877-1878-1879. — *Lettres du Maréchal Bosquet à sa mère-1829-1858 — publiées pour la Société des Bibliophiles du Béarn*. — 4 vol. petit in-8° carré III-X-328 — III-III-353 — III-IV-357 — III-VIII 323 pages avec un portrait à l'eau-forte gravé par Flameng. Cet ouvrage n'a pas été mis en vente.

1878. — *Autolégie — Nouvelle méthode de lecture mnémonique, autodidactique et mutuelle ; par P. L. Tourasso, membre de la société pour l'instruction primaire*. — In-12 de 115 pages.

1878. — *Ung flouquetot coelhut hens los psalmes de David metutz en rima bernesa per Arnaud de Salette en l'ancia* MDLXXXIII (1). — Petit in-8° carré de XIII-196 pages y compris un *Diccionarot bernes et frances* — ouvrage tiré à 102 Exemplaires.

1878. — *Abrégé de l'histoire du 18° régiment d'infanterie*. — Brochure in-8° de 11 pages.

1878. — *Un baron béarnais au quinzième siècle — Textes en langue vulgaire traduits et publiés par V. Lespy, secrétaire général de la Préfecture des Basses-Pyrénées en retraite et P. Raymond, secrétaire général de la Préfecture des Basses-Pyrénées, pour la Société Bibliophiles du Béarn*. — 2 vol. petit in-8° carré contenant l'un le texte béarnais suivi d'un glossaire formant un total de 139 pages, l'autre la traduction en X-83 pages.

(1) Cet ouvrage forme le tiers des Psaumes de David édités en 1583 par Rabier, voir page 54.

1879. — *Lous Gentius de Bearn ou lou Rèbe de l'abè Puyoo.* — Petit in-8° carré de 26 pages édité par L. Ribaut.

1879. — *La conversion de Mlle de Roannez* — Par M. G. Lyon. — In-8° de 30 pages.

1879. — *Lettre de M. Tourasse aux maires et conseillers municipaux des Basses-Pyrénées relativement à la création des bibliothèques cantonales.* — In-8° de 16 pages.

1879. — *Exposition des tableaux, études, aquarelles, dessins de Victor Galos. Catalogue précédé d'une notice sur Victor Galos et ses œuvres par M. André Gorse.* — In-8° de 28 pages avec un portrait gravé à l'eau forte signé Gaujean.

1879. — *Lettres du maréchal Bosquet à ses amis — 1837-1860 — publiées pour la Société des Bibliophiles du Béarn par V. Lespy.* — 2 vol. petit in-8° carré de iv-iii-173 — v-v-240 pages. Cet ouvrage n'a pas été mis en vente.

1879. — *Notice sur la Place royale de Pau —1688-1878— par Louis Lacaze, sous Inspecteur de l'enregistrement, publiée pour la Société des Bibliophiles du Béarn.* — Petit in-8° carré de iii-ii-108 pages.

1879-1880. — *Un curé Béarnais au dix-huitième siècle, correspondance de l'abbé Tristan, publiée par V. Lespy, secrétaire général de la Préfecture des Basses-Pyrénées en retraite, pour la Société des Bibliophiles du Béarn.* — 2 vol. de iiii-ii-239 pages — iiii-ii- 242 pages.

1880. — *Segond flouquetot coelhut hens los psalmes de David metutz en rima bernesa per Arnaud de Salette, en l'ancia* MDLXXXIII *par J. Bidache.* — Petit in-8° carré de ii-214 pages tiré à 112 Exemplaires.

1880. — *Le Général Camou. Esquisse biographique publiée pour la Société des Bibliophiles du Béarn par V. Lespy.* — Petit in-8° carré de iiii-iii-99 pages.

1880. — *L'enseignement civique dans l'école, par Charles du Pouey.* — In-8º de 25 pages.

1880. — *Guide de Cauterets — Description, renseignements, les eaux, promenades, excursions — par A. Lequeutre, membre de la Société Ramond et du Club Alpin français — 4ᵉ Edition augmentée de courses nouvelles dans les montagnes espagnoles de l'Aragon par E. Wallon, membre de la Société de Géographie et du Club Alpin.* — In-16 de iv-200 pages avec une carte géographique de la région, une carte du Mont-Perdu, un plan de la ville de Cauterets et une carte de la vallée, édité par Cazaux.

1880. — *Gabriel Maison. Rimes d'Antan.* — Petit in-8º carré de 48 pages.

1880. — *Le Droit du Seigneur en Béarn — 1539.* — Petit in-8º carré de 18 pages édité par L. Ribaut.

1880. — *Tout y croit. — Recherches et anecdoctes, par G. D.* — In-8º de 29 pages et 2 gravures, tiré à 50 exemplaires.

1880. — *Grammaire Béarnaise suivie d'un vocabulaire béarnais-français; par V. Lespy. — Deuxième édition.* — In-8º de iv-520 pages.

1881. — *Nabère Pastourale Béarnese.* — Petit in-8º carré de iv-40 pages, tiré à 300 exemplaires. — Léon Ribaut éditeur.

1881. — *Causeries politiques par Pierre Dutilh, baron de la Tuque. — Troisième édition.* — In-8º de 20 pages.

1881. — *Traitement curatif de la gorge et du nez et des surdités catarrhales. Méthode et pratique du gargarisme laryngo-nasal et de la pulvérisation, etc.; par le Docteur Guinier, ancien chef de clinique et professeur agrégé de la faculté de médecine, médecin aux Eaux de Cauterets et à Toulouse.* — In-16 de 147 pages, édité par Cazaux.

1881. — *Visites à l'exposition de peinture de la Société des Amis des Arts de Pau, par André Gorse.* — Petit in-8º carré de 46 pages.

— 237 —

1881. — *Lettre de M. Tourasse aux instituteurs des Basses-Pyrénées.* — In-8° de 35 pages.

1881. — *La Poblation d'Oloron, texte roman de l'an 1080. Mis au jour par l'abbé Bidache.* — Petit in-8° carré de xiv-31 pages, 1 fac-simile. — L. Ribaut, éditeur.

1881. — *Hier, Aujourdhui, Demain. Odes et sonnets par Gaston de Lafuye.* — In-18-jés. de ii-121 pages.

1881. — *Esquisse de climatologie médicale sur Pau et les environs, par le Dr Duboué, membre correspondant de l'Académie de Médecine.* — In-18 de 113 pages, avec une planche..

1882. — *Les Courses de Taureaux devant la Justice.* — In-12 de 40 pages.

1883. — *Contre Torquemada. — Népomucène, drame en trois actes, par M. l'abbé G., précédé d'une lettre à Victor Hugo.* — Petit in-8° carré de 63 pages tiré à 115 exemplaires numérotés.

1883. — *Les Eaux sulfureuses de Cauterets, leurs moyens d'action et leur mode d'application, par le Dr Sénac-Lagrange, médecin consultant à Cauterets.* — Petit in-8° de 228 pages, édité par Cazaux.

1883. — *Recueil d'observations sur l'effet des Eaux Minérales de Cauterets, fragment inédit d'un manuscrit commencé l'année 1749, par Antoine, Théophile et François de Bordeu, médecins, recueilli et annoté par le Docteur Duhourcau de Cauterets.* — Petit in-8° de 73 pages, édité par Cazaux.

1883. — *L'inhalation et la Pulvérisation à Cauterets, par le Docteur Achille Bouyer, ancien interne des hôpitaux de Paris, médecin inspecteur des Eaux de Cauterets.* — In-16 de 37 pages, édité par Cazaux.

1883.— *Mémoire sur les eaux minérales et les établissements thermaux de Cauterets par Lomet et Ramond, publié par ordre du Comité du Salut Public, l'an iii de la République Française.* — Nouvel-

le édition annotée par le Docteur Achille Bouyer, médecin inspecteur de Cauterets. — Brochure in-12 de 22 pages, édité par Cazaux.

1883. — *Souvenirs historiques par Marcellin Mouly de Monein.* — In-8º de 27 pages.

1883. — *Des propriétés physiologiques et curatives du Culex pipiens, de l'hydrocotyle asiatica et pathogénésie nouvelle de Viola odorata, par le Dr L. T. Houat, de l'île de la Réunion.* — In-12 de 85 pages.

L'imprimerie Veronese a successivement occupé les locaux suivants : rue Notre-Dame, 10 ; Cours Bayard, 1; rue des Cordeliers, Impasse La Foi. Elle est aujourd'hui rue de la Préfecture, 11.

CHAPITRE VII

I. Toumiu, 1793-1816. — II. Sisos et sa veuve, 1793-1829. — III. La famille Tonnet, 1791 a ce jour. — IV. Menetière, 1875 a ce jour. V. Garet, 1879 a ce jour.

I.

Pierre Toumiu était ouvrier chez Daumon et fut un des signataires de la pétition qui signalait l'importance de l'établissement de cet imprimeur (1).

Il devint son associé de 1793 à 1795 à en juger par les pièces portant le titre : *Pau, imprimerie Daumon et Toumiu* relevées par M. Soulice dans son « Essai d'une bibliographie pendant la période révolutionnaire » (2).

Bien que nous ne connaissions que deux ouvrages sortis plus tard de ses presses ; l'un, sans date : *Le Poète du village ou œuvres de P. C. B..... de Baigtz* (3), in-8° de 216 pages (4), et l'autre : *Analyse générale des Eaux de Secours* (5) (*Signé Dupérié*) 1807 In-12 de 12 pages (6) ; il figure cependant dans les annuaires du

(1) Page 219, note 1.
(2) Pau 1874, pages 70 et suiv.
(3) Commune de l'arrondissement d'Orthez.
(4) Bibl. de Pau.
(5) Secours ou Soucours, C^{ne} de Sévignac, C^{on} d'Arudy.
(6) Bibl. de Pau.

département au nombre des *imprimeurs tolérés*, dans la période de 1810 à 1816.

Il était marié à Jeanne Biraben, mourut à Pau, le 29 août 1816 à l'âge de 55 ans et n'eut pas de successeur.

II.

Comme Pierre Toumiu, Guillaume Sisos avait signé la pétition en qualité d'ouvrier de Daumon.

A partir de 1794, il figure dans la nomenclature de M. Soulice comme ayant imprimé *seul* quinze brochures ou placards (1).

En pluviose an VI, il éditait les *Lois concernant les contributions directes*, in-8º de 140 pages ; ses ateliers étaient alors situés rue du département, nº 10 (2).

En l'an 7, il les transporta rue *de la Loi* (3), et il y imprimait le *Calendrier du département des Basses-Pyrénées pour l'an 7 de la République française* dont le prix était de *huit sols* (4).

Devenu l'associé de Jean Tonnet, ils firent paraître, sous la raison sociale, « *G. Sisos et Jean Tonnet, rue de la Loi, nº 8* » :

An 8. — *Histoire des maladies de l'armée des Pyrénées Occidentales, par Jacques Terrier, médecin breveté des armées et traducteur des ouvrages de Stoll.* — In-8º de 484 pages (5).

An 9. — *Instruction sur les nouvelles mesures, publiée par ordre du Ministre de l'Intérieur, en exécution de l'arrêté des Consuls du*

---

(1) *Essai d'une Bibliographie*, etc., p. 68 et suiv.
(2) Aujourd'hui la rue des Cordeliers. Cette rue s'était précédemment appelée rue de l'Administration et rue *Marat*. Le 9 messidor an III elle échangea ce nom contre celui de rue du Département, auquel, le 20 germinal an XII, fut substitué celui de rue de la Municipalité.
(3) Aujourd'hui rue de la Préfecture.
(4) Bibl. de Pau.
(5) Bibl. de Pau.

13 *brumaire an* 9. *Réimprimé par ordre du général Serviez, préfet des Basses-Pyrénées.* — In-8º de 98 pages suivi de « *Tables de Comparaison entre les mesures anciennes et celles qui les remplacent dans le nouveau système métrique, avec leur explication et leur usage, publiées par ordre du général Serviez, préfet du département des Basses-Pyrénées.* — In-8º de 61 pages (1).

An XI — *Calendrier du département des Basses-Pyrénées pour l'an* XI — 23 septembre 1802 au 23 septembre 1803 (2).

Il mourut le 16 novembre 1808 à l'âge de 55 ans.

Sa veuve, Catherine Biès, avec laquelle il s'était marié le 26 vendémiaire an 13, continua seule son industrie et reçut en 1810 un brevet d'*imprimeur toléré*.

Le 1ᵉʳ septembre 1816, elle obtint la rénovation de son brevet qu'elle fit enregistrer au Greffe du Tribunal civil de Pau le 26 novembre 1817, jour où elle prêta serment.

Ses ateliers, qu'elle avait transportés rue de Bordeaux, devinrent bientôt une dépendance de l'imprimerie Vignancour jusqu'en 1829, époque à laquelle elle céda définitivement son imprimerie à Emile Vignancour.

III

Jacques Tonnet était le fils de Pierre Teberne, dit Tonnet, maître d'hôtel de M. d'Orognen, Président au Parlement de Navarre ; il était né à Gurs (3).

Il commença par être libraire et c'est en cette qualité qu'à la date du 4 novembre de l'an 2 il fut compris dans la liste des *suspects* dressée par les membres du comité de surveillance de Pau,

---

(1) Exemplaire appartenant à M. L. Ribaut, libraire à Pau.
(2) Bibl. de M. Adrien Planté, à Orthez.
(3) Canton de Navarrenx.

comme « clubiste d'aristocrates ». Il ne fut pas néanmoins incarcéré.

En l'an v, il forma le projet d'ouvrir un *Cabinet littéraire* (4) et il adressa à la municipalité la pétition suivante :

« Citoyens,

« Il manquait dans cette commune l'établissement d'un cabi-
« net littéraire, j'en conçus le projet, et il réussit.

« Des fonctionnaires publics y étant déjà abonnés, c'est vous
« assurer que cet établissement sera borné à sa propre institu-
« tion.

« Les lectures auxquelles on se livrera ne pourront que nour-
« rir l'esprit public, l'avantage d'y exécuter de la musique encou-
« ragera ce talent, et ce rapprochement des hommes ne pourra
« que cimenter de plus en plus la fraternité et l'amitié, ce senti-
« ment si doux.

« Je déclare que les abonnés ne se réuniront au Cabinet litté-
« raire que pour leur satisfaction, et d'après les conditions du
« prospectus ci-joint en conséquence vous voudrez bien m'en
« donner acte, m'authoriser (sic) à continuer cet établissement et
« me permettre de le publier par la voie de l'impression ».

« Tonnet ».

Le Prospectus en question était ainsi conçu :

« Prospectus d'un Cabinet littéraire proposé par souscription
« et établi à Pau, chez Tonnet, libraire.

———

« Le citoyen Tonnet s'oblige de fournir aux abonnés une salle
« propre, chauffée et éclairée.

(4) Tonnet ne faisait en cela qu'imiter Despax qui en 1785 avait eu la même idée. Voir ci-après chapitre VIII § IV.

« Il y établira partie de sa librairie, se réservant la liberté de
« vendre les ouvrages qui y seront déposés lorsqu'il en trouvera
« l'occasion.

« Il fournira le *Moniteur* et six autres différents ouvrages pé-
« riodiques, qui pourront être changés chaque six mois au choix
« des souscripteurs.

« Il fournira quelques nouveautés, qu'il sera libre de vendre
« quinze ou vingt jours après leur exposition au Cabinet litté-
« raire.

« On y sera reçu par abonnement de 24 livres par année, et
« payables en souscrivant ; il se renouvellera tous les premiers
« de Pluviôse, et le cabinet sera ouvert tous les jours.

« Nul ne pourra se permettre d'emporter hors de la salle aucun
« livre, papier-nouvelle, ni autre objet destiné à l'usage de tous
« les abbonnés (sic). On ne pourra non plus y introduire qui ne
« seraient pas étrangers à la Commune de Pau, laissant à ceux-là
« la liberté de s'abonner pour un ou deux trimestres, s'ils le dé-
« sirent, à 3 fr. par mois.

« Les souscripteurs au Cabinet littéraire ne pourront s'y livrer
« qu'à la lecture des Gazettes, des nouveautés, des ouvrages lit-
« téraires, *et au plaisir d'y faire de la musique.*

« Ceux qui voudront souscrire s'adresseront au citoyen Tonnet
« qui les annoncera aux abonnés déjà inscrits, et signeront le
« présent prospectus, auquel tout citoyen devra se conformer ;
« et, à cet effet, il sera exposé dans la salle.

« Si quelqu'un venait à avoir quelque mécontentement, il s'a-
« dressera au citoyen Tonnet, qui demeurera chargé de faire
« régner l'ordre et la paix dans l'intérieur du Cabinet littéraire.

Nota. — « Ceux qui désirent recevoir quelque ouvrage périodi-
« que, et notamment *la Clef du cabinet des Souverains* ou *le Moni-*

« *teur*, pourront s'adresser au citoyen Tonnet qui les leur fera
« parvenir directement ».

Dans sa séance du 17 ventose an V l'administration municipale donna à Tonnet l'autorisation qu'il avait sollicitée, « considérant,
« est-il dit dans la délibération, que l'établissement d'un Cabinet
« littéraire, auquel, suivant le prospectus, on ne peut se livrer
« *qu'à la lecture ou à la musique*, ne peut qu'être infiniment pro-
« fitable pour les sciences négligées depuis longtemps ; et que
« rien dans le prospectus n'est contraire aux lois ni à l'ordre
« social » (1).

Il devint plus tard l'associé de Sisos ; sous le titre en effet : *Pau de l'imprimerie de G. Sisos et J. Tonnet, rue de la loi n° 8, an 8*, parut l'ouvrage de M. Terrier sur les maladies de l'armée des Pyrénées occidentales (2).

Cette association qui durait encore en 1803, ainsi que l'établit l'énonciation *d'un Calendrier du département des Basses-Pyrénées pour l'an XI-23 septembre 1702-23 septembre 1803 ; à Pau, chez G. Sisos et J. Tonnet rue de la loi n° 8* (3), n'existait plus cependant en 1807, car, en se qualifiant d'imprimeur libraire, à côté de la Préfecture, Tonnet seul faisait paraître le *Calendrier des Basses-Pyrénées pour l'an 1807, an IIIe de l'Empire français*, dont lui et sa veuve ont continué la publication jusqu'en 1826 (4).

En juin 1808, il imprimait : L'*Itinéraire des routes d'Espagne ou guide des voyageurs pour aller de Madrid à toutes les villes et bourgs d'Espagne et de certaines de ces villes à d'autres, soit par les gran-*

---

(1) Nous avons pris cette copie au vu d'une affiche sortie des Presses de *Sisos, imprimeur* et qui est conservée dans les papiers de la famille Tonnet.

(2) Voir § précédent.

(3) Propriété de M. Adrien Planté à Orthez.

(4) Collection existant à la Bibliothèque de Pau.

des routes, soit par les chemins de traverse. *Traduit de l'itinéraire espagnol. Suivi des routes de postes, et de ce que chaque voyageur doit payer. Avec une carte de l'Espagne ; un tableau qui, au premier coup-d'œil, indique les principales villes de ce royaume, leur distance des unes aux autres ; et un second tableau des capitales de l'Europe, avec leur distance entr'elles. Augmentée d'une notice historique et géographique des provinces, des villes les plus considérables, de leur sol, de leur climat, de leurs fabriques, de leur commerce, de leurs monumens, des laines, des mérinos et autres objets qui peuvent mériter l'attention des voyageurs.* — In-8° de 372 pages, sans date, mais dont Tonnet annonçait la mise en vente au prix de 3 fr. dans le Calendrier de 1809, p. 121, en ajoutant : « Cet ouvrage, qui a
« été fait et imprimé à Pau en juin 1808, est nécessaire aux per-
« sonnes qui voyagent en Espagne et agréable à tout le monde
« par les notices qu'il contient » (1).

En 1811. — *La Nayade de la fontaine de Bordeu aux Eaux-Bonnes.* — In-12 de 70 pages (2).

En 1811. — *Traité sur l'amélioration des bestiaux dans le département des Basses-Pyrénées ; par M. Lostalot, membre du conseil d'agriculture.* — In-8° (3).

En 1815. — *Observations sur la statistique du département des Basses-Pyrénées qui parut en 1802, et projets d'améliorations concernant l'agriculture, les contributions directes et quelques branches de commerce ; par M. Lacoste, inspecteur des contributions.* — In-8° de 144 pages (4).

En 1816. — *Théorie de la terre, déduite de l'organisation des Pyrénées et Pays adjacens, rédigée par M. Jean Latapie, ex-aspirant de*

(1) Exemplaire appartenant à M. Léon Ribaut, à Pau.
(2) Bibl. de Pau.
(3) Indication puisée dans le calendrier de 1812.
(4) Bibl. de Pau.

la marine militaire, sur les manuscrits de M. Flamichon, ingénieur-géographe (1). — In-8° de 311 pages (2).

En 1817. — *Examen de la dissertation de M. B.... curé de P., sur l'usure, imprimée chez M. Vignancour en 1816 et publiée en juin 1817. Par M. l'abbé Burgué, supérieur au séminaire de Bayonne.* — In-8° de 291 pages (3).

En 1819 et 1820. — Les deux premiers volumes de l'*Histoire des troubles survenus en Béarn dans le 16e et la moitié du 17e siècle, par feu l'abbé Poeydavant, curé de la paroisse St-Martin de Salies* — in-8° de 476-489 pages pour la publication desquels il avait ouvert en 1819 une souscription au prix de 15 fr. qui s'appliquait à l'ouvrage entier composé de trois volumes.

En 1819. — *Mémoire sur le projet de procéder à une nouvelle répartition de l'imposition foncière entre les départements; par M. de Bordenave d'Abère, président du Conseil général des Basses-Pyré-*

---

(1) Flamichon, ingénieur arrivé à Pau en 1774, est l'auteur d'une carte qui existe aux Archives du département et qui mesure 2^m 30 de haut sur 2^m 10 de large. Elle a pour titre : La *Souveraineté de Béarn levée géométriquement et présentée à nos seigneurs des trois Etats, par le sieur Flamichon, ingénieur et géographe du Roi.* L'auteur ajoute en note: « On « a marqué dans cette carte les mines des Pyrénées et on a divisé les pro-« vinces par sénéchaussées. » Flamichon est à Pau le créateur de la Place Gramont. C'est à lui, en effet, que le Roi concéda, suivant arrêt du conseil d'Etat du 4 février 1783, un terrain dépendant du château de Pau de contenance de 8,550 toises carrées, à la charge de former sur une partie du terrain une place publique sous le nom de Place Gramont, conformément à un plan joint à la requête. Ce n'est pas ici le lieu de raconter les modifications qui furent plus tard apportées à ce plan, il nous suffit de constater que, par arrêté du Préfet du 24 octobre 1838, les héritiers Flamichon ont été déclarés libérés de toutes les obligations auxquelles ils étaient tenus d'après l'acte de concession de 1783 et la ville mise en possession de cette place.

(2) Bibl. de Pau.

(3) Bibl. de Pau.

nées et une *Addition* au dit mémoire par le même auteur. — Deux brochures in-8º (1).

En 1810, il avait été maintenu comme *imprimeur toléré* et avait fait le 11 avril la déclaration prescrite par la loi.

Nommé imprimeur de l'Académie royale de Pau par arrêté du Conseil académique du 12 juillet 1816, il obtint, le 1ᵉʳ août 1818, la rénovation de son titre d'imprimeur à la résidence de Pau et mourut le 28 avril 1820 à l'âge de 67 ans.

Sa veuve, Catherine Raguette, fut immédiatement appelée à lui succéder (août 1820).

En mars 1821, elle éditait le troisième et dernier volume *de l'Histoire des troubles survenus en Béarn.* — 462 pages (2).

En juin de la même année : *Essai sur les vices du langage ou supplément de Grammaire Française ; destiné principalement à la jeunesse du département des Basses-Pyrénées et des départements circonvoisins et, en très grande partie, utile à celle des autres départements ; dédié à l'abbé Jourdan, recteur de l'Académie de Pau, par B. Sajus, ancien professeur.* — In-8º de 70 pages (3) dans lequel elle prenait la qualité *d'imprimeur de la Mairie et de l'Académie.*

En octobre 1822 : *Pratiques de piété, par P. Daguzan, curé desservant de Moumour, à l'usage de ses paroissiens.* — Petit in-12 de 24 pages suivi de : *Pratiques de piété pour faire dévotement le Chemin de la Croix établi dans l'église de Moumour, avec une neuvaine en l'honneur de St-Louis de Gonzague, modèle et patron de la jeunesse.* — 7-39-23 pages (4).

---

(1) Indication puisée dans le calendrier 1819. La première de ces brochures dont M. le baron de Bordenave-d'Abère, conseiller honoraire à la Cour d'appel de Pau, a bien voulu nous communiquer un des rares exemplaires, a été imprimée en octobre 1818 et contient 37 pages.

(2) Voir ci-dessus.

(3) Exemplaire appartenant à M. Léon Ribaut, à Pau.

(4) Communication de M. Binet à Oloron.

A son décès survenu le 5 décembre 1826, son fils, Joseph Henri Tonnet, fut investi de ses fonctions par arrêté du 21 mars 1828.

En 1841 il imprimait : *Les Montagnardes, œuvres variées, poétiques et littéraires, par F. G. Eury de Bern*, dont nous ne connaissons que les 1re et 2e livraisons contenues dans une brochure in-8º de 16 pages.

Il a édité en outre en 1848, une brochure portant en titre : *Le Banquet au profit des blessés de février* 1848 (1).

En 1851. — *Notices instructives, par J. F. E. de Bern, membre de la Société Nationale de Paris, pour la propagation des connaissances scientifiques.* — In-16 de 24 pages.

En 1852. — *Pouesios Bearnesos, Diou ! (dab sa traductiou) per Destrade, oubrè imprimur.* — in-8º de 32 pages.

En 1854. — *Quelques observations sur les Eaux minérales de Saint-Christau, par le Dr A. d'Arcet.* — In-8º de 67 pages.

En 1856. — *Le choléra à Nay, en septembre* 1855 (vers portant la signature : *Castets, avocat*). — In-8º de 8 pages.

En 1860, c'est chez lui que fut imprimé le *Canard des Pyrénées*, journal littéraire, scientifique et des intérêts agricoles dont M. L. Froment avait eu l'initiative, mais qui ne compta que quatorze numéros (13 mai-12 août 1860).

Il mourut le 10 juin 1866, à l'âge de 63 ans, et son double brevet d'imprimeur et de libraire fut maintenu le 14 septembre suivant sur la tête de Jeanne Naubonet, sa veuve.

Pour ses débuts, elle imprimait, le 15 du même mois, *l'Avenir du Béarn, journal du département des Basses-Pyrénées*, que M. Adolphe Thibault essayait de fonder à Pau et qui disparût le 29 mai suivant.

(1) Indication puisée dans les *Chansons de Xavier Navarrot, publiées par V. Lespy*. — Pau, Veronese, 1868, page 291.

En sa qualité d'imprimeur de la mairie, elle imprimait en 1867 le *Recueil des arrêtés de police de la ville de Pau restés en vigueur depuis le 1er février 1810. Collection rassemblée sous l'administration de M. Larrabure*. — In-8º de 244-xi-4 pages.

Code municipal à l'usage des agents de police. — In-16 de 97 pages.

En décembre 1868, elle a imprimé : *Réflexions en réponse à l'oubli de Dieu, par un membre de l'église anglicane revenu à la religion de ses pères, l'église catholique romaine*. — In-8º de 96 pages ; et du 22 juillet 1869 au 4 février 1871, *Le Béarnais*, journal politique, qui cessa de paraître à cette dernière date et dont les premiers numéros (3 avril-19 juillet 1869) avaient été imprimés chez M. Veronese.

En 1871, elle éditait : *Le Crédit en France, par Romuald Déjernon*. — In-12 de 79 pages.

Guerre et paix, par M. l'abbé Tapie, missionnaire, docteur en théologie du Collège romain. — In-8º de 15 pages.

En 1873-1874, elle imprimait : *La Chronique Béarnaise hebdomadaire* qui n'a compté que onze numéros du 28 décembre 1873 au 15 mars 1874.

C'est enfin chez elle que du 5 avril 1874 au 25 décembre 1875 a débuté l'*Echo des Pyrénées* qu'a créé à Pau M. Albéric Menetière (1).

Elle est morte le 5 mai 1876, à l'âge de 71 ans, et, le 13 avril suivant, sans qu'il y ait eu cependant une interruption dans son industrie, M. Adolphe Tonnet, son fils, qui, depuis plusieurs années, était l'imprimeur de fait, a déclaré qu'il était dans l'intention de continuer la profession de sa mère.

Indépendamment de toutes les impressions (rapports, budgets

(1) Voir § suivant.

etc.) qu'il fait pour le compte de la Mairie, dont il a, comme ses aïeux, la clientèle, celui-ci a édité les ouvrages suivants :

1879. — *Réflexions en réponse à l'oubli de Dieu, par un membre de l'Eglise anglicane, revenu à la religion de ses pères, l'Eglise Catholique Romaine.* — In-8° de 110 pages.

1879. — *Mousseline, par Madame E. Barutel (Adolphine Tonnet), Lauréat de l'académie française.* — In-16 de 13 pages.

1879. — *Nouveau guide offert au Etrangers et Pélerins qui désirent visiter les principaux monuments et lieux remarquables de la ville de Pau et des environs, contenant toute la description de l'intérieur du château.* — In-16 de 33 pages.

1881. — *Perqué lou Rey Pétit ey lou rey doüs aüzeths. Leyende biarneze, poëme en trés partides, par Charles Darrichon.* — In-16 de 8 pages.

1881. — *Degré élémentaire. Premier recueil de sujets de style à l'usage des Ecoles primaires, par B. Bareilhes, instituteur, première édition.* — In-8° de 31 pages.

1881. — *Rèbe de l'abé Puyo (de Pontiacq) su la noublesse deu Béarn,* suivi de : *Sermon deu curé de Bideren.* — Petit in-8° de 12 pages.

1881. — *Poésies béarnaises,* 1re partie : *Fables. Traduction en vers français en regard du texte.* 2e partie : *La lyre de la montagne, par J. L. Lacontre.* — In-4° de 22 pages avec musique.

Il imprime depuis le 1er octobre 1882 : *Le Moniteur des Pyrénées*, journal quotidien. Ses ateliers sont situés Place des Ecoles.

IV.

La création de l'imprimerie de M. Albéric Menetière remonte au 25 décembre 1875, jour où il cessa de faire imprimer chez M. Tonnet l'*Echo des Pyrénées* qu'il avait fondé en 1874. Il donna à son établissement le nom d'*Imprimerie Nouvelle*, qu'il a remplacé depuis par celui d'*Imprimerie Administrative et Commerciale* et qui est située rue des Cultivateurs, n° 18.

En juillet 1878, il y a adjoint un atelier de *stéréotypie*, qu'il a complété en 1879 par l'emploi de la *Zincographie* et en 1882 par l'*Isographie* et une machine à composer.

Il imprime l'*Echo d'Orthez* (4 septembre 1877). Le *Bulletin Catholique* (5 janvier 1879). *Pau-Théâtre* (13 novembre 1881) et depuis 1883 : *Le Journal des Haras, remontes, agriculture et sports*, fondé en 1828 et dont le siège social est à Paris.

Le 13 avril 1880, il a tenté sous le titre du *Petit Béarnais* la publication d'un Journal illustré qui n'a duré que deux ans.

De son imprimerie sont sortis les ouvrages suivants :

1875. — *L'Ecole de Brienne, pièce en trois actes*. — In-8° de 38 pages.

1876. — *Dona-Phaleüko Agestzeack*. — In-8° de 35 pages.

1876. — *Une poignée d'anecdotes, par le marquis de T....* — In-8° de 212 pages.

1876. — *Une rivale de Marguerite, par le Baron de Fauconnet*. — Petit in-8° de 296 pages.

1877. — *Un mélange diabolique par le Baron E. de Fauconnet*. — In-8° de 258 pages.

1877. — *Etudes Landaises, par M. l'abbé Bosredon*. — In-8° de 80 pages.

1877. — *S. M. l'Impératrice Eugénie, portrait à la plume par Charles Diguet*. — In-12 de 24 pages avec un portrait photographique.

1877. — *Traité pratique des Eaux-Bonnes par le Dr Cazenave de la Roche*. — Petit in-8° de 264 pages.

1878. — *La commission d'enquête à Pau*. — Petit in-16 de 32 pages.

1879. — *S. M. L'Empereur.* 1ʳᵉ *partie.* In-8º de 106 pages.

1879. — *L'Espagne en* 1879 ; *par Adrien Planté, ancien député, membre du conseil général des Basses-Pyrénées.*—In-8º de 31 pages.

1879. — *S. M. l'Empereur. Les Bienfaits de l'Empire, par A. Bradier, ouvrier typographe et Maurice Cuminge.* — In-8º de 168 pages.

1879. — *Le Golfe de Gascogne, Pays Basque, Pyrénées. Pau, Bayonne.* (*Panorama à vol d'oiseau*) *avec une carte du département des Basses-Pyrénées, par J. B. Dasconaguerre, conseiller général.* — Petit in-8º de 231 pages.

1880. — *Les Abeilles par le Ch*ᵉʳ *de la Rhoëllerie.* — In-8º de 158 pages.

1880. — *Régicide et Liberté, par Adrien Planté, conseiller général des Basses-Pyrénées, député invalidé.* — In-8º de xxvi pages.

1880. — *La Descente de Bizanos par Plumeauvent, Duracuire, Tapamort, Filenquatre, rédacteurs de la Revue Comique.* — In-16 de 32 pages.

1880. — *Le Thé et le Fourrage, confabulation chinoise à l'usage des maîtresses de maison, par Tol-Edem-Meaeb-Cloc, Mandarin-lettré.* — In-8º carré de 160 pages.

1880. — *La petite clé de l'harmonie ou nouveau procédé pour apprendre rapidement à toucher du clavier ; par l'abbé A. J. Pécaut, professeur au collége de St-Palais.* — In-8º de 8 pages.

1881. — *Augustin Marrast. La vie Byzantine au* VIᵉ *siècle. Préface et commentaires, par Adrien Planté, ancien magistrat.* — In-8º de xxxv-461 pages.

1881. — *Recherches sur la ville de Pau, par Louis Lacaze, ancien sous inspecteur de l'enregistrement. Le marché et les foires de Pau.* —Pet in-8º carré de 12 pages.

1881. — *L'affaire du curé de Lembeye, vols qualifiés.* (*Cour d'assises des Basses-Pyrénées*). — In-8º de 204 pages.

1881. — *Guide de l'Etranger et du Touriste à Biarritz et dans ses environs ; par Georges Gellé.* — Petit in-8° de 140 pages.

1881. — *Capvern et ses deux sources, par M. le Dr Sancery.* — In-8° de 96 pages.

1881. — *Le duel de Pierrot, pièce en cinq actes ; par Gustave Haller.* — In-8° de 92 pages.

1882. — *Récréations et souvenirs d'un ancien fonctionnaire ; par J. Mestepès, inspecteur primaire en retraite — nouvelle édition revue et augmentée. (Lafon éditeur).* — Petit in-8° de 152 pages.

1881. — *Notice sur les Eaux minérales de Lamalou Le Centre.* — In-8° de 47 pages. Tirage en français, en anglais et en espagnol.

1882. — *Le Camp de Dieu depuis le commencement du monde jusqu'à nos jours ; par Albert Casteran, avocat à la cour d'appel de Pau.* — In-8° de 127 pages.

1883. — *Petit manuel d'électro-homéopathie Mattei.* — Petit in-8° de 105 pages.

1883. — *De l'application du Sphygmographe à l'étude de la bronchite chronique, par le Dr Lahillonne.* — In-8° de 46 pages.

1883. — *Gustave Haller. Madame Gustave Fould.* — In-8° de 40 pages.

VI.

En juillet 1879, M. Garet, devenu acquéreur de l'*Indépendant* à la suite de la dissolution de la Société ayant existé entre lui et M. Adolphe Veronese, a monté, rue des Cordelier n° 11, une imprimerie, pour le besoin de son journal.

Il imprime en outre depuis leur fondation : (1er juillet 1881) le *Bulletin d'éducation et d'instruction populaire des Basses-Pyrénées, organe spécial des bibliothèques cantonales,* et (18 décembre 1881)

Pau-Gazette, journal hebdomadaire paraissant le dimanche, créé par A. Aréas qui en est le directeur et rédacteur en chef.

Il a édité les ouvrages suivants :

1880. — *Les deux infaillibilités, par un chercheur chrétien.* — In-8° de 8 pages.

1880. — *Les Bienfaits de la Révolution française, par Emile Garet.* — In-8° VIII-499 pages.

1880. — *Histoire de l'Etablissement des Jésuites à Pau, suivie de l'arrêt de la cour du Parlement de Navarre contre les Jésuites en 1763, par Emile Garet.* — In-12 de 59 pages.

1880. — *Deuxième lettre de M. Tourasse aux maires et conseillers municipaux des Basses-Pyrénées. Participation des communes aux bibliothèques cantonales.* — In-8° de 15 pages.

1881. — *Notice sur les bibliothèques cantonales d'après le plan conçu par M. Tourasse et par lui réalisé dans le département des Basses-Pyrénées, par A. Piche.* — In-8° de 13 pages.

1881. — *La prime d'honneur des Basses-Pyrénées en 1881 ; par L. Sers, président de la Société d'agriculture du département.* — In-8° de 20 pages.

1882. — *Le Docteur Pidoux, membre de l'académie de médecine — médecin inspecteur d'Eaux-Bonnes, 1808-1882, par A. Aréas, rédacteur en chef du Courrier d'Eaux-Bonnes.* — Brochure in-8° de 14 pages.

1882. — *L'ours dans les Basses-Pyrénées, par Jam.* — In-12 de 52 pages et 4 planches.

1883. — *Projet de sociétés cantonales d'assurance mutuelle en cas de maladie, intermédiaires auprès des institutions de prévoyance de l'Etat ; par Pierre Tourasse.* — In-8° de 15 pages.

1883. — *Recueil de poésie sacrée extraite du Paroissien romain et* dédiée à M. Cazalé, archiprêtre et curé de la paroisse de St-Martin de Pau. Signé W. L. — In-8° de 22 pages.

1883. — *Le château de Pau*, par Mme E. O. Description et histoire depuis les temps les plus reculés jusqu'à nos jours, avec un abrégé historique de Bigorre, Marsan, Armagnac, Comté de Foix et Béarn. — In-12 de 109 pages.

CHAPITRE VIII

LIBRAIRES

I. Barthe Louis 1685-1696. — II. Morlanne Jean-Pierre 1736-1767. — III. Garsin 1764, Selse 1764-1768, Bergol 1764-1795. — IV. Despax 1776-1782, Ducos 1786, Gardelle 1760-1790. — V. Les Libraires depuis 1810.

I.

Lorsque Dupoux et Michon avaient en 1689 présenté aux Jurats de Pau, une requête pour être autorisés à ouvrir une imprimerie en concurrence à celle de Desbarats (1), un nommé Louis Barthe, libraire à Pau, avait aussi adressé une demande semblable dont les termes nous ont été conservés par une délibération de la communauté de cette ville, en date du 17 juin 1689 (2).

« A été vu, y est-il dit, la requête présentée par M. Louis Bar-
« the, marchand libraire, habitant en la présente ville, contenant
« qu'il s'est retiré avec sa famille en cette ville depuis 8 ou 10
« ans où il exerce la profession de marchand libraire de son
« mieux pour satisfaire le public dans la débite de ses livres, et,
« parce qu'il n'y a dans la ville ni dans toute la province qu'un
« seul imprimeur qui est M. Jean Desbarats lequel ne pouvant
« donner ordre aux impressions qui sont nécessaires au public,
« le suppliant a été employé diverses fois de faire faire des im-

---

(1) Voir ci-dessus page 159.
(2) Arch. Com. de Pau, BB. 6 f° 54.

« pressions et à cet effet de les envoyer dans la ville de *Toulouse*,
« ce qui causait de grandes dépenses et frais à ceux qui avaient
« besoin des dites impressions ; voilà pourquoi le sieur Barthe,
« qui est en volonté de continuer sa résidence et l'exercice de sa
« profession en la présente ville, pour se rendre plus utile au
« public, a résolu de se retirer par devers S. M. pour obtenir des
« lettres de second imprimeur, afin que, par ce moyen, tous les
« habitants du pays et autres circonvoisins puissent trouver la
« satisfaction, et faire faire les impressions nécessaires à moins
« de frais qu'ils sont obligés de le faire en les envoyant hors de
« la Province par l'impossibilité où se trouve ledit Desbarats seul
« imprimeur, et, pour obtenir la chose plus facilement, il aurait
« besoin d'une attestation des dits Jurats comme étant les magis-
« trats de la principale ville de la Province, et qui bien souvent
« sont en peine de faire faire les impressions nécessaires pour la
« ville, demandant qu'il plaise lui accorder un certificat du besoin
« et de la nécessité qu'il y aurait d'avoir un second imprimeur en
« ladite ville pour que le public fût mieux et plus promptement
« servi, afin que le suppliant puisse se retirer par devers S. M.
« pour en obtenir les lettres et provisions nécessaires ».

Bien que le sieur Barthe ait obtenu des Jurats le certificat qu'il sollicitait, il ne donna cependant pas suite à son projet, et il se borna à exercer la profession de libraire et de relieur, à l'occasion de laquelle il recevait de la Chambre des Comptes, le 29 août 1690, une somme de cinq livres « pour la reliure faite par lui, en
« basane, du procès-verbal de récolement et vérification des
« titres » de cette chambre (1).

---

(1) Arch. B.-Pyr. B. 4000. — Il avait, le 23 février 1689, reçu au même titre 40 livres « pour la reliure des inventaires de la réformation du Domaine ». (Arch. B.-Pyr. B. 3999).

En cette qualité, il était compris, le 20 janvier 1692, dans le rôle des *Bourgeois* qui doivent assister au feu de joie de la prise de Montmélian (1).

C'est enfin dans sa boutique que fut mise en vente la troisième édition du : *Traité / des merveilles / opérées en la chapelle / Notre-Dame / du calvaire / de Béth-Aram,* / dédié à madame La Comtesse de Brienne. — In-8° de xiv-351 pages (2), dont la date et le nom de l'imprimeur ne sont pas indiqués et qui porte en sous titre : *Se vendent / à Pau / chez Louis Barthe / marchand libraire. / Par permission. /*

Il exerçait, en outre, la profession de messager de Pau à Bordeaux, office dont il avait été pourvu par Provisions du Roy ; mais, dans son testament du 4 mai 1696 (3), il explique qu'il n'était que le bénéficiaire apparent de ces provisions ; il s'exprime, en effet, ainsi à cet égard :

« Item a dit le testateur, qu'ayant été pourvu, par provisions
« du Roy, de l'office de messager de Pau à Bordeaux *qui appar-*
« *tient en propriété au sieur de Larroque, seigneur de Lacq, le Tes-*
« *tateur n'ayant fait que prêter le nom propre pour obtenir les dites*
« *provisions*, et que, nonobstant icelles, il a passé un contrat de
« ferme conjointement avec les nommés Palette et Manescau, dit
« Gros, de Gélos, en faveur dudit sieur de Larroque, et, *comme*
« *il n'est entré dans le contrat que pour faire plaisir aux dits Pa-*

---

(1) Arch. Com. de Pau, FF. 15 f° 4. — Montmélian en Savoie, à 16 kil. S.-E. de Chambéry, avait une forteresse regardée comme une des positions les plus fortes de l'Europe. Elle fut prise par Catinat le 21 décembre 1691 et les Béarnais célébrèrent cette victoire.

(2) Bibl. du château de Pau. — Voir pour les éditions antérieures 1re partie, chap. vii § v.

(3) Arch. B.-Pyr. E. 2078 f° 172. — Ce testament fut fait maison Pédomy vocat au parlement, où il demeurait et fut retenu par Me Lassalle, notaire.

« *lette et Manescau*, il déclare qu'il fut convenu verbalement entre
« lui et lesdits Palette et Manescau que ces deux derniers servi-
« raient et feraient les voitures et voyages de ladite messagerie
« chacun son tour, qu'ils paieraient la ferme audit sieur de Lar-
« roque et retireraient tous les droits et émoluments de ladite
« messagerie, à la charge que le Bureau serait établi chez le tes-
« tateur qui tiendrait un registre des voitures, hardes et lettres
« qui se porteraient en allant et en revenant, et qu'il serait payé
« audit testateur pour le droit et louage dudit bureau, et pour ses
« peines et soins, dix sols par quintal des dites voitures et deux
« sols pour livre sur les ports de lettres, laquelle convention ver-
« bale et non écrite a été exécutée ».

Il mourut le 6 mai 1696 et dans son acte de décès il est qualifié de *marchand libraire et messager ordinaire de Pau à Bordeaux* (1).

Né à Fontenilles (2), il s'était marié avec Catherine Reynaguet de Toulouse, suivant contrat de mariage passé devant M⁵ Vincens, notaire en cette ville, le 13 février 1678. Sa femme mourut à Pau, le 25 janvier 1692 (3) ; il en avait eu trois enfants (4) :

Catherine, baptisée le 6 décembre 1685.

Jean, baptisé le 16 septembre 1687.

Jean-François, baptisé le 10 décembre 1689.

Ceux-ci ne recueillirent de leurs successions que la dot de six cents livres qui avait été constituée à leur mère, et encore ce ré-

(1) Arch. Com. de Pau, GG. 11, f° 51.
(2) Commune de la Haute-Garonne, canton de St-Lys, arrondissement de Muret.
(3) Arch. Com. de Pau. GG. 10, f° 3. — Sa mère s'appelait Guillamette Vocanson ; elle était originaire de Toulouse, et survécut à sa fille et à son gendre. Elle mourut à Pau le 1ᵉʳ avril 1703 et dans son acte de décès elle est indiquée comme étant *surnommée de Barthe* (Arch. Com. de Pau, GG. 11 f° 166).
(4) Arch. Com. de Pau, GG. 7 f°ˢ 164-175-230.

sultat ne fût-il atteint qu'à la suite d'un procès intenté par un sieur Jean Dupuy, marchand de Toulouse, se disant créancier de sommes considérables. Ce procès prit fin par une transaction intervenue le 13 juin 1696, aux termes de laquelle Dupuy devenait propriétaire du fonds de boutique, livres et outils ayant appartenu à Louis Barthe, à la charge de payer aux mineurs les six cents livres en question. Le même jour un contrat d'apprentissage intervenait entre Dupuy et Jean Barthe, fils aîné (1), dont nous n'avons pu retrouver la trace.

II.

Après le décès de Louis Barthe, la librairie dut rester l'apanage des imprimeurs, et ce n'est qu'à partir de 1740, que nous rencontrons, soit à Pau, soit à Lescar, des commerçants spéciaux de cette profession.

Le premier fut *Jean-Pierre Morlanne*, originaire de Lescar, qui, le 12 février 1736, avait épousé à Pau Magdeleine de Pourtugau, dite du Monge (2).

Le 20 avril 1740, dans l'acte de naissance de son fils Jean, il se qualifiait de *libraire de la ville de Lescar* (3), mais il transporta plus tard son établissement à Pau, où il mourut le 16 août 1767 et fut enterré dans l'église des R. R. P. P. Cordeliers (4).

Depuis 1759, il avait exercé les fonctions de trésorier de l'Académie des sciences et belles-lettres de Pau, dont il était en même

---

(1) Arch. B.-Pyr., E. 2078 f° 224. Cet acte fut retenu par M° Casenave, notaire.
(2) Arch. Com. de Pau, GG. 25, f° 30.
(3) Arch. Com. de Pau, GG. 37, f° 13.
(4) Arch. Com. de Pau GG. 120, f° 27. — L'acte porte qu'il était âgé de *trois vingt huit ans*.

— 262 —

temps le concierge (1) au traitement de trente livres par an, ainsi que l'établissent les comptes qu'il rendait chaque année, et dont le dernier fut dressé le 8 février 1768 par son fils et heritiér, prêtre vicaire d'Uzein (2).

Il n'en continuait pas moins à être libraire, car le 27 mai 1766, il donnait au trésorier des Etats quittance d'une somme de cent livres « pour à-compte du prix des cartons destinés à mettre les « papiers de la Province » (3).

En 1767, il avait édité à ses frais un *Ordo* pour le diocèse de Lescar, dont le titre, qui n'indique pas le nom de l'imprimeur, est ainsi conçu :

Ordo divini officii recitandi missæ que celebrandæ in ecclesia cathedrali et diocesi Lascariensi, per annum MDCCLXVII, jussu et auctoritate Illustrissimi ac Reverendissimi in christo Patris D. D. Marci Antonii de Noe, Episcopi et Domini Lascariensis, regi ab omnibus consiliis editus. PALI, SUMPTIBUS JOANNIS PETRI MORLANNE MDCCLXVII. — Petit in-8° de 59 pages (4).

Il était, en outre, relieur et est mentionné en ces termes dans le rapport fait à M. de Sartine en 1764 : « Le quatrième libraire « est le nommé Morlanne ; il est relieur et vend très peu de li- « vres, sauf des livres à l'usage des Eglises ».

---

(1) L'Académie possédait dans la rue des Cordeliers actuelle un hôtel. C'est aujourd'hui la maison qui porte le n° 8.
(2) Arch. B.-Pyr., D. 14 et 15. — Par une délibération du 20 février 1740 (Arch. B.-Pyr. D. 13), l'Académie, sur le refus du sieur d'Agest d'accepter les fonctions de trésorier, décida qu'elles seraient remplies par une personne étrangère à l'Académie. Le premier trésorier fut un sieur Dargent auquel succéda Morlanne.
(3) Arch. B.-Pyr., C. 1481.
(4) Bibl. de M. l'abbé Chateauneuf, curé d'Oloron.

III.

En même temps que Morlanne, et, d'après les renseignements contenus dans le rapport adressé à M. de Sartine, il y avait à Pau trois autres libraires : *Bergol*, *Selse* et *Garsin*.

« Ces deux derniers, y est-il dit, sont des colporteurs étrangers « qui ont ouvert des boutiques de livres et autres marchandises ; « *ils ne savent seulement pas lire* ».

Nous voulons croire que cette affirmation est pour le moins exagérée, car nous ne la retrouvons pas consignée dans le tableau des libraires fourni en 1768 par M. de Sallenave, subdélégué de l'intendant. Il n'y est pas, il est vrai, parlé de *Garsin* mais en ce qui concerne *Selse*, M. de Sallenave s'exprime en ces termes :

« Son prénom est Pierre, il est originaire du diocèse de Gap, il « n'a point de titre en vertu duquel il exerce ; son commerce est « très médiocre et consiste à vendre des livres de piété, des « livres classiques et du papier ; sa réputation est bonne, il est ma-« rié, sa femme est en vie et a deux enfants ».

Ce sont les seuls renseignements que nous puissions fournir sur son compte ; s'ils sont nuls pour *Garsin*, il n'en est pas de même pour *Bergol*.

D'après le rapport de 1764, il était le seul en état d'exercer la librairie et avait reçu une éducation suffisante pour faire le commerce des livres ; il était bien assorti, mais son commerce était très borné, « la *liberté* qu'on a à Pau de vendre des livres lui por-« tant préjudice ».

M. de Sallenave était à son sujet plus explicite :

« Il s'appelle Jean Mathieu, est originaire de Gimont en Gasco-« gne, diocèse de Lombez ; n'a point de titre qui lui permette « d'exercer, mais a été reçu libraire à l'université de Toulouse,

« et est établi à Pau depuis douze ou quatorze ans ; sa réputation
« est bonne et il est *garçon et seul.*

Bien que le rédacteur du rapport de 1764 constatât dans ses observations générales que « les libraires ci-dessus indiqués font « un très petit commerce, qu'ils y trouvent à peine de quoi à « vivre et *qu'on ne leur connaît aucun bien,* » cette dernière affirmation n'est cependant pas rigoureusement exacte en ce qui concerne Jean Mathieu Bergol.

Il était, en effet, ou devait devenir, peu après, propriétaire d'une maison située rue Polidor (1), ainsi qu'il résulte d'une délibération de la communauté de Pau, sous la date du 18 avril 1768, lui accordant « l'autorisation de faire construire un canal sous la « maison formant le coin de la grande rue et de la rue Polidor, mai- « son qui porte le nom de maison de Sillégue et qu'il a achetée (2). »

Il mourut à Pau le 8 février 1779 à l'âge de 55 ans, sans avoir fait de testament et fut enseveli au cimetière de Notre-Dame (3).

Sa succession fut revendiquée par Amable Bergol du lieu d'Ussel en Auvergne, Jean Bergol du même lieu, et Jacques Bonnet, marchand quincaillier à Bordeaux, fils Jean Bonnet, libraire, et de Marie Bergol, originaire de Gimont, tous ses cousins.

Par une transaction passée devant M⁰ Daugerot, notaire à Pau, le 17 septembre 1780, Bonnet fut reconnu propriétaire de la librairie et de la maison de Pau, les autres bien situés à Gimont devenant la propriété de Jean Bergol seul, car Amable lui avait cédé ses droits.

Mais Jacques Bonnet, qui avait confié à Jean Bergol le soin de

---

(1) La rue *Polidor* porte aujourd'hui le nom de rue *Jeanne d'Albret* et la maison en question forme le coin de cette rue et de la rue Préfecture où elle porte le n° 39.

(2) Arch. Com. de Pau, BB. 18, f° 4.

(3) Arch. Com. de Pau, vol. 156, f° 3.

gérer sa boutique de libraire, étant mort subitement à la Croix Blanche près Roquefort (Landes) pendant un voyage qu'il faisait de Pau à Bordeaux, *Jean Bergol* recueillit son entière succession et devint ainsi libraire en titre.

Celui-ci était né à Ussel, en Auvergne, diocèse de St-Flour, et s'était marié le 13 août 1765 à Angoulême avec Marguerite Courrivau, fille d'Antoine Courrivau, marchand aubergiste, et de Marie Doumain.

Il en eut quatre enfants : un fils et trois filles dont l'une d'elles, Anne, était née à Pau le 17 septembre 1780 (1).

Il figure sur les registres des ordonnances de police de la ville de Pau, à la date du 17 juin 1786, comme faisant partie de la première compagnie des bourgeois (2); et est imposé sur le registre de taille de l'année 1790 pour une somme de 40 sols (3).

Il mourut à Pau, le 21 brumaire an IV (11 novembre 1795).

Son fils *Mathieu*, qui, dit un document privé qui nous a été communiqué, « avait été éduqué pour le commerce de la librairie, « dut au décés de son père se tourner d'un autre côté pour gagner « sa vie, le commerce des livres étant entièrement tombé par les « lois républicaines relativement aux livres qui les avaient précé- « dées »; il embrassa le commerce de l'épicerie et de la droguerie.

IV.

Le 12 septembre 1777, un nommé Joseph Despax, imprimeur de la paroisse de Simorre (4), diocèse d'Auch, se mariait à Pau à

---

(1) Arch. Com. de Pau, GG. 157 f° 56.
(2) Arch. Com. de Pau FF. 29 f° 193.
(3) Arch. B.-Pyr. Documents postérieurs à 1789 et non côtés.
(4) Commune de l'arrondissement de Lombez (Gers).

Catherine Carville, habitante de cette ville, originaire de la paroisse de St-Etienne de Toulouse (1) ; il avait précédemment monté une boutique de librairie à Pau, car l'annuaire de 1776, imprimé chez Vignancour, nous apprend qu'on trouvait à acheter chez lui les *œuvres de Dumoulin*.

En 1778, il mettait en vente les *Eléments d'histoire générale, par l'abbé Millot*, ouvrage imprimé à Paris et qui porte au verso de la première page la mention suivante : *Se vend à Pau chez Despax, libraire, qui reçoit les souscriptions pour les ouvrages nouveaux et l'abonnement pour les journaux* (2).

Ce fut lui qui le premier eut l'idée d'ouvrir un cabinet littéraire dans cette ville et il obtint à cet effet, le 30 novembre 1782 (3), l'autorisation des jurats (4), sans que nous puissions affirmer que le public palois répondit à son appel ; il est à croire cependant que non, car on a vu qu'en l'an v Tonnet demanda la permission de créer un établissement de ce genre, en invoquant pour motif qu'il n'y en avait pas à Pau (5).

A la même époque, nous signalons les librairies : de *Ducos* qui, le 17 juin 1786, était, en raison de sa profession de libraire, compris dans la liste de la deuxième compagnie des bourgeois (6);

De *Gardelle* qui, dans le registre de taille de la ville de Pau pour l'année 1790, était imposé de douze sols pour la maison de

---

(1) Arch. Com. de Pau, GG. 149 f° 37.
(2) Communication de M. Binet à Oloron.
(3) Arch. Com. de Pau, FF. 29 f° 123.
(4) Dans son *histoire de l'Imprimerie*, — 2° vol. p. 598, — M. Paul Dupont signale un sieur Quillan (Jean François), libraire, comme ayant en 1788 ouvert le *premier* à Paris, rue Christine, un cabinet de cette nature où se rassemblaient les lecteurs. Pau avait devancé Paris.
(5) 2° partie, chap. VIII § III.
(6) Arch. Com. de Pau, FF. 29 f° 193.

Reynes; il devait être le successeur de *Gardelle*, *oncle*, libraire chez lequel était mis en vente en 1760 le *Catéchisme de Lescar* (1).

V.

Pendant la période révolutionnaire et jusqu'en 1810 la liberté officielle dont jouit la librairie paraît, à Pau, s'être cantonnée sur la tête des imprimeurs qui, tous, sans exception, étaient à la fois libraires. *Gardelle* cependant continua son commerce, et en 1819 céda son établissement à *Guinlet* qui établit sa boutique au bout du Pont Neuf (2). A cette date, en effet *Guinlet* y mettait en vente les *Mesures agraires du Béarn*, ouvrage imprimé par Veronese. En 1821, il annonçait au public qu'il venait d'être nommé receveur particulier de la tontine perpétuelle d'amortissement établie à Paris par ordonnance royale du 10 mars 1819 ; les profits qu'il retira de cette double industrie ne l'amenèrent pas toutefois à la fortune, car en 1826 il quitta Pau pour aller à Paris. Commandité en 1829 par un libraire de cette dernière ville, il revint à Pau, mais il ne réussit pas dans son entreprise nouvelle et en 1831 il dut renoncer à tout commerce.

En 1812, Pierre *Delrieu*, époux de Marie Dulaurier, dont nous avons établi la descendance directe avec Guillaume Dugué, l'associé de Jeanne Desbarats (3), s'installa *Place des Paniers* (4). Il obtint le 1ᵉʳ août 1818 la rénovation de son brevet qui devint en 1827 la propriété de son fils *Pierre* ; celui-ci transporta sa bouti-

---

(1) Voir page 170, note 4.
(2) On désignait ainsi le pont établi dans la rue Bordenave d'Abère. La maison en question y a le n° 2.
(3) Voir page 158.
(4) Aujourd'hui la rue du Château. Il y occupait la maison portant le n° 11.

que rue du Pont-Neuf, maison Talon (1), puis Place Gramont n° 4, où il a exercé jusqu'au 27 février 1867, date de la cession qu'il consentit en faveur de Joseph Adolphe *Couget*, aujourd'hui décédé, et dont la librairie, située rue de la Préfecture n° 53, vient de disparaître par le décès du titulaire.

En 1824, apparaît la librairie *Perris* ; cet établissement avait son siège Grande Rue, maison Reyau (2), et le propriétaire, *E. Perris*, ancien géomètre du cadastre et instituteur à Pau, annonçait au public qu'il donnait en outre des leçons de géométrie pratique. Il transporta plus tard, rue Henri IV n° 3, sa boutique qu'il dirigea jusqu'en 1840, époque à laquelle il la céda à *Lafon, Louis-François*, qui fut breveté le 30 juillet (3). A la mort de celui-ci, son fils *Auguste* l'a remplacé (20 septembre 1864), et sa librairie, qui occupe toujours le local choisi par Perris, est une des plus achalandées de la ville de Pau. M. *Auguste Lafon* a édité plusieurs ouvrages, que nous avons indiqués aux chapitres concernant les imprimeries Vignancour et Veronese.

Un nommé *Bernède* obtint un brevet en 1825, il était originaire d'Hères (Hautes-Pyrénées) : à sa mort survenue le 30 mars 1826, *Louise Labassé*, sa veuve, lui succéda dans la maison d'Arrosès, rue Royale (4) ; elle a cessé d'exercer en 1837.

Le 1er juin 1837, *Martin Laussat* fut breveté libraire à Pau ; il est décédé le 12 février 1873, et n'a pas eu de successeur.

---

(1) Voir note 2, page 267. — La maison Talon porte le n° 6.
(2) Aujourd'hui rue de la Préfecture n° 44.
(3) M. Lafon avait quelques années avant ouvert un magasin de papeterie, rue Bordenave d'Abère n° 8.
(4) Aujourd'hui rue Henri IV n° 2.

Dominique Pellanne a fondé le 25 mai 1840 la librairie située rue Tran n° 30 qui est aujourd'hui dirigée par sa veuve.

Le 26 avril 1850, *Artiguenave* Barthélemy, gendre de Tonnet imprimeur, ouvre une boutique qu'il cède, le 3 janvier 1855, à *J. M. Dufour*. Celui-ci la transporta, en 1864, à *Jean Dufour* qui, à la suite d'un incendie survenu rue des Cordeliers n° 9, perdit en 1869 la presque totalité de son matériel et, dans l'impossibilité où il était de le reconstituer, vendit son brevet à M. *Ariza* qui l'a exploité, rue Préfecture n° 17, jusqu'à son décès arrivé le 7 février 1880. Depuis le 20 janvier 1883, cette librairie est la propriété de M. *Lescudé*.

Monguillet (*Epiphane*) s'installa rue St-Louis n° 6, le 28 avril 1856. Son fonds appartient depuis le 26 mars 1867 à *Jean-Baptiste-Léon Ribaut* qui lui a donné un nouveau lustre en éditant des publications intéressantes sur le Béarn, la plupart sorties des presses de l'imprimerie Veronese. Il compte à son actif d'être l'éditeur de la *Société des Sciences, Lettres et Arts de Pau* et de celle *des Bibliophiles du Béarn*.

Le 12 septembre 1856, *Jean Lauga* a créé un établissement plus spécialement destiné à la débite des livres protestants ; il est aujourd'hui situé rue d'Orléans, n° 11.

Doumin Etienne fut breveté le 16 décembre 1866 ; au bout de deux ans à peine d'exercice il a été remplacé le 11 avril 1868 par *Vincent-Léon Bergerot*, dont la librairie, qui porte le nom de *Librairie Catholique*, est au n° 1 de la Place du Palais de Justice. M. Bergerot a édité chez Vignancour quelques ouvrages de piété.

Si nous ajoutons à ces librairies qui ne sont plus dans les mains de leurs fondateurs, celles de 1° M. *Jean Pédeutour*, rue St-Jacques n° 11, (25 novembre 1861).

2° Mlle *Françoise-Clémentine Meillon*, rue Montpensier (6 mars 1869).

3° M. *Louis Vigné*, rue du Lycée n° 29 (8 juillet 1870), qui n'ont été l'objet d'aucune transmission, depuis leur fondation par leur propriétaire actuel, nous aurons parcouru la liste des libraires exerçant à Pau avant que le décret du 10 septembre 1870 ait rendu à la librairie sa liberté d'action.

Depuis lors ont été créés les établissements de MM. :

Benneben, rue Henri IV, n° 14.
Camy Jean, rue St-Louis, n° 14.
Cazaux, rue Préfecture, n° 3 (1).
Dulon, rue Adoue, n° 17.
Foix, rue Serviez, n° 11.

Ce qui porte à quatorze le nombre des établissements de ce genre existant actuellement dans la ville de Pau, en ce non compris celui de M. *Jacques Verdier* qui, à sa qualité de libraire, joint surtout celle de *bouquiniste*, et, dont la boutique, située rue des Arts n° 21, est bien connue des bibliophiles béarnais.

(1) M. Cazaux est l'éditeur d'ouvrages ayant trait aux Pyrénées et spécialement aux Eaux de Cauterets.

CHAPITRE IX

I. Oloron. — II. Eaux-Bonnes. — III. Orthez

I.

Située sur la voie romaine qui de Sarragosse conduisait à Beneharnum, et, à ce titre, comprise dans l'itinéraire d'Antonin (1), la ville d'Oloron avait au IXe siècle été détruite par les Normands. En 1080, elle fut relevée de ses ruines par Centulle IV (2), et conquit bientôt, en raison de sa situation aux portes de l'Espagne, une importance politique et commerciale.

Jusqu'en 1802 elle fut le siège d'un évêché dont un des titulaires (Saint Grat) souscrivait en 506 aux actes du Concile d'Agde.

Mais, malgré tous ces éléments qui plaidaient en sa faveur, elle ne fut jamais comprise dans les ordonnances et règlements qui, avant 1789, régissaient l'imprimerie, et ses Evêques, pour l'impression de leurs mandements et monitoires, furent obligés d'avoir recours aux imprimeurs de Pau, ainsi que l'atteste notamment le registre des délibérations du diocèse d'Oloron de 1749 à 1790 (3).

(1) Voir la carte jointe au mémoire sur les voies romaines du Sud-Ouest présenté au Congrès scientifique de France tenu à Pau, dans la séance du 4 avril 1873. — Pau Veuve Vignancour 1873. 2e vol. p. 117 et suiv.
(2) *Voir la Poblation d'Oloron*. Pau, Léon Ribaut, MDCCCLXXXI.
(3) Arch. B.-Pyr. G. 349 f°s 47-57 et suiv.

Cette situation changea pendant la période révolutionnaire, car, en 1795, un nommé *Pourquiès*, demeurant place de la Réunion (2), imprimait à Oloron : *Almanach d'Oloron pour les quatre derniers mois de 1795 et pour l'année 1796 avec le calendrier républicain.* — Petit in-8° de 40 pages (3).

Ce ne fut toutefois qu'en 1830 que l'imprimerie prit définitivement pied dans cette ville, par les soins de M. *Pierre Serres.*

Il demeurait rue Sablière et imprima en 1834 :

Estrées Béarnéses aou proufieit deous praoubes, par M. X. Navarrot (4) — in-8° de 32 pages non chiffrées.

Géométrie théorique et pratique, démontrée par un seul principe, et mise à la portée du premier âge, par M. H. Bergé, professeur au collège d'Oloron. — In-8° de 32 pages avec 43 figures gravées en taille-douce par M. Montaut, professeur de dessin et de peinture.

Cette même année, il céda son établissement à *Bernard Lapeyrette*, et se retira à St-Sever (Landes), où il est mort imprimeur.

Bernard *Lapeyrette* était le fils d'un libraire qui s'appelait aussi Bernard et qui depuis plusieurs années avait ouvert une boutique à Oloron ; à la mort de son père, il réunit sur sa tête ces deux industries.

---

(1) Aujourd'hui Place Marcadet, nom qu'elle avait porté autrefois et qu'une délibération du 14 novembre 1793 avait changé en Place de la Réunion. — Arch. Com. d'Oloron BB. 31 f° 187.

(2) Propriété de M. Louis, ancien maire d'Oloron, qui l'a, en outre, cité dans la *Notice sur Oloron Sainte-Marie*, qui sert de texte aux *Eaux fortes et dessins* dus au burin artistique de M. Paul Lafond. — Paris, librairie de l'Art. 1883. P. 10, note 1re.

(3) Navarrot Xavier, né à Oloron le 7 ventose an VII, mort à Lucq de Béarn le 31 décembre 1862, est un des poètes béarnais les plus populaires. Ses chansons ont été réunies en un volume par M. V. Lespy. — Pau, imprimerie Veronese, 1868.

— 273 —

En 1835, il fonda le *Glaneur d'Oloron*, journal hebdomadaire, et a édité les ouvrages suivants :

1835. — *Notice sur le vallon de St-Christau de Lurbe et ses Eaux minérales, par V. M. de Courtilhe, chirurgien aide major au 6ᵉ Dragons.* — In-4° de 60 pages.

1839. — *Origine de la dévotion de Notre Dame de Sarrance, par M. de Lassalle. Réimprimée par les soins de M. Pon, allié Pées, d'après l'ancienne édition de la fin du XVIᵉ siècle.* — In-16 de 100 pages.

1849. — *Esquisse politique en regard du passé et réflexions sur l'histoire des Girondins ; par M. Aimé Casteran, avocat à la Cour d'appel de Pau.* — In-8° de 39 pages.

1850. — *Manuel à l'usage des congrégations des filles de Marie ; règlements et exercices de piété, extraits des meilleurs auteurs.* — Petit in-8° de 300 pages.

1852. — *Maiatza edo Mariaren hilabetia. Meditacioniac maiatzeco egun guciez eguitecoac, egunecoa egunian, ama birjinaren bicitciaren misterioetan gainen, uscal herrico aphez batec uscaralat eçaria. Oloroen, Lapeyrette.* — In-18 de 161 pages.

1854. — *Manuel à l'usage des congrégations des filles de Marie. 2ᵉ Edition, approuvée par l'Evéque de Bayonne.* — In-16 de 356 pages.

1856. — *Notice historique et description sur l'Eglise Ste-Croix d'Oloron (B. P.), par l'abbé Menjoulet.* — In-8° de 43 pages.

Bernard Lapeyrette est mort à Oloron le 26 mai 1863, mais, en 1862, il avait vendu son imprimerie à M. *Maurice Marque*.

Celui-ci continue la publication du *Glaneur* et a, en outre, édité en 1864-1869 *La chronique du diocèse et du Pays d'Oloron* (Béarn méridional et Soule), *par l'abbé Menjoulet, ancien archi-prêtre d'Oloron.* — 2 vol. in-8° de VIII-518 et VII-496 pages.

Au mois de novembre 1879, un libraire d'Oloron, qui avait été breveté en cette qualité en 1845, M. *H. Maurin,* a monté, rue Sablière 7, une seconde imprimerie que rendait nécessaire la création d'un nouveau journal hebdomadaire : *Le Messager d'Oloron,* dont le premier numéro a paru le 11 décembre 1879.

Depuis le 15 avril 1880, il a pour associé le sieur *Félix Casabonne* avec lequel il a fondé le 6 avril 1881 *Les Petites affiches Oloronaises,* journal d'annonces qui a cessé de paraître en juillet 1882, et, sous la raison sociale : *Imprimerie Maurin et Casabonne,* ils ont édité en 1883 : *Etude sur la Basse-Navarre, traduite de l'espagnol, par Octave Sempé.* — In-8º de 115 pages.

Indépendamment de ces imprimeurs-libraires, Oloron a possédé et possède encore des libraires spéciaux.

En 1788, il en existait un, *François Ducos,* qui, établi près le pont, mettait alors en vente le *Supplément aux gasconismes corrigés de feu M. Desgrouais,* imprimé à Pau, par J. P. Vignancour (1).

Lors de la mise en vigueur de la législation impériale, un nommé *François Baulet,* habitant rue Vic-Dessus, inaugurait en 1810 à Oloron l'exercice de la librairie, en devenant le dépositaire d'un ouvrage imprimé à Toulouse cette même année et ayant pour titre : *L'ange conducteur dans la dévotion chrétienne.* Il est mort le 25 octobre 1862, après avoir depuis longtemps cessé tout commerce de ce genre et n'eut pas de successeur.

Nous avons déjà dit que *Bernard Lapeyrette* avait ouvert une boutique à Oloron, avant que son fils ne devint imprimeur et que celui-ci lui avait succédé, mais en même temps que lui *Pierre Au-*

(1) Voir page 183.

gustin Vivent exerçait à Ste-Marie (1) la profession de libraire depuis 1828.

Il éditait en 1838 une imitation de Jésus-Christ en basque souletin, dont le titre est ainsi conçu : *Jésus-Christen imitacionia ciberouaco uscaralat utçuliric eta Olorouco aphezcupu cen batec approbatu cien nouldebaten arabera. Arra imprima eraciric. Salduric içateco Oloroun. P. A. Vivent, marchantaren etchen, dona Mariaco Kharrican.* MDCCCXXXVIII. — In-12 de XXXII-405 pages, moins le titre, et qui avait été imprimé à Montbéliard (Doubs), chez Rod. Henri Deckherrer (2).

En 1848. — *Khurutchiaren bidiaren eguiteco pratica* etc., imprimé par E. Vignancour (3).

C'est enfin chez lui que fut mis en vente : *Uscara libru berria eta khiristiaren egun orozco exercicio espiritualac. Lehen editionia. Salduric icateco, Oloroun, P. A. Vivent, dona Mariaco Martchant librairiaren etchen*, imprimé en 1838 par Deckerrer. — In-12 de 248 pages.

Il est décédé à Ste-Marie le 24 mai 1855 et ses neveux, les *frères Bourdeu*, ont pris la suite de son établissement.

En 1840, les sieurs *Ferron et Foix* s'associèrent pour faire le commerce de la librairie, mais ils le cessèrent en 1842.

En 1846, un sieur *Cohe* installa à Ste-Marie une boutique rivale de celle de Vivent. Elle a disparu en 1859.

---

(1) Jusqu'au 15 mai 1858, la ville de Sainte Marie, qui avait été jadis le siège de l'Evêché d'Oloron, formait une commune distincte de celle d'Oloron. A cette date, elles ont été réunies sous le nom d'Oloron-Sainte-Marie.

(2) Indication donnée par M. Francisque Michel. *Le Pays Basque* p. 485. Une première édition de cet ouvrage avait été imprimée en 1757 par G. Dugué et Desbarats. Voir page 151.

(3) Voir ci-avant page 197.

Le 20 mai 1845, les frères *Loustau-Charlez* devinrent à Oloron les concurrents de Lapeyrette et de Maurin. Leur établissement, situé rue Sablière, est le même que celui qui figure dans *l'Annuaire de la librairie et de l'imprimerie* sous le nom de Loustau, frères.

Depuis 1859, il existe à Oloron une troisième librairie, celle de *Pierre André Lacaze*, qui débutait dans la carrière en faisant imprimer à Bagnères, chez Dossun, place Napoléon (1) : *La Chronique de Notre-Dame du Calvaire de Bétharram, lieu de pèlerinage dans le pays de Béarn (Basses-Pyrénées), par M. l'abbé Menjoulet, chanoine honoraire de Bayonne, archiprêtre d'Oloron, curé de Ste-Croix*. — In-16 de XXXIII-214 pages.

II.

Oloron n'est pas la seule ville de cet arrrondissement qui possède une imprimerie, il en existe aussi une aux Eaux-Bonnes qui a été créée, le 6 juin 1879, par *M. José Carlos d'Alméida-Aréas*, pour les besoins de cette station thermale et à laquelle il a donné le nom d'*Imprimerie Ossaloise*.

L'année même de son installation, il a imprimé une brochure in-8° de 22 pages, ayant pour titre : *Fragments climatologiques. Une visite médicale à Menton, par Dr Cazenave de la Roche, médecin aux Eaux-Bonnes*.

Cet établissement ne fonctionne que du mois de juin au mois d'octobre.

III.

De 1676 (2) à 1836, Orthez n'eut pas d'imprimeur ; à cette der-

(1) Bagnères de Bigorre (Hautes-Pyrénées).
(2) Voir page 84.

nière date et au mois de novembre, un sieur *Breillat* y fonda une imprimerie en même temps qu'une feuille périodique intitulée : *Les Petites Affiches des Basses-Pyrénées*, qui disparut en juillet 1837, au moment où Breillat quittait lui-même Orthez et mettait son imprimerie en vente.

Elle fut achetée par MM. *Goude-Dumesnil* et *Isidore Aubouin* qui, le 10 décembre de la même année, firent paraître un journal politique : *Le Mercure d'Orthez*.

Dix ans plus tard, l'associé de M. Goude-Dumesnil se retirait à Paris, et l'imprimerie restait la propriété de celui-ci qui, à son décès, survenu le 9 octobre 1863, l'a transmise à son fils. Elle repose aujourd'hui sur la tête de *Mme Jeanne Dubroca*, femme de ce dernier, (déclaration du 9 avril 1877), bien qu'elle continue toujours à porter le nom d'*Imprimerie Goude-Dumesnil*.

De cette imprimerie sont sortis les ouvrages suivants :

1866. — *Le Mémorial des Pyrénées peint par lui-même*. — Petit in-8° de 179 pages suivi d'*Un dernier mot au lecteur* et d'une table. — 4 pages non chiffrées.

1866. — *Les Ephémérides du Béarn et du Pays Basque, par Joseph Lochard*. — In-8° de 192 pages.

1871. — *Catéchisme d'Agriculture appliqué au département des Basses-Pyrénées, par R. Latour*. — In-8° de 132 pages.

La librairie à Orthez n'a, indépendamment de la maison Goude-Dumesnil, qu'un seul représentant, le sieur Pierre *Dattas* qui a joint à son commerce de mercier-épicier des articles de librairie classique et religieuse et quelques livres de littérature moderne.

En 1857, un sieur *Jean Raulet*, qui était propriétaire d'une boutique importante d'épicerie, avait obtenu le privilège d'y ajouter la vente de livres classiques et religieux. Devenu en 1874 la propriété de son neveu, le sieur *Pourtau*, cet établissement a cessé d'exister en 1882, et Pourtau n'a pas eu de successeur.

En 1864, un sieur *Jean-Pierre Saëns*, ancien instituteur, avait tenu des fournitures scolaires, mais son magasin a disparu le jour de son décès (20 septembre 1865).

APPENDICE

EXTRAIT DU BULLETIN DU BOUQUINISTE

N° 434. — 15 janvier 1876 (1)

DE QUELQUES ÉDITIONS

DES FORS DE BÉARN

PAR M. L. SOULICE

M. J.-Ch. Brunet, dans son *Manuel du libraire*, t. 2, col. 353, art. Coutumes, fait remarquer une particularité intéressante qui distingue deux éditions des *Fors et costumas de Bearn*. D'après le savant bibliographe, les réimpressions de cet ouvrage faites en 1602 et en 1625 posséderaient, en sus de leur titre, la reproduction du frontispice gravé de l'édition de 1552, de telle sorte qu'en l'absence du titre le plus récent, on pourrait prendre l'une ou l'autre de ces réimpressions pour l'édition originale. Rien n'est plus juste que cette observation, et puisque Brunet ne donne pas le moyen de reconnaître l'erreur contre laquelle il veut mettre en garde, nous croyons utile d'insister sur une particularité qui peut prêter à la fraude, ou tout au moins tromper la bonne foi le plus à l'abri du

(1) Paris, chez Aug. Aubry, éditeur.

soupçon. Un examen détaillé des trois éditions entre lesquelles la confusion peut s'établir nous permettra de compléter à cet égard les indications du *Manuel*.

1. — Édition de 1552 (1).

Le frontispice gravé qui sert de titre à cette première édition est assez compliqué et sa description détaillée serait inutile pour l'objet qui nous occupe. Disons seulement qu'il représente un portique surmonté, dans un cartouche ovale, d'un écusson aux armes d'Henri II, roi de Navarre; les pieds droits sont formés de chaque côté par deux cariatides laissant entre elles une niche occupée par un personnage; au bas, entre deux sortes d'hippogriffes se trouvent les lettres H. R. D. N. entrelacées et surmontées d'une couronne. L'espace resté libre au milieu de ce frontispice mesure 77 millimètres de haut sur 53 de large; il est occupé par le texte ci-après :

LOS | FORS ET | costumas | de bearn. | *Imprimidas à pau* | *per Johan de Vingles* | *Et Henry poyure* | AB PRIVILEGI | DEV REY. | M. D. LII.

Le format est in-4°; on compte VIII feuillets préliminaires non chiffrés y compris le titre, et 222 p. de texte. Les signatures vont de A à Siij. Il y a lieu de remarquer à ce sujet que, quoique le format soit in-4°, ce que prouvent les pontuseaux du papier placés en travers, les signatures se rencontrent aux mêmes pages que dans les in-8°; ainsi, A étant censé figurer sur le titre, et Aij, Aiij désignant les p. III et v, B se trouve à la page 1; C, p. 17, et ainsi

(1) Voir Planche 1. — Un exemplaire sur vélin est la propriété de M. le baron Alexandre de Bordenave d'Abère, conseiller honoraire à la cour d'appel de Pau.

de suite ; la feuille E ne contient cependant que 8 p. ; même remarque pour les feuilles O, P, Q, R.

Au verso du frontispice se trouve le privilége en béarnais, accordé pour dix ans aux imprimeurs par Henri II et daté du 29 octobre 1552 ; p. iii-iv, les éditeurs ont placé une épître en latin adressée aux lecteurs ; p. v-vii, lettres en béarnais d'Henri de Navarre dans lesquelles, en mentionnant la requête des Etats de Béarn réclamant la réformation des *Fors*, il promulgue le texte tel qu'il est contenu dans les pages suivantes ; la p. viii contient une note rappelant que les habitants du Béarn se sont toujours régis par des *Fors* et que, pour se maintenir en leurs libertés, ils ont élu successivement plusieurs seigneurs. Le texte commence à la p. 1 (1) et continue sans interruption jusqu'à la p. 192, où la dernière rubrique, *de ferias*, se termine par la liste des jours où le conseil du roi ne siége pas. Les p. 193-196 contiennent la suite des lettres patentes d'Henri II (interrompues p. vii pour faire place au texte) ; vient ensuite le procès-verbal des Etats portant acceptation des *Fors* ; les p. 197-198 renferment la table des rubriques ; les p. 199-220, la table générale des matières ; les p. 221-222, l'errata. Il est à peine besoin d'ajouter qu'à part l'épître des éditeurs en latin, le volume est tout entier en patois béarnais.

Cette édition, que nous avons cru devoir décrire minutieusement, en raison de sa rareté, fait honneur aux presses de Jean de Vingles ; le premier article de chaque rubrique commence par une majuscule ornée de fleurs ou d'arabesques pouvant se prêter à l'enluminure ; l'imprimeur semble avoir tenu à honneur de justifier la confiance que sa réputation avait inspirée ; les soins qu'il a apportés à son œuvre sont pour une bonne part dans la valeur qu'elle a conservée.

(1) Voir Planche 2.

II. — Edition de 1602 (1).

Cette édition, la seconde en date, est la première qui possède la reproduction du frontispice dont nous avons parlé. Son titre particulier est ainsi conçu :

LOS FORS, | ET COSTV- | mas de Bearn. | A LESCA. | Per Louïs Rabier, Imprimur deu Rey. | Ab priviledge deudit senhor. | 1602.

Au milieu de la page se trouve la marque de l'imprimeur (2). Au verso on lit l'*Extreit deu priviledge* donné par Henri IV, le 5 juillet 1601, rappelant la permission octroyée à Rabier en 1593 de réimprimer les *Fors* « *en la medixa forma et de tout semblables aus qui eren estats ci davant imprimits per Johan de Vingles.* »

Pour se conformer entièrement aux conditions qui lui étaient imposées, l'imprimeur se crut sans doute obligé de reproduire jusqu'au titre de l'édition qu'il devait prendre pour type ; il le plaça immédiatement après celui que nous avons cité plus haut, de sorte que si, comme le dit Brunet, l'on enlevait ce premier feuillet simple, on se trouverait en présence d'un volume ayant, pour des yeux inexpérimentés, toute l'apparence de sortir des presses de Jean de Vingles. Heureusement que l'imitation n'a pas été assez servile pour que la méprise soit possible lorsqu'on examine le volume avec attention. Disons tout d'abord que la reproduction du frontispice laisse passablement à désirer sous le rapport de la finesse du trait ; les personnages qui figurent dans l'ornementation du portique ont été non-seulement modifiés, mais même changés de place : ainsi la cariatide qui lève le bras pour

---

(1) Voir Planche 8.
(2) Voir ci-dessus page 60.

soutenir le fronton est placée à l'extérieur de l'entrecolonnement de droite, tandis qu'elle est à la place opposée dans l'original ; de même le personnage qui figure les bras croisés dans la niche de gauche se trouve dans celle de droite en 1552. Mais nous ne nous appesantirons point sur ces détails, le texte même du titre nous offrant des différences suffisamment tranchées pour faire distinguer les deux éditions. La disposition typographique étant la même, ligne pour ligne, nous ne la répéterons pas ici, nous bornant à signaler les dissemblances. Ce sont les suivantes : dans le mot *costumas*, l'*s* et le *t* forment un caractère lié au lieu d'être indépendants (*st*) comme dans l'original ; dans le mot *Béarn*, le *B* est majuscule, tandis qu'il est en bas de casse dans le premier titre ; à l'*n* finale est joint un appendice en forme de fioriture qui termine la ligne, au lieu du point placé dans l'édition de 1552 ; le *p* de *Pau* est majuscule au lieu d'être en bas de casse ; enfin, après ce mot, comme après Vingles et Poyvre, il y a une virgule qui ne se trouve pas dans le premier texte ; de même après *Rey*, le point final a été remplacé par une virgule.

En voilà plus qu'il n'en faut pour rendre toute confusion impossible ; nous pousserons cependant notre examen plus loin, afin de permettre de fixer avec certitude la date d'un exemplaire dont les deux titres auraient disparu. Le volume, de format in-4° comme le premier, est composé, en sus du premier titre, de viii p. préliminaires non chiffrées et de 220 p. numérotées. Les signatures vont de A à Rij et sont disposées comme dans l'original, par 16 p. au lieu de 8 ; les feuilles O, P, Q n'ont que 8 p. Au bas de la p. 220, après la table, se trouve un errata de deux lignes ; le volume est donc bien complet avec ses ii-vii-220 p.

III. — Edition de 1625. (1)

C'est à cette date que vient se placer la troisième édition des *Fors*. Le titre qui lui est particulier est renfermé dans un encadrement gravé sur bois, reproduisant d'une manière très éloignée le frontispice primitif (2). Le texte en est ainsi disposé :
LOS | FORS ET | costumas | de Béarn | A LASCAR, | Per Joan de Saride, 1625 | *Ab Privilegi deu Rey.*

Au milieu du titre figure une vache accompagnée de son veau, en souvenir sans doute des armes du pays. Au verso et p. III se trouve le privilége accordé à l'éditeur par Louis XIII, en février 1620, vu l'épuisement des deux précédentes éditions. Jean de Saride était même autorisé à publier, outre les *Fors*, les *Coutumes, stile* et *ordonnances* formant le code des lois béarnaises. La p. IV est occupée par un arrêt du parlement de Navarre, donné le 11 février 1622 en vérification du privilège, et qui, en autorisant l'impression des *Fors*, remet à une époque à déterminer la publication du *stile* du parlement et des *ordonnances* concernant l'administration de la justice. Vient ensuite le frontispice de 1552 ; mais plus les éditions se multiplient, et plus le type primitif subit d'altérations ; sa reproduction, déjà dépourvue de finesse en 1602, devient cette fois tout à fait grossière. L'œuvre de Jean de Saride ne fera jamais oublier celle de Jean de Vingles. Le texte du titre occupe un espace plus restreint, 70 millimètres sur 38, et reproduit la même disposition typographique que dans les deux éditions précédentes ; les seules différences de détail que nous pouvons signaler, en nous reportant au texte de 1552, sont les suivantes :

(1) Voir Planche 9.
(2) Voir Planche 5.

nous trouvons d'abord un accent sur l'ò de LOS, puis une virgule après le mot FORS, des majuscules aux mots *Bearn* et *Pau*; par contre les mots *Ab* et *Privilegi* sont sans majuscules. Les VII p. suivantes comprennent les mêmes matières que dans les autres éditions; le volume a donc, en comptant les deux titres, IV-VIII p. préliminaires non chiffrées, plus 180 p. pour le texte et les tables; il n'y a pas d'errata, au moins dans l'exemplaire que nous avons sous les yeux. La pagination offre cette particularité qu'à la p. 12 le chiffre est placé à la marge intérieure au lieu d'être à sa place habituelle. Le format est encore in-4°, seulement, cette fois, les signatures sont placées par 8 p. ainsi qu'il est d'usage.

Le lecteur qui aura eu la patience de nous suivre dans cette longue et aride description reconnaîtra avec nous que, si un amateur non prévenu peut facilement confondre à première vue les différents exemplaires de nos *Fors* auxquels manquerait leur titre distinctif, un bibliographe soucieux des détails saura distinguer chacun d'eux et se mettre en garde contre l'exagération de prix à laquelle une erreur aurait pu l'entraîner. Les exemplaires des *Fors* sont peu communs, à quelque époque qu'ils remontent; ils passent rarement dans les ventes et le prix de l'édition de 1552 a atteint, depuis les indications du *Manuel*, un taux suffisamment élevé pour qu'il ne soit pas indifférent d'être édifié sur l'identification de chacun d'eux.

Nous n'avons pas à nous occuper ici des éditions postérieures qui n'offrent pas la même particularité. Les *Fors* ont été réimprimés en 1682, 1715 et 1723; plus récemment, MM. Mazure et Hatoulet ont donné une édition, avec traduction française, des anciennes coutumes du Béarn, d'après les textes antérieurs à la réformation faite sous Henri II, roi de Navarre.

ADDITIONS ET CORRECTIONS

ADDITIONS ET CORRECTIONS

Pag. 47, lig. 23 : Pierre Saugrain *lisez* Jean Saugrain

Pag. 54, notes, lig. 3 : 2 vol. in-4° *lisez* 2 vol. in-8°

Pag. 96, lig. 21 : M. G. de Cuzacq *lisez* M. G. Cuzacq

Pag. 133, lig. 3 : collège *lisez* collége

Pag. 133, lig. 5 : Jonnem Desbarats *lisez* Joannem Desbarats

Pag. 133, lig. 12 : La Chambre des Comptes ayant été remise au Parlement *lisez* La Chambre des Comptes ayant été réunie au Parlement.

Pag. 150, lig. 20, *ajoutez* : petit in-8° de 72 pages

Pag. 151, lig. 2, après 1753 *ajoutez* : 2 vol. petit in-8° de ix-214 — 268 pages, non compris une *Ordonnance de Monseigneur d'Oloron, adressée aux ecclésiastiques de son diocèse, en date du* 16 *décembre* 1755, *suspendant l'exécution de divers articles.* — 3 pages.

Pag. 151, lig. 20, *ajoutez* : auquel est joint un plan du *Béarn, Soule, Basse-Navarre, Labour et Bigorre*, dont nous donnons, *planche X*, la reproduction, grâce à la découverte du bois original que M. Adolphe Veronese vient de faire dans un vieux matériel hors d'usage.

Cette découverte nous porte à penser que ce fut *Daumon*, le prédécesseur immédiat de Pierre Laurent *Veronese*, qui acheta les ustensiles de *G. Dugué et J. Desbarats* dont la vente avait été prescrite par la lettre de M. de Maupou, rapportée à la page 156.

A titre de simple curiosité, nous donnons, *planche XI*, la reproduction d'un bois trouvé aussi par M. *Veronese* et que nous croyons être contemporain de celui qui précède.

Pag. 157, lig. 9, *ajoutez en note* : voir l'addition à la page 151, lig. 20.

Pag. 160 après la lig. 9 *ajoutez* : 1692.— *La Géographie / aisée, / et méthodique / contenant / les quatre parties / du monde, et les principales par- / ties de l'Europe, réduites chacune / en douze moindres parties, / avec / les généralitez et élections de France et / villes où l'on bat monnoye,* / à Pau, / chez Jérôme Dupoux, im- / primeur et marchand libraire, / MDCXCII. — Petit in-8° de 238 pages précédées d'une table des matières non paginée.

Pag. 166, notes, lig. 8 : n° 18 *lisez* n° 17

Pag. 177, après la lig. 24, *ajoutez* : la même année, il faisait paraître les *Cantiques Spirituels, imprimés par ordre de Monseigneur de Révol, évêque d'Oloron; à Pau, chez J. P. Vignancour,* MDCCLXVI. — Petit in-8° de 143-IV pag.

Pag. 178, notes, lig, 3 : p. 111 *lisez* p. 145.

Pag. 181, après la lig. 11, *ajoutez* : 1781. — *Histoire de la chapelle de Notre-Dame de Piétat, sise au lieu de Pardies, près Nay, faite en 1781 par le sieur Jean Bonnecaze, prêtre du dit lieu et curé d'Angos.* — In-8° de 63 pages. — Communication de M. Amédée de Paul, à Morlaàs.

Vers 1782 : *Le Catalogue des livres qui se trouvent chez Despax, libraire, près le séminaire à Pau.* — Brochure in-8° de 24 pages, que M. le baron Alexandre de Bordenave-d'Abère nous a communiquée.

Pag. 186, lig. 14 : 1796, *Cantiques spirituels*, etc. lisez 1766, *Cantiques spirituels*, etc.

Pag. 186, après la lig. 18 *ajoutez* : 1801. — *Breve diœcesis imorum Pyrenœorum juxta ritum breviarii et missalis romani, pro anno Christi 1802 et Reipublicæ decimo.*— *Pascha occurente die 18 aprilis — Pali, apud J. P. Vignancour, typographum cleri diœcesis imorum Pyrenœorum* — Petit in-8° de 64 pages.

Pag. 190, lig. 17 : Jean Paul François Emile *lisez* Jean Pascal François Emile

Pag. 192, lig. 17 : Plaquette in-19 *lisez* plaquette in-16.

Pag. 192, lig. 18 : Lousiane *lisez* Louisiane.

Pag. 192, lig. 19 : Guyanne *lisez* Guyane.

Pag. 195, après la lig. 2, *ajoutez* : 1840. — *Aperçu du système pénitentiaire, tel qu'il existe en Suisse, comparé avec celui projeté en France ; par P. Blandin, avocat.* — In-8º de 28 pages.

Pag. 195, après la lig. 12, *ajoutez* : 1841. — *Notice historique sur le séminaire et le collége de Ste-Marie d'Oloron (Basses-Pyrénées) par l'abbé M...., membre la Société française pour la conservation et la description des monumens historiques.* — In-8º de 20 pages.

Pag. 196, après la lig. 2, *ajoutez* : 1843. — *Exposé sur la néces- d'une association béarnaise destinée à acquérir des terrains dans le Pont-Long, pour y former des établissements de grande culture ; présenté par M. Daumon.* — In-8º de 30 pages.

Pag. 200, après la lig. 30, *ajoutez* : 1859. — *Notice funèbre sur Mgr E. M. B. d'Arbou, ancien évêque de Bayonne, prononcée le 3 février 1859, dans la chapelle des Carmélites d'Oloron, par M. l'abbé Menjoulet, supérieur de la communauté et archiprêtre d'Oloron.* — In-8º de 12 pages.

1860. — *Mémoires sur la nature, le siège et le traitement du choléra, par M. J. F. Sérée, docteur en médecine.*— In-8º de 21 pag.

Pag. 202, après la lig. 6, *ajoutez* : 1863. — *Analyse des Eaux minérales de St-Christau de Lurbe, par M. E. Filhol.* — In-8º de 20 pages.

Pag. 204, après la lig. 6, *ajoutez* : 1866. — *Nouste Dame de Buglose ; par V. de Bataille.* — In-8º de 19 pages.

Pag. 205, après la lig. 6, *ajoutez* : 1868. — *Mois de mai dans lequel on trouve les réponses à toutes les objections qu'on fait contre l'Eglise; par l'abbé Singot-Lassalle.* — *Seconde édition.* — In-8° de III-344 pages.

Pag. 205, après la lig. 15, *ajoutez* : 1869. — *Gavarnie, Gèdre, St-Sauveur, Luz, Cauterets, Argelès, Arrien, Eaux-Bonnes; par Jam.* — In-8° de 44 pages.

Pag. 206, après la lig. 2, *ajoutez* : 1870. — *Souvenirs des Courses Pyrénéennes; par André Gorse.* — In-12 de 40 pages.

Pag. 206, après la lig. 5, *ajoutez* : 1871. — *De la réorganisation de la magistrature.* — In-8° de 95 pages.

Pag. 207, après la lig. 10, *ajoutez* : 1873. — *Homélie pour le 50me anniversaire de M. Manaudas, supérieur du grand séminaire de Bayonne, prononcée le 24 mai 1873 par M. l'abbé Menjoulet, vicaire général.* — In-8° de 13 pages.

1873. — *Grammaire Française à l'usage des écoles primaires ; par l'ami des instituteurs (Frédéric Cassou).* — In-8° de 176 pages.

Pag. 209, après la lig. 5, *ajoutez* : 1877. — *Mémoires d'un roitelet par M. Lassalle, prêtre à Oloron Ste-Marie.* — In-8° de 188 pag·

Pag. 215, après la lig. 7, *ajoutez* : 1783. — *Oraison funèbre de Mgr François de Révol, évêque d'Oloron, prononcée au service solennel fait dans l'église du séminaire le 23 octobre 1783, par l'abbé Garay, bachelier en théologie et vicaire de Ste-Marie, imprimé par ordre du clergé.* — In-8° de 28 pages.

Pag. 215, lig. 12, *ajoutez* : In-8° de 109 pages.

Pag. 217, lig. 23 : les épisodes émouvantes *lisez* les épisodes émouvants

Pag. 232, après la lig. 10, *ajoutez* : 1870. — *Analyse du livre de M. le docteur Carrière sur le Climat de Pau ; par le docteur Cazenave de la Roche.* — In-12 de 24 pages.

Pag. 233, après la lig. 3, *ajoutez* : 1875. — *Lettre à une légiti-*

miste sur le carlisme ; par J. *Apparici de Valparda*. — In-8º de 38 pages.

Pag. 240, lig. 16 et 17 : Jean Tonnet *lisez* Jacques Tonnet.

Pag. 241 après la lig. 8, *ajoutez* : Et vers 1801. — *Lettre à J. P. Saurine, évêque constitutionnel, par L. Tessier, prêtre à Pau.* — In-8º de 35 pages. — Cette brochure ne porte pas de date, mais J. Saurine, qui succéda en 1800 à J. B. Sanadon comme évêque constitutionnel, n'exerça que jusqu'en 1802 date de la suppression de l'évêché d'Oloron.

Pag. 250, après la lig. 2, *ajoutez* : 1876. — *Esquisse historique de l'art militaire. Traduit de l'anglais par le baron Antonio Carterel Lopez de Fonseca.* — In-12 de 48 pages.

Pag. 253, après la lig. 20, *ajoutez* : 1883. — *Les Champignons desséchés, par le Dr Doassans.* — Grand in-8º de 100 pages avec un atlas contenant 50 gravures.

Pag. 255, après la lig. 6, *ajoutez* : 1883. — *Notice sur les institutions de prévoyance au Brésil ; par le Baron d'Ourem, du conseil de Sa Majesté l'Empereur du Brésil.* — In-8º de 174 pages.

Pag. 266, après la lig. 5, *ajoutez* : Cette librairie, dont le siège était près du séminaire, devait avoir une réelle importance si l'on en juge par un catalogue de 24 pages, indiquant les livres qui y étaient mis en vente (voir *additions* à la pag. 181).

INDEX

INDEX

A

Abbadie, ministre de Pau, 76, 77, 98.
Abeilles (Les), 252.
Abrégé de ce que tout chrétien doit savoir croire, 197.
Académie des Sciences et Arts de Pau, 226, 261.
Actes de la conférence de Pau, 74.
Advertissement charitable aux fidèles pasteurs du Béarn, 75.
Acqz. Voir Dax.
Agriculture. (Catéchisme d'), 277.
Ahusquy, (fontaine d'), 207.
Aire. Ordo du diocèse, 161.
Alain, sire d'Albret, 29.
Alart Magdeleine, 97, 105, 109, 114, 118, 120, 126.
Alband (d'), 180.
ALBUM PYRÉNÉEN, 195.
Almanach Démocratique, 228 — du département des Basses-Pyrénées, 220, 223, — d'Oloron, 272, — du Parlement de Navarre, 214.
Ame (L'), dans ses manifestations extérieures, 207.
Andichon (Henri d'), 151, 233.
Annuaire du département des Basses-Pyrénées, 190, 220.
Apocalypse ou révélation de St-Jean, 64.
Apparici de Valparda, 294.
Aranzel. Voir Navarre.
Arbou (Mgr E. M. M. d'), 293.
Arcet (Dr A. d'), 248.
Arcis (l'), 193.
ARÉAS (José, Carlos, d'Alméïda), 254, **276**.
ARIZA, 269.
Art militaire. Esquisse historique, 295.
ARTIGUENAVE, Barthélemy, **269**.
Artouste, (Ascension du Lac d'), 203.
Aspe. (La Vallée d'), for. 5. — Histoire naturelle, 188. —

— 300 —

Poésies 196. — Privilèges et réglemens, 160, 171.
Assistance judiciaire. (Observations pratiques sur la loi d'), 205.
AUBOUIN Isidore, 15, 277.
Audebert (Estienne), 77, 98, 105, 110.
Audiat Louis, 88.
Auger Gaillard, 64, 89.
Augusto (d'), 32.
Aumon Claude, 213.
Au Roy mon souverain seigneur, 55.
Autolégie, 234.
Avant victorieux (L'), 71.
AVENIR DU BÉARN, 248.
Avocat Béarnais (Un), 231.
Ayma (L), 204.

B

Badé, 194.
Banquet au profit des blessés de 1848, 248.
Baradat (Z), 199, 203.
Baradère, curé de Pau, 189.
Barbotan, (Notice sur), 194.
Bardi (Comtesse de), 208.
Bareilhes (B.), 250.
Bargoin Jocelyn, 233.
Baron Béarnais au XVe siècle, 234.
Barrau (Félix), 194.
Barrère (B.), 195.
BARTHE Catherine, 260. — Jean 260. — Jean François 260. — Louis 15. 129. 257.

Barthe (Marcel), 228, 232.
Barthéty (Hilarion), 94, 206, 210, 211.
Barutel (Mme E.), 250.
Basque (Pays). Ephémérides, 277. — Essai sur la noblesse, 181. — Histoire, 195. — La sorcellerie, 210.
Basse Navarre, (Etude sur la), 274. — Plan, 291.
Bataille (de), 193, 197, 206, 293.
BAULET François, 274.
Bazin de Besons (Armand), 162.
Basses-Pyrénées. Almanach, 220, 223. — Annuaire 190. 220. — Calendrier, 186, 240, 241, 244 . — Décroissement de la Population, 200. — Documents, 198. — Observations sur la statistique, 245. — Procès-verbaux du conseil général, 205, 206. — Statistique générale, 200. — Usages locaux, 205.
Béarn. Airs populaires, 196, 232. — Antiquités, 196. — Bon vieux temps, 232. — Calamité, 88. — Calendrier, 144. — Chansons, 204. — Coup d'œil sur l'histoire, 231. — Cure aux raisins, 204. — Dictons, 233. — Droit du seigneur, 236. — Ephémérides, 277. — Fors et Coutumes, 4, 6, 23, 24, 25, 28, 35, 57, 58, 59, 60, 61, 91, 122, 134, 135, 165, 195, 200, 205, 281 et suiv.

— Histoire, 195, 208. — Idée géographique et historique, 151. — Illustrations, 55, 199, — Notice sur 4 seigneuries. 211. — Persécution religieuse, 210. — Plan, 291. — Poème, 211. — Promenades archéologiques, 209. — Réglemens du Pays, 82, 83, 93, 96, 134, 136. — Réglemens sur la noblesse, 140. — Sorcellerie, 210. — Stil de la justice, 79, 80, 82, 83, 134, 135, 136, 165. — Tableau annuel historique et géographique, 215. — Troubles aux XVIe et XVIIe siècles, 246, 247.

BÉARNAIS (Le), 249.
Beaux Arts à Pau (Les), 232.
Béla (Le chevalier de), 181.
Belapeyre, 161.
Bellanger (Justin), 207.
Bellemare, 201, 203.
Beneharnum, 34, 202.
Beneven (de), 74.
BENNEBEN, 270.
Benque d'Agut, (Ambse de), 210.
Bergé (H.), 272, — Marchand à Lescar, 178.
Bergeret (Le Dr J.), 224.
BERGEROT, Vincent Léon, 209, 269.
BERGOL (Jean), 15, 265. — Jean Mathieu, 15, 263. — Mathieu, 265.
BERNÈDE, 268.
Bernis (Michel), 208.
Bestiaux, (Traité sur l'amélioration des), 245.

BÉTHARRAM. Le calvaire, 207. — Chronique, 195, 276. — Guide du Pèlerin, 199. — Manuel du Pèlerin, 207. — Notice, 193. — Œuvre d'Art, 195. — Poème, 200. — Traité des merveilles, 102, 259.
Betterave à sucre (de la), 211.
Biarritz (Guide), 253.
Bibliographie du département des Basses-Pyrénées. Période révolutionnaire, 185, 207. 219.
Bibliothèque (Catalogue d'une), 204.
Bielle, (Les mosaïques), 199.
Bienfaisance en France (La), 200.
Bidache (L'abbé), 235, 237.
Bideren, (Lou sermou deu Curé), 233, 250.
BIÈS (Catherine), 241.
Bigorre, Plan, 291.
Bizanos (La descente de), 252.
Blandin, 200, 205, 206, 293.
Bitoste Louis, 93.
Boireau Jacques, 81, 119.
BOLENGER ou BOLONGER, 14, 36.
Bonaparte (Le Prince L. L.), 82.
Bonhomme Popule, 227.
Bonnecaze Jean, 292.
Borde Frédéric, 232.
Bordeaux, (L'Exposition à coups de crayon), 211.
BORDENAVE Arnaud, 14, 106.
Bordenave-Cassou, 215, 216.
Bordenave d'Abère (de), 204, 209, 212, 225, 246.

Bordeu (Antoine, Théophile et François de), 237.
Bordeu (Théophile de), 193.
Bosquet (Le maréchal). Lettres à sa mère, 234. — Lettres à ses amis, 235. — Notice nécrologique, 201.
Bosredon (L'abbé), 251.
Boubée (Nérée), 195.
Boulay (Catherine-Marie), 128, 142.
Bourbon et Bragance (L'Infant don Sébastien de), 233.
Bourdenne (Le P. Basilide), 209.
BOURDEU, frères, **275**.
Bousquet, 225.
Boutades d'un écolier, 229.
Bouyer (Dr Achille), 237, 238.
Bove (de La), 17.
BOYER (Pierre), 14, 77, **103**, 115, 117.
Bradier (A), 252.
BRASCOU, Louise Bernarde, veuve Vignancour, 191, 192, **207**.
BREILLAT, 15, **277**.
Brésil (Institution de prévoyance au), 210, 295.
Breve Diœcesis Imorum Pyrenœorum, 292.
Brienne (L'Ecole de), 251.
Brunet, 10, 281.
Brunton, 201, 205.
Buglose (Nouste-Dame), 293.
BULLETIN CATHOLIQUE, 251.
BULLETIN D'ÉDUCATION, 253.
Burgué (L'abbé), 246.
Butay, 154. — Geneviève, 125. — Jean-Baptiste, 126. — Pierre, 125, 126.

C

Cabaret-Dupaty, 199, 200.
Cabinet Littéraire, 242.
Cadastre (Observations), 194.
Calendrier des Basses-Pyrénées, 186, 240, 241, 244, — du Béarn, 144, — de Pau, 179.
Cambo (Les Eaux de), 192.
Camou (Le Général), Esquisse Biographique, 235.
Camp de Dieu (Le), 253.
CAMPAGNE (Pierre), 14, 100.
CAMY Jean, **270**.
CANARD DES PYRÉNÉES, 248.
Cantica Izpiritualac, 190.
Cantiques (Recueil), 186, 197, 226.
Capbis (Notice sur l'abbaye de), 232.
Capvern. Ses sources, 198, 253.
— Traitement hydrothérapique, 212.
Carlisme (Lettre sur le), 294.
Caron Martin, 94.
Carret Catherine, 222.
CASABONNE, 15, **274**.
Cassaigne (Martin de La), 169.
Cassou (Isidore), 294.
Castagnas (L'ambitieux), 210.
Castagnède (de), 28.
Castarède (A. de), 203.
Castellane (de), 9, 30.
Castellane (Le maréchal), 225. — Son éducation, 234.
Casteran (Aimé), 273.

Casteran (Albert), 253.
Castets (avocat), 248.
Catalogue des Tableaux de l'Infant don Sébastien de Bourbon et Bragance, 233. — Des livres qui se vendent chez Despax, 292.
Catéchisme ou abrégé de la foi, 162, — d'Aire, 163, — de Lescar, 170, — hygiénique, 198.
Catéchimia edo fediaren, 150. — Laburra, 161. — Oloroeco, 163,183.
Catherine de Navarre, 11, 57.
Causans (Comte de), 200.
Causeries Politiques, 236.
Cauterets. Les Eaux, 236, 237. — Cauterets Guide, 236.
Cayolaristes (Lettres aux), 212.
CAZAUX, 236, 237, 238, 270.
Cazeaux (Jean-Baptiste), 199.
Cazenave de la Roche, 204, 205, 251, 276, 294.
Cellier Espérance, 46.
Chacun son métier, 208.
Chairac (Ginestet de), 24, 25.
Châlon (Hardouin de), 170.
Champignons desséchés (Les), 295.
Champignons (notes sur diverses espèces), 203.
Chansons, 227. — Béarnaises, 204, — Airs populaires du Béarn, 196, 232, — de Navarrot, 232. — Notes pour l'histoire de la, 201.
Charles IX, 39.

Charles (Paul), 74.
Charité (Réglements des dames de la), 224.
Chasse aux Palombes (La), 233.
Château de Pau, 193, 194, 198, 255.
Chaumont (Philippe de), 123.
Chégaray, 197.
Chemin de bien mourir, 82.
Chemin de la croix, 200.
Chemin de fer de France en Espagne, 199.
Chemins de fer Pyrénéens, 198.
Chesnel (Marquis de), 189.
CHÈZE Mathurin, 14, 35.
Choléra. Sa nature, son siège, son traitement, 293. — Dans les Basses-Pyrénées, 199.
Christian Psalmody, 194.
CHRONIQUE BÉARNAISE, 249.
Chronique de la ville et diocèse d'Acqz, 79.
Chronique de la ville de Bayonne, 120.
CHRONIQUE DE PAU, 230.
Ciceron, Epîtres, 163, 164, 169.
Claudin (A.), 31.
Clausade (G. de), 89.
Clémenceau (J.), ministre à Poitiers, 90.
Code civil, 224.
Code municipal à l'usage des agents de police, 249.
COHE, 275.
Coignard Louis, 125.
Colomiès (Jacques), 9.
Colomb (Fortuné), 93.

Commission d'Enquête à Pau, 251.
Compaigne (Bertrand de), 79, 81, 120.
Complainte des Eglises réformées, 73.
Comte de Paris, 208.
Conduite de la confession et de la communion, 138.
Conférences ecclésiastiques du diocèse d'Oloron, 181.
Conférences, (Leurs rapports avec l'éducation des femmes), 204.
Confrérie du St-Sacrement, (Règles et statuts), 198, 224.
Congrés scientifique à Pau, 207.
Consécration des Eglises, 208.
Conseil général des Basses-Pyrénées. (Recueil des procès-verbaux), 205, 206.
CONSTITUTION, journal des Pyrénées, 226.
Constitution de la République Française, 220.
Contributions Directes, (Lois les concernant), 240.
Conversion de Daniel de Martin, 85.
Coppée François, 233.
COUGET Joseph-Adolphe, **268**.
Coup d'Etat, 229.
Cour de Pau, Catalogue de la Bibliothèque, 204. — Jurisprudence, 225. — Notes et considérations pour son maintien, 211.
Couronne du précieux sang de Notre-Seigneur, 199.

Cours, d'Arithmétique, 224, — d'Etudes du collège d'Oloron, 181.
Courses de Taureaux, 237.
Courtilhe (V. M. de), 273.
Coutumes. Voir Aspe, Béarn, Navarre, Soule.
Crédit en France, 249.
Crédit Foncier, 201, 228.
CRESPON Nicolas, 14, **88**.
Cric-Crac, 211.
Culex pipiens. (Ses propriétés curatives), 238.
Cuminge (Maurice), 252.
Cure aux raisins en Béarn, 204.
Curé Béarnais au XVIIIe siècle (Un), 235.

D

Daguzan (L'abbé), 247.
Daneau (Lambert), 55, 56, 63.
Darrichon (Charles), 250.
Dasconaguerre (J. B.), 252.
DATTAS, Pierre, **277**.
DAUMON, 15, 17, 147, 180, 182, 183, 213, 223, 239, 240, 291, 293.
DAUPHIN Jean, 14, **98**, 110.
David, Psaumes en vers béarnais, 54, — Ung flouquetot cœlhut hens los psalmes, 234. — Segond, 235.
Dax, 79, 81.
Déclaration du Roy de Navarre sur les calomnies publiées contre lui, 55.
Déclaration du Roi concernant les curés des diocèses de Lescar, Oloron et Aire, 143.

Défenses de Jean Paul de Lescun, 74.
Deffence de l'union des réformés, 79.
Deffis (J. F.), 192, 197.
Degré élémentaire, (recueil de sujets de style), 250.
Dejernon (Romuald), 231, 249.
DELRIEU, 158, — dit Dugué, 157, — Pierre, 158, 267.
DESBARATS Bernard, 127. — Charles, 127, 143. — Isaac, 14, 128, 134. — Isaac-Charles 14, 143, 160, 177, 178, 213. — Jean, 14, 81, 82, 103, 114, 118, 126, 128, 134, 135, 138, 149, 257. — Jean-Baptiste, 117, 142. — Jean-Isaac, 127. — Jean-Louis, 114, 117, 128. — Jean-Pierre, 127. — Jeanne, épouse Desols, 114, 126. — Jeanne, 15, 133, 149, 291. — Jérôme, 133. — Joseph, 127, 142. — Magdeleine, 114, 117. — Marie, 126, 127, 143. — Marie-Catherine. 143. — Pierre, 14, 97, 98, 109, 126, 143. — Veuve, 81, 133.
Desbarats-Buisson, 144.
Desbarreaux Bernard, 30.
Deschamps Paul, 10, 12, 34.
Description des voyages de la Duchesse d'Angoulême, 188.
Desgrouais, (supplément aux Gasconismes), 183, 274.
Desjardins (Le P. Eugène), 209.
DESPAX Joseph, 15, 242, 265, 292, 295.

Desplasses (Le Père), 168.
Despourrins, 204.
Dessalles (Léon, 200.
Destrade, 199, 228, 248.
Detchandy, 212.
Deuil (Le), 193.
Diable Blanc de Sardace, 234.
Dianéïde (La). Poème en quatre chants, 192.
Dictées sur un plan nouveau, 203.
Difficultés Grammaticales, 199.
Diguet (Charles), 251.
Dinet Gaspar, 38.
Diou ! 248.
Diptyche des Evêques d'Acqz, 81.
Disse (Le baron de), 193.
Divertissement de M. de Beneven, 74.
Dix-huitième de Ligne, (Son histoire), 234.
Doassans (Le D^r), 295.
Dona Phaleüko agestzeack, 251.
Dorfeuille, 185.
Dots (questions), 179.
DOUMIN Etienne, 269.
DUBOIS Guillaume, 14, 38, — Jean, 38, — Pierre 14, 37.
Duboué (Le D^r), 232, 237.
Dubourg (Le P.), 78.
DUBROCA Jeanne, 277.
Duc d'Angoulême. Passage et séjour dans les Basses-Pyrénées, 190.
Duchesse d'Angoulême. Description des voyages, 188.
Duc de Montpensier, 196.

— 306 —

Ducos, 15, 266. — François, 183, 274.
Duel de Pierrot, 253.
Duels. Edit et déclarations, 211.
Dufour, Jean, 269.— J. M. 269.
Dufourcq (L. de), 211.
Dugenne, 194, 197, 227.
Dugué, 15, 19, 149, 267, 275, 291.
Duhourcau (Le D^r), 237.
Dulon, 270.
Dupérié, 239.
Dupont (Paul), 3, 33, 266.
Dupoux Bernard, 167. — Elie 168. — Ignace, 168. — Jean, 14, 133, 167, 168. — Jérôme 14, 129, 133, 159, 257, 292. — Joseph Jérôme, 168. — Marie Anne, 168.
Durand Badel, 14, 42, 46, 48. — Marguerite, 48.
Dutilh (Pierre), Baron de la Tuque, 236.

E

Eaux-Bonnes, 276. — Causeries, 211. — Dix-sept ans de pratique, 205. — Guide, 205. — Itinéraire, 196. — Nayade de la fontaine de Bordeu, 245. — Notice médicale, 205. — Notice sur l'histoire de l'établissement thermal, 199. — Traité pratique, 251.
Eaux-Chaudes. Aperçu historique, topographique et médical, 198. — Notice historique et médicale, 197.— Notice sur l'histoire de l'Etablissement, 199. — Spécialité thérapeutique, 203.
Eaux minérales des Pyrénées, 193.
Echos de la montagne, 232.
Echo des Pyrénées, 226, 249, 250.
Echo d'Orthez, 251.
Ecole de garçons et de filles au hameau de Pau, 209.
Edits, Déclarations et Lettres Patentes du Roi, 179.
Eglises réformées (L'apologie des), 73.
Eglise St-Martin, 201, 204.
Eguia catholicœ, 125.
Elementa rhetoricœ, 169.
Eloge historique d'Henri IV, 180, 214.
Empereur (L'), 252.
Enfant flottant, 81.
Enquête agricole, 231.
Enseignement civique dans l'Ecole, 236.
Esclaux (de Mesplès d'), 162.
Escualduner, 208.
Espagne en 1879, 252.
Espagne (Itinéraire des routes d'), 244.
Esportes (d'), 14, 87.
Essai sur l'art de faire vivre l'homme sous l'eau, 193.
Estarac, 221, 224.
Estrées Béarnaises, 189, 191, 272.
Etchegoyen (colonel d'artillerie), 193.

Etigny (d'), 16, 146, 149, 170.
Etrennes Béarnaises, 225.
Etudes Landaises, 251.
Eury de Bern (F. G.), 248.
Examen de conscience, 202.
Excursion en ballon, 211.
Exercice de dévotion, 179.
Exercicy deu Pay de familia, 54.
Expilly (L'abbé d'), 199.
Extraits de deux mémoires opposés, 218.

F

Face de l'Eglise primitive, 78.
Fables, 201, 205, 232.
Fage (René), 64.
Faget de Baure, 5.
Fauconnet (Baron de), 251.
Faust (Félix), 204.
Femmes d'après les Proverbes (Les), 231.
Ferdinand de Castille, 11.
FERMAN (Jean de), 90.
FERRON et FOIX, 275.
Ferron (Joseph), 194.
Feux de joie de la St-Jean, 211.
Filhol (E.), 293.
Filles de Marie (manuel à l'usage des congrégations des), 209, 273.
Flamichon, 246.
Fleuriau (Louis Gaston), 163.
Fleurs de Guidon, 160.
Flore des Basses-Pyrénées, 224.
Florence, 201.
FOIX, 270.
Foix (Le cardinal Pierre de), 208. — Jacques 4, 9, 33.

Fondeville de Lescar, 145, 178, 192.
Fonseca (Baron Antonio Carteret Lopez de), 295.
Forestié (E.), 51, 52, 64, 72, 86, 102.
Forêts, réformation. Voir Navarre, Soule.
Forma de las Prégaries, 54.
Fors. Voir Aspe, Béarn, Navarre, Soule.
Fournier de Pescay, 227.
Franciscains, (Leur Expulsion de Pau), 210.
France historique à vol d'oiseau, 201.
François St-Maur (E. M.), 200, 202, 206.
Fric (H.), avocat, 232.
Froment (Louis), 201, 248.
FURET (Le), 229.
Furtère Elisabeth, 86, 87.

G

Galilée, 209.
Galos (Victor), Exposition de ses œuvres, 235.
Garay (L'abbé), 294.
GARDELLE 266.
GARDELLE ONCLE, 170, 267.
Garet Emile, 15, 168, 180, 181, 218, 229, 230, 231, 253.
Garet (l'abbé), 197.
Garicoïts (Michel), sa vie et ses lettres, 209.
GARSIN, 263.
Gassion (Jacques de), 61.
Gaston (Jan), 76.

Gaston Phébus, 202. — Las haunous, 206.
Gaudin (Le Père Jean), 169.
Gauthier (Léonard), 71.
Gavardie (Ed. de), 229.
Gavarnie, 294.
Gave de Pau. Observations sur son cours 194. — Poème 193.
Gayrosse (Le Baron de), 227.
Gellé Georges, 253.
Géographie aisée et méthodique, 292. — du département des Basses-Pyrénées, 201, 231.
Géologie de la France, 200.
Géométrie théorique, 272.
Girondins (Esquisse politique sur l'histoire des), 273.
GLANEUR D'OLORON, 273.
Golfe de Gascogne, 252.
Gorse (André), 235, 236, 294.
GOUDE DUMESNIL, 15, 277.
Grammaire Béarnaise, 229, 236, de Despautère, 132, 162, 169. — Supplément 247, — à l'usage des Ecoles primaires 294.
Gramont (Le Duc de), Oraison funèbre, 168.
Grèce (La), depuis les temps les plus reculés, 211.
Guerlins (Jean de), 31.
Guerre de 1870, 232, — d'Italie, 201, — d'Orient, 229. Guerre et Paix, 249. — Philosophie, 232.
Guide de la ville de Pau, 250.
Guillot Marie, 213.
Guinier (Le Dr), 236.
GUINLET, 267.

Guirette (Le Dr), 198.

H

Haïti (Ses relations commerciales avec la France), 227.
Haller Gustave, 253.
HARAS (JOURNAL DES), 251.
Harmonie (Petite clé de l'), 252.
Hatoulet, 5, 113, 195, 287.
Hénault, Anne Geneviève, 125. — Magdeleine, 116, 118, 125.
Henri d'Albret, 2, 20, 21.
Henri II de Navarre, 5, 29, 136, 282, 283, 287.
Henri III de Navarre, 13, 51.
Henri IV, 13, 45, 47, 55, 71, 189, 284. — Eloge historique, 180, 214. — Enfance, 198. — Promenades archéologiques dans le Pays d', 202. — Statue, inauguration à Pau, 195, 196.
Hier, aujourd'hui, demain, 237.
Histoire en action, 227.
Histoire naturelle des Pyrénées, 188, — de la Vallée d'Aspe, 188.
Histoire Sainte, (Récits en Béarnais), 233.
Horace, 164.
Houat (Le Dr L. T.), 238.
Houbigant (A. E.), 202.
Huc, 200, 201.
Huesca (L'acte de), 211.
Hulster (Baron d'), 197.
Hygiène de l'arrondissement de Pau, 197.

I

Idée géographique et historique du Béarn, 151, 291.
Imitation de Jésus-Christ en Béarnais, 205, 206, — en Basque, 151, 275.
Impaludisme (notions sur l'), 232.
Impératrice Eugénie (S. M. L'), 251.
Impôt foncier, mémoire, 189.— Mémoire sur une nouvelle répartition, 246.
Imprimerie administrative et commerciale, 251. — Nouvelle, 251. — Ossaloise, 15, 276.
IMPRIMEURS. Leur liste, 14, 15.
INDÉPENDANT DES BASSES-PYRÉNÉES, 8, 229.
INDICATEUR DE PAU ET DES BASSES-PYRÉNÉES, 218, 229.
Indiculus universalis, 163.
Infaillibilités (Les deux), 254.
Innocence des Pasteurs, 73.
Institutions artistiques de la ville de Pau, 210.
Inspirations (Premières), 204.
Institutes du droit français, 179.
Instruction sur le saint sacrifice de la messe, 162.
Intérêt de l'argent, 204.
Isographie, 251.
Izarié (Le Dr), 198.

J

Jacquinot (Barthélemy), 76, 105.
Jam, 205, 254, 294, 294.
Jean III d'Albret, 11.
Jeanne d'Albret, 25, 37.
JEAN QUI RIT, 229.
Jesu Kristen imitacionia, 151, 275
Jésuites. Affiche des cours pour l'année 1690, 133.— Leur collège à Pau, 76. — Compte-rendu de l'institut, 176.— Edit du Roi, 145. — Histoire de leur établissement à Pau, 254.
Joantho (L. de), 210, 211.
JOURNAL D'AGRICULTURE PRATIQUE, 230.
JOURNAL DES ETRANGERS, 230.
JOURNAL DES PYRÉNÉES, 187.
Jubilé universel, 170.
Jurançon (Les mosaïques), 199.
Juré à u mec, 228.

K

Khurutchiaren Bidiaren, 197, 275.

L

LABASSÉ Louise, Veuve Bernède, 268.
Labeyrie (Emile), 208.
Laborde (F. de), 198, 228.
Laborde (F.), 203.
Labour, Plan. 291.
Lacaux Catherine ou Lago, femme de Saride, 91, 94.
Lacaze (Louis), 235, 252.
La Caze (Louis), 231.
LACAZE (Pierre André), 276.
Lacontre, 250.

Lacoste, 245.
Lacoste Magdeleine, 67, 68.
Ladrerie (dissertation sur la), 221.
Laffore (Joachim), 197.
Lafite (Jean de), 75, 79.
Lafite Solon, 74, 79.
LAFON Auguste, 201, 205, 253, **268**. — Louis François, **268**.
Laforce (de), 11, 12.
La Fuye (Gaston de), 211, 237.
Lagarde (A.), 227.
Lahillonne (Le D^r), 253.
LALHEUGUE, 15, 207, **209**.
Lamalou Le Centre, (Notice sur les Eaux Minérales), 253.
Lamazou (Mgr), 212.
Lamaysouette (L'abbé P.), 205, 206.
Landes, méthode de leur défrichement, 180.
Langlet (Victorien), 210.
Langue anglaise, (manuel de prononciation), 227.
LAPEYRETTE Bernard, 15, 272. — Bernard père, 272, 274.
LAPLACE (Guillaume), 14, 75, 93, **95**, 109.
Laplace (L'abbé L. P.), 200, 202.
La Rhoellerie (Le chevalier de), 252.
Larrabure, 249.
Lascure, 29.
Lassalle (L'abbé), 206.
Lassalle (de), 273.
Lassansaà (Les héritiers), 227.
Lasserre (Joseph Ernest), 211.
Latour (R.), 277.

Latreille (Eléonore de), 133, 167.
Latapie Jean, 245.
LAUGA Jean, **269**.
Laurens (L. de), 203.
Laussat (Le Baron de), 197, 203, 228. — Pierre Clément, 192.
LAUSSAT Martin, **268**.
Lavielle, 204.
Lavillette (P. J.), 199.
LAVOIR René, 14, **102**.
Le Cœur (Ch.), 199, 206, 208, 209, 210.
Légitimes, (questions sur les), 180.
Lejeune, (Chef d'escadron d'état major en retraite, 200, 202.
Lejeune (Général Baron), 201.
Lelong (Le Père), 81, 90.
Lembeye (L'affaire du curé de), 252.
Lemonnier (C.) 203.
Le Noble (G. P.), 192.
Lequeutre (A.), 236.
Lérembourne, 189, 192.
Lescar, 9, 14, 61. — Bréviaire, 9. — Collège, 57, 62, 63, 69, 206. — Feux de joie, 211, — Hôpital et Maladrerie, 210. — Liber constitutionum, 30, 33. — Notre-Dame, 202. — Ordo, 163, 262. — Ordonnance et instruction pastorale sur le catéchisme, 165, 170. — St-Julien, 200. — St-Galactoire, 210. — Titre d'Evêque à ajouter à celui d'Evêque de Bayonne, 209.

— 311 —

Lescudé, **269**.
Lescun (Jean Paul de), 74, 88.
Lescure (Gratien de), 29.
Lespy (V.), 172, 199, 201, 229, 230, 231, 232, 233, 234, 235, 236, 248.
Lettre d'un étranger, 229.
Lettre du Père Audebert, 98.
L'hostal, 71, 72.
Liber constitutionum ecclesiœ et diocesis Lascurrensis, 33.
Libraires. Liste, 14, 15. — Chapitre spécial à Pau, 257.
Librairie Catholique, 269.
Livron (J.), 228.
Lochard Joseph, 277.
Loge maçonnique de Pau, (Réglements), 225.
Loisir d'un militaire, 189.
Lomet, 237.
Lostalot, 245.
Louis XI, 3.
Louis XIII. Arrêt de vérification des ordonnances, 97.
Louis XVI, (Relation de son voyage à Montmédi et de son arrestation à Varennes), 225.
Lourdes (Chronique), 196.
Loustau-Chartez, **276**.
Loyard Daniel, 27.
Luchon (Itinéraire de), 195.
Lyon (G.) 235.

M

Madaune (J.), 202.
Magendie, ministre, 78, 81.

Magistrature (de sa réorganisation), 294.
Maiatza edo Mariaren hilabetia, 273.
Maison (Gabriel), 236.
Malsousse, Géronis ou Jérémie, 63, 72.
Manaudas (L'abbé), homélie pour son 53e anniversaire, 294.
Mandatum Episcopi Oloronensis de casibus et censuris in suâ diocesi reservatis, 215.
Manescau, 47, 204.
Manuel des greffiers, 189.
Marca (Pierre de), 102, 196.
Marchal (de Calvi) Le D^r, 232.
Marque Maurice, 15, **273**.
Marques typographiques, Rabier, 54, 60. — Rouyér, 83.— Dupoux, 172, 173.
Marrast (Augustin), 252.
Martin (Daniel), 85.
Mattei. Manuel d'électro-homéopathie, 253.
Maurin, 15, **274**.
Maurin et Casabonne, **274**.
Mayer (Henri), 30.
Maytie (François Arnaud de), 81.
Maytie (Arnaud de), 119.
Maze (Emile), 232.
Mazères, 189.
Mazure, 5, 113, 195, 287.
Médecine Vétérinaire (mémoires), 195.
Meillon Françoise Clémentine, **270**.

Mélange diabolique, 251.
Mémoire sur ma vie, (1803 et suiv.), 192.
MÉMORIAL BÉARNAIS, 187.
MÉMORIAL DES PYRÉNÉES, 187.
Mémorial des Pyrénées, affaire du, 212. — Peint par lui-même, 277.
MÉNETIÈRE, 15, 249, 250.
Menjoulet (L'abbé), 195, 211, 273, 276, 293.
Menton (une visite médicale à), 276.
Mes vingt ans, 200.
Mespec (J.), 193.
MESSAGER D'OLORON, 274.
Mestepès (J.), 206, 253.
Mesures. Conversion des nouvelles en anciennes, 225. — Instruction sur les nouvelles, 240.
Michel (Francisque), 163, 183, 190, 275.
Michon Georges, 129, 159, 257.
Millot (L'abbé), 266.
Minvielle, 221.
Mirasson (Le P.), 73, 85, 93.
Miroir véritable opposé à la face de l'église, 101.
Mois de mai, 293.
MONGUILLET Epiphane, 269.
MONITEUR DES PYRÉNÉES, 250.
Mont de Sion, 79.
MONTAGNARD DES PYRÉNÉES, 226.
Montagnardes (Les), 248.
Montaut, 272.
Montebello (cte Ernest de), 208, 209

Montevideo. Emigration, 195.
Montillet (Jean François de), 170.
Moreau (A.), 196.
Moret, 27.
Morlaàs, 5. — Sa Basilique, 203, 209, 212.
MORLANNE, (Jean-Pierre), 15, 261.
Moumour, 247.
Mourot Jean, 168, 171.
Mourot Jean François, 168, 180, 181. — Etude Biographique, 229.
Mourot Pierre, 171.
Mousseline, 250.
Moustier (Le comte de), 225.
Mouzis (B.), 195.
Mulh (Dr médecin), 193.
Muriers Blancs, Mémoire, 145.
Musées de Province (considérations sur les), 206.

N

Naples, 202.
Napoléon et Pie IX, 197.
NAUBONET (Jeanne), 248.
Navailles Poeyferré (Le Baron de), 180, 215.
Navarre. Aranzel, 9, 11, 12, 143.
— Fors et coutumes, 9, 10, 11, 12, 77, 123, 124, 138, 165.
— Navarre en deuil, 72.
— Basse Navarre, 188, 291. — Navarre Espagnole, 202. — Réformation générale des forêts, 151. — Stil de la chancellerie, 9, 11, 124, 138.

Navarrot Xavier, 227, 228, 232, 272.
Nay (Le choléra à), 248.
Nays (J. B. vicomte de), 196.
Nécessité des croyances religieuses, 194.
Népomucène, 237.
Nestor, 229.
Neuf Preux, 202.
Noblesse de Béarn. Arrêté et représentation, 217.
Noblesse des Basques. (Essai sur la), 181.
Noé (Marc Antoine de), 262.
Noëls choisis, 152. — Français, Béarnais et Basques, 204, 209. — Français et Gascons, 190.
Norvins (de), 197.
Notices instructives, 248.
Notre-Dame de Pau, 179.
Nouguier (E.), 201, 231.
Noulet (Le Dr J. B.), 152, 175.
Novempopulanie (Camps de la), 188.

O

OBSERVATEUR DES PYRÉNÉES, 226.
Observations de J. Clémenceau, 90.
Obstétrique, 194.
Œuvres poëtiques de Jan Gaston, 76.
Olhagaray, 5.
OLORON STE-MARIE, 271. — Almanach, 272. — Cantiques spirituels 186. — Conférences du diocèse, 181. — Cours d'études du collège, 181. — Notice historique sur le séminaire et le collège, 293. — Ordo, 185, 186. — Ordonnances Synodales du diocèse, 150. — Poblation, 5, 237. — Recueil des anciennes et nouvelles ordonnances du diocèse, 164. — St-Grat, 210, 271. — Ste-Croix, 273.
Onsa hiceco bidia, etc., 82.
O'Quin (Patrick), 196, 198, 199, 200.
Oraison funèbre du Dauphin, 177. — Du duc de Gramont, 168.
Orcurto-Joany (Ed.), 205.
Ordo du diocèse de Lescar, 163, 262. — d'Oloron, 185, 186.
Ordonnances et instructions synodales d'Oloron, 124.
ORTHEZ, 9, 14, 15, 43. — Collège, 13, 57, 63, 69, 72. — Libraires et Imprimeurs, 54, 69, 87, 277.
Ossau (La vallée), 5. — Notice, 194. — Tableau historique, 208 — Voyage au Pic du midi, 189.
Ourém (Le Baron d'), 210, 295.
Ours dans les Basses-Pyrénées, 254.

P

Paix de Villafranca, 201.
Paix ou Victoire, 206.
Palassou (Pierre Bernard), 188, 221.

— 314 —

Papeterie, 19, 20.
Paraphernaux. Questions sur les biens, 181.
Paravel (Jeune), 197.
Pardeilhan-Mézin, 201.
Parlement de Navarre. Collection des édits, ordonnances et arrêts, 179, 215. — Remontrances, 217.
Pastourale Béarnaise (noubelle), 175, 178, 217, 236. — Pastourale deu Paysaà, 145, 178, 192.
Pau, Alimentation hydraulique, 201. — Améliorations et embellissements à faire, 232. — Calendrier, 179. — Château, 193, 194, 198, 255. — Climat 196, 231, 232, 237. — Cour d'appel, 204, 211, 225. — Eglise St-Louis, 198. — Eglise St-Martin, 201, 204. — En 1768, 199. — Intérêts, 201. — Marché couvert, 232. — Marchés et foires, 252. — Notice sur la ville et le château, 188. — Notice sur la Place Royale, 235. — Panorama historique et descriptif, 194, 197. — Recueil des arrêtés de Police, 249. — Université, 138. — Voyage de Pau à Tolède, 203.
Pau-Gazette, 254.
Pau-Théatre, 251.
Pausautes d'u aousalès, 228.
Pawlowski, 34, 102.
Paysan Français au XVIIIe siècle (Le), 231.

Pécaut (L'abbé J. A.), 252.
Pédeutour Jean, 270.
Peine de mort (de la), 228.
Pellanne Dominique, 269.
Pellou (J.), 205.
Pénitens Gris, Réglemens, 145, 181.
Perqué Lou Rey Petit, 250.
Perret (A.), 202.
Perris (E.), 225, 268.
Persécution religieuse en Béarn, 210.
Perth (R. P. F. J.), 90.
Petit Béarnais, 251.
Petit Républicain des Basses-Pyrénées, 230.
Petites affiches des Basses-Pyrénées, 277.
Petites affiches Oloronaises, 274.
Pic du midi. (Voyage au), 189.
Picamilh (Charles de), 200.
Pidoux (Le D^r), 254.
Piétat. Histoire de la chapelle, 292. — Notre-Dame, 207.
Planté (Adrien), 209, 211, 212, 252.
Poésies Béarnaises, 191, 192, 196, 198, 199, 228, 250.
Poésie sacrée, 254.
Poète du village (Le), 239.
Poeydavan, curé de Cosledaà, 177.
Poeydavant (L'abbé), 246.
Poids et mesures (Instruction sur le nouveau système des), 221.
Poignée d'anecdotes (Une), 251.
Pomarium latinitatis, 169.

Pomey (Le Père François), 163.
Pommes de terre. (Mémoire sur la culture), 179.
Pon, 273.
Pont-Long. Partage 228. — Société pour son acquisition 293.
PORTES (DE), 14, **87**.
Pouey (Charles du), 236.
POURQUIÈS, 272.
POURTAU, **278**.
POYVRE Henry, 9, 12, 14, **23**, 91, 122, 282, 284, 286.
Prat (Gustave), 202.
Pratiques de piété, 247.
Presse à Pau (La), 229.
Prières et cantiques spirituels, 165.
Prime d'honneur dans le département des Basses-Pyrénées, (considérations sur le rapport du Jury), 202.
Prime d'honneur en 1881, 254.
Principes de la grammaire, 169.
Privilèges. Voir Aspe, Béarn.
Procès verbaux du conseil général des Basses-Pyrénées, 205, 206.
Progrès agricole, 203.
Projets contrariés, 225.
Puymère (de), 204.
Puyoo (Rèbe de l'abbé), 235, 250.
Pyrénées. Ascensions, 203, 211, 212. — Souvenir des courses, 294.
PYRÉNÉES (LES), 206.
Pyrénées Occidentales (Histoire des maladies de l'armée des), 240, 244.

Q

Questionum in evangelium, 55.
Quérard (J. M.), 31.

R

RABIER Elisabeth, 64. — Isaac, 64, 67, 68. — Jacob, 64, 68. — Jean, 64. — Louis, 13, 14, 32, 51, 77, 89, 91, 121, 234, 284. — Autre Louis, 68. — Marie, 68. — Rachel 68.
Race Bovine, 196.
RAGUETTE (Catherine), **247**.
Ramond, 237.
RAULET Jean, 277.
Raymond Paul, 6, 73, 94, 102, 142, 230, 233, 234.
Récréations et souvenirs, 205, 253.
Recueil général des Edits et déclarations, 166.
Réflexions en réponse à l'oubli de Dieu, 249, 250.
Régicide et Liberté, 252.
Réglemens. Voir Aspe, Béarn.
Règlement pour les Ecoles du diocèse d'Oloron, 170.
Religion de Dieu et du diable, 185.
Remontrances faites en la cour Souveraine de Béarn, aux ouvertures des plaidoiries, par Jacques de Gassion, 61.

— 316 —

Renan (Conversation à propos de la vie de Jésus de), 202.
Renard de Lafontaine, 231.
Renfort spirituel, 74.
Réponse d'un Béarnais, 201.
Réponse d'un Ecclésiastique, 164.
Réponse en vers à M. N. 192.
Response au formulaire de l'abjuration, 55.
Response à la harangue de Gaspar Dinet, 38.
Révol (François de), 150, 183, 186, 215, 294. — Joseph, 164, 183.
Révolution française (Bienfaits de la), 254.
RIBAUT, 175, 181, 233, 235, 236, 269.
Richeur (F.), 151.
Rimes d'antan, 236.
Rituel Romain, 102.
Rivale de Marguerite, 251.
Rivarès Frédéric, 168, 196, 218, 220, 232.
Roannez (La conversion de Mlle de), 235.
Roitelet (mémoire d'un), 294.
Roland (La chanson de), 206.
Rome, 201, 202. — Depuis sa fondation, 211. — Journal d'un voyage, 204.
Roncevaux et la chanson de Roland, 206.
Rossigneux (L'abbé F.), 199.
ROUYER Abraham, 14, 68, 69, 84, 166. — Anne 86. — Jacques, 14, 60, 75, 76, 85, 86, 96, 105, 119, 120, 121. — Jean, 75, 85. — Jeanne, 85. — Judith, 86. — Magdeleine, 85, 87. — Mathieu, 86. — Suzanne, 85, 86, 87.
Russell-Killough (Comte Henri), 203, 205, 210, 211, 212.

S

Sabatier (G. L.), 232.
Sacré-cœur de Jésus. Exercice de dévotion, 150, 199.
Sacré-cœur de Marie. Instructions, Pratiques et Prières, 150, 215.
SAëNS Jean-Pierre, 278.
Sacrifice d'Abraham. (Enseigne d'Isaac Desbarats), 138, 148.
Saget (P.), 193, 194.
ST-BONNET (Arnaud de), 14, 101.
St-Christau de Lurbe. Les Eaux minérales, 225 248. — Leur analyse, 293. — Notice, 273.
St-Cricq (Le vicomte de), 227, 228.
Saint Evanyeli (Lou), d'après St-Mathieu, 228.
St-Galactoire, Evêque de Lescar, 210.
St-Grat d'Oloron, 210, 271.
St-Guily, curé de St-Martin. Notice biographique, 120.
St-Jean-de-Luz. Notice sur, 189. — Son passé, son avenir, 200.
St-Julien, Evêque de Lescar, 200.

St-Louis (Eglise), 198.
St-Orens, 197.
St-Sauveur (les bains de), 192.
Ste-Croix d'Oloron (L'Eglise de), 273.
Sainte Foi de Morlaàs, 203, 212.
Ste-Ursule de Pau, 150.
Sainte Vierge dans les Pyrénées (La), 207.
Sajus (B.), 247.
Salettes (de) Arnaud, 54, 234, 235. — Bernard, 218. — Charles, 94. — François Charles, 125.—Henri 93.— Jean 93.— Jean Henry, 78, 98, 100, 101.
Salinis (Albert de), 211. 212.
Sallenave (de), 18, 178, 263.
Salles (L'abbé), 208.
Sanadon (dom), 181, 186, 295.
Sancery (Le Dr), 213, 253.
SARIDE, 14, 89, 96, 98, 122, 151, 165, 286. — Jean Henri, 93, 94. — Marie, 93, 94.
Sarrance, 207. — Origine de la dévotion de N. D., 273.
Sartines (de), 18, 146, 176, 263.
SAUGRAIN Abraham, 41, 43, 46. — Claude-Marin, 47. — Guillaume, 47. — Jean, 14, 39. — Jean fils, 41, 47, 291.
Saurine J. P. 295.
Sauvaud, 190.
Sauveterre (Monographie de l'Eglise de), 206.
Sceau du Synode de Béarn, 78.
Sceaux des archives des Basses-Pyrénées, 142.
Schaer (Dr Fr.), 231.

Scurra (Joseph Valérien), 28.
Secours (Analyse des Eaux de), 199, 239.
SELSE Pierre, 263.
SEMAINE RELIGIEUSE, 207.
Sempé (L'abbé), 208.
Sempé Octave, 274.
Sénac-Lagrange (Le Dr), 237.
Sérée (Dr J. F.), 293.
Sérilly (de), 19.
Sermon prononcé au synode de Sauveterre, 75.
Sermons faits en deux synodes de Béarn, 75.
SERRES, 15, 272.
Sers (L.), 254.
Serviez (Le Général), 20, 221, 223, 241.
Signatures. Boyer, 105. — Dauphin, 99. — Laplace, 95. — Poyvre, 27. — Rabier, 52. — Rouyer Abraham, 73. — Rouyer Jacques, 84. — Saride, 92. — Saugrain, 44.
Singot-Lassalle (L'abbé), 293.
SISOS, 15, 186, 219, 240, 244.
SISOS (Veuve), 191, 241.
Société Béarnaise au XVIIIe siècle, 233.
Société des Bibliophiles du Béarn, 230, 233, 234, 235, 269.
Société des Sciences, Lettres et Arts de Pau, 227, 230, 269.
Société des amis des arts de Pau, 209, 236.
Société du Prince Impérial, 203.

Soirs d'hiver, 233.
Solonis Petri Fitani disputationes, 79.
Sonis Bernard, 55.
Sorcellerie en Béarn et le Pays Basque, 210.
Soule. Coutumes, 145, 151, 160. —Plan 291,—Réformation générale des forêts, 139, 146. —Syndicat, 207.
Soulice, 23, 61, 64, 92, 185, 207, 240, 281.
Soutras Frédéric, 232.
Souvenirs littéraires, 206. — D'un montagnard, 210. — D'un vieillard de 80 ans, 205.
Souye (Epidémie), 192.
Sphygmographe. Son application à la bronchite chronique, 253.
Spilman (Le P. Jean), 208.
Statistique du département des Basses-Pyrénées, 220.
Stéréotypie, 251.
Stil. Voir Béarn, Navarre.
Stratten-Ponthoz (Le comte de Van der), 202.
Suarez d'Aulan, 150.
Subsistances (question des), 197.
Supplementa ad brevarium, 169.
Successions. Questions de droit, 179. — Traité, 203.
Supplément aux gasconismes de Desgrouais, 183.
Suspects. Liste dans les Basses-Pyrénées, 233.
Syllabaire, 208.

Sylvestre (M.), 31, 51.
Syntagma orationum, 72.
Système métrique (Exercice sur le), 228.
Système pénitentiaire, 293.

T

Tableaux de la nature, 202.
Tamizey de Larroque, 81.
Tapie (L'abbé), 249.
Taron. (Ses monumens), 203.
Tartas (de), 82.
Taylor (Docteur médecin), 196.
Teberne (dit Tonnet), 241.
Terre (Théorie de la), 245.
Terré, 232.
Terrier (Jacques), 240.
Tertre (de), 79.
Tessier (L.), 295.
Thé et le fourrage (Le), 252.
Théodoret, 98.
Thieux Jean, 116. —Marguerite, 116. — Pierre, 105, 115, 126.
Tolède, 203.
TONNET Adolphe, **249.** — Jacques, 15, 240, **241**, 266, 269, 295. — Joseph Henri, **248.**
Tonon Thérèze, 177, 178.
TOUMIU, 15, 219, 220, **239.**
Tourasse (P. L.), 234, 237, 254.
Tours (La question des), 209.
Tout y Croit, 336.
Traité de la civilité qui se pratique en France, 161. — De lecture, 228. — Sur les successions et donations, 203.
Trésor de Pau, 198.

Triomphe de la vérité, 76, 105.

U

Uniformité de l'Eglise Romaine, 78, 100.
Unité (de l'), 193.
Université de Pau. Edits et réglements, 138.
Ursulines (Exercices pour les Retraites spirituelles), 193.
Usages locaux dans les Basses-Pyrénées, 205.
Usure. Dissertation, 189. — Examen de la dissertation, 246.

V

Veillées d'hiver, 206.
Vénat, 189.
VERDIER Jacques, 270.
VERONESE. Adolphe, 15, 227, 229, 249, 253, 269, 291. — Auguste, 15, 224, 226, 267. — Pierre Laurent, 15, 221, 222, 223, 291.
Vers à soie. Mémoire, 145.
Vetustissimarum primi mundi antiquitatum sectiones, 56.
Victoire de la vérité, 77.
Vidal ministre, 78, 101.
Vie Bysantine au VIe siècle (La), 252.

Vie de Mme de Bordes, 179.
Vieillard Noyé, 81, 82, 119.
VIGNANCOUR Antoinette, 186. — Claire, 186. — Jean François Pascal Emile, 15, 189, 190, 191, 207, 231, 232, 241, 292. — Jean Antoine Sylvestre, 15, 185, 187. — Jean Pascal, 15, 171, 175, 192, 214, 266, 274, 292. — Veuve, 192, 207.
Vigne, dans la région du sud-Ouest, 210. — En France, 231.
VIGNÉ Louis, 270.
Villoutreix de Faye (Jean-Baptiste Auguste de), 185.
Vinay (R.), 234.
Vindiciæ Scholarum, 72.
VINGLES (de) Jean, 9, 12, 14, 23, 91, 122, 282, 284, 286.
Vinson, 82.
Virgile. Enéide, 164.
Vita Ludovici Bitosti, etc., 93.
VIVENT Pierre Augustin, 197, 275.

W

Wallon (E.), 236.

Z

Zincographie, 251.

TABLE DES MATIÈRES

INTRODUCTION. — I. Origine de l'imprimerie en Béarn. — II. Liste des imprimeurs et libraires béarnais.— III. Règlements antérieurs à 1790 3

PREMIÈRE PARTIE

CHAPITRE Ier. — Johan de Vingles et Henri Poyvre, imprimeurs, 1552. 23

CHAPITRE II. — I. Mathurin Chèze. — II. Bolonger. — III. Dubois, libraires, 1552-1594.. 35

CHAPITRE III. — I. Saugrain. — II. Durand-Badel, libraires, 1574-1606... 39

CHAPITRE IV. — Rabier, imprimeur, 1583-1608 51

CHAPITRE V. — I. Rouyer, Abraham, 1609-1630. — II. Rouyer, Jacques, 1631-1676. — III. Renseignements généalogiques. — IV. Desportes, libraire, 1635-1676.— V. Crespon, imprimeur, 1620. 69

CHAPITRE VI. — Saride, imprimeur de Lescar, 1615-1630 89

CHAPITRE VII. — I. Laplace, 1627-1633. — II. Dauphin, 1639-1644. III. Campagne, 1644-1646.— IV. Saint Bonnet, 1647.— V. Lavoir, 1648. - VI Boyer, 1630-1664. — VII. Bordenave, 1664......... 95

DEUXIÈME PARTIE.

CHAPITRE I. — La famille Desbarats. — I. Desbarats, Pierre, 1651-1656. — II. Desbarats, Jean Ier, 1656-1687. — III. Desbarats, Jean II, 1687-1714. — IV. Desbarats, Isaac, 1714-1737. — V. Desbarats, Isaac-Charles, 1737-1779 109

CHAPITRE II. — Jeanne Desbarats et Guillaume Dugué, 1740-1766.. 149
CHAPITRE III. — La famille Dupoux. — I. Jérôme, 1689-1730. — II. Jean, 1730-1759.. 159
CHAPITRE IV. — La famille Vignancour. — I. Jean Pascal Vignancour, 1763-1807. — II. Jean Antoine Sylvestre Vignancour, 1807-1827. — III. Jean Pascal François Emile Vignancour, 1827-1873. — IV. Veuve Vignancour et Lalheugue, 1873 à ce jour............ 175
CHAPITRE V. — Daumon, 1779-1803............................. 213
CHAPITRE VI. — La famille Veronese. — I. Pierre-Laurent, 1803-1827. — II. Auguste, 1827-1865. — III. Adolphe, 1865 à ce jour.. 223
CHAPITRE VII. — I. Toumiu, 1793-1816. — II. Sisos et sa veuve, 1793-1829. — III. La famille Tonnet, 1791 à ce jour. — IV. Menetière, 1875 à ce jour. — V. Garet, 1879 à ce jour............ 239
CHAPITRE VIII. — Libraires. — I. Barthe, Louis, 1685-1696. — II. Morlanne, Jean Pierre, 1736-1767. — III. Garsin, 1764. — Selse, 1764-1768. — Bergol, 1764-1795. — IV. Despax, 1776-1782. — Ducos, 1786. — Gardelle, 1760-1790. — V. Les libraires depuis 1810... 257
CHAPITRE IX. — I. Oloron. — II. Eaux-Bonnes. — III. Orthez..... 271
APPENDICE... 279
ADDITIONS ET CORRECTIONS...................................... 289
INDEX... 297

ACHEVÉ D'IMPRIMER A PAU
Le 31 Juillet 1884
PAR ADOLPHE VERONESE
11, rue de la Préfecture

———

PLANCHES SORTIES DES ATELIERS DE PHOTOGRAVURE
DE MM. REYGEAL ET MICHON
127, rue d'Allemagne, Paris

———

SIGNATURES OBTENUES PAR LE PROCÉDÉ SINOGRAPHIQUE
DE M. ALB. MENETIÈRE
18, rue des Cultivateurs, Pau

PLANCHE I

—

FRONTISPICE

DE L'ÉDITION DES *Fors et Coutumes de Béarn*

1552

PLANCHE II

PAGE PREMIÈRE

DE L'ÉDITION DES *Fors et Coutumes de Béarn*

1552

FORS ET
costumas de BEARN.

ARTIGLE I.

ò Senhor de Bearn à son nouet aduenIment es tengut iurâ à la Cort, Barons, Gentius, & à toutz autres habitantz de Bearn, que lós serà fidel Senhor: Et iudgerà dreiturerament, au praube cum au riche, sens acceptation de persoñà: Et no lós farà tort, ni preiudici, en corps ni en beês: Et lòs guoardarà, & entertierà en lors Fors, Costumas, Priuilegis, & libertatz, tant en commun, que en particulà: Et tierà per ferm so que per sà iusticià serà ordenat.

ARTIGLE II.

ET es tengut de administrà iusticià, à cascun en lodijt païs: Et quoand se absentarà deudijt païs & terras, qui de antiquitat son de sà maison, lexarà Loctenent, per administrà

B aquerà

PLANCHE III

FRONTISPICE

DU *Liber Constitutionum Ecclesiæ et Diocesis Lascurrensis*

Edité par Jean de Vingles et Henry Poyvre en 1552

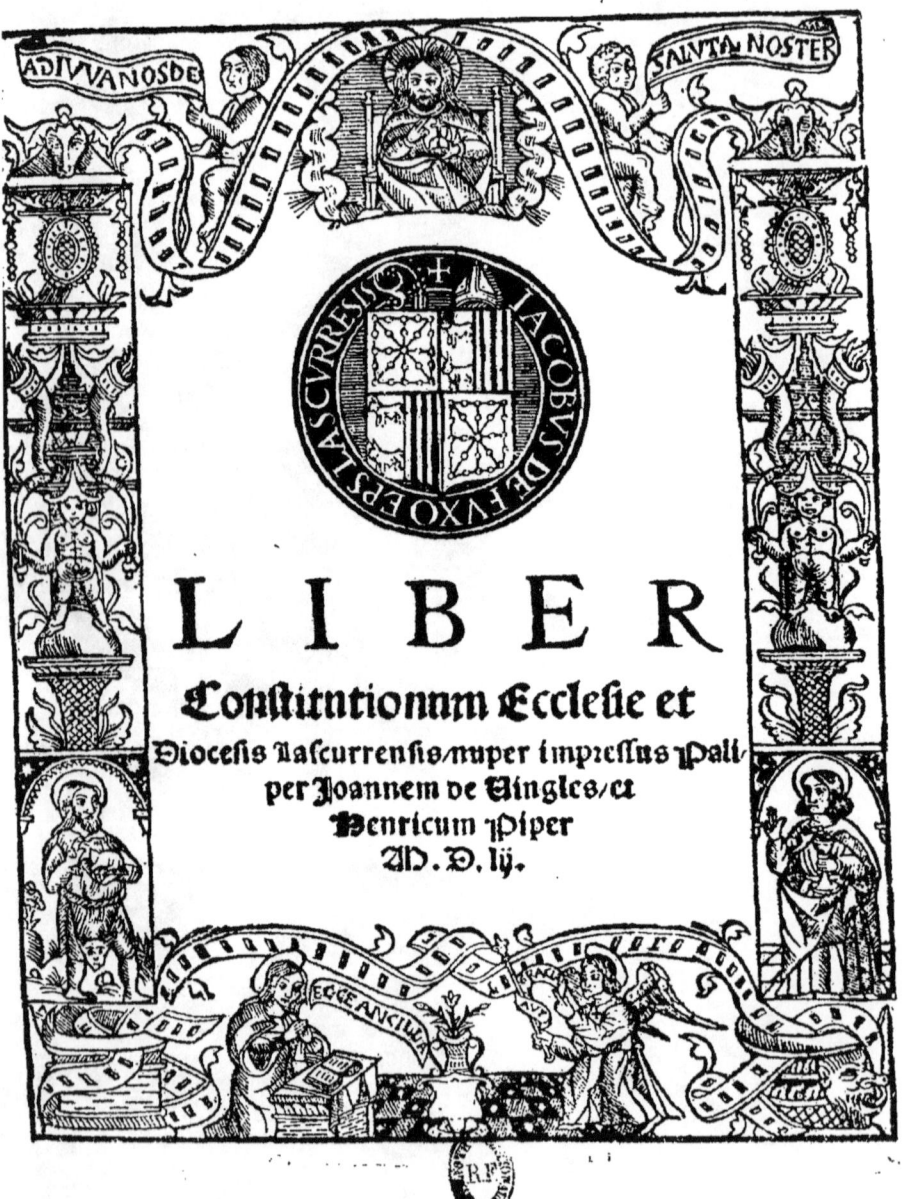

LIBER

Constitutionum Ecclesie et
Diocesis Iascurrensis/nuper impressus Pali
per Joannem de Vingles/et
Henricum Piper
M.D.lij.

PLANCHE IV

FRONTISPICE

DE *L'Avant-Victorieux*

Édité par Abraham Rouyer en 1610

PLANCHE V

FRONTISPICE

DE L'ÉDITION DES *Fors et Coutumes de Béarn*

1625

PLANCHE VI

FAC-SIMILE

DE LA PIERRE TOMBALE DE CATHERINE LACAU

Femme de Jean Saride

CI GIST LE CORPS
D CATHERINE D
LACAV FEMME DE
METRE IEAN DE
SAIRIDE IMPRIM
EVR DV ROY QVI
DECEDA A LAGEDE
SOISANTE CINQ
ANS LONSE DV
MOIS DE MAI LAN
1662

PRIES DIEV POVR
SON AMME

PLANCHE VII

RÉDUCTION AU QUART

D'UNE AFFICHE IMPRIMÉE EN 1690

Par la veuve de Jean Desbarats et Jean Desbarats, son fils

ANNO SALVTIS PREPARATÆ M DC. XC. Postridie Kal. Aprilis.
REGIUM PALENSE COLLEGIUM
SOCIETATIS JESU
ALUMNOS IN STAD UM REVOCABIT.

POSTERIORE SEMESTRI

In Schola Theologiæ Scholasticæ.
De Gratia & Merito.
De Sacramentis.

In Schola Theologiæ Morali.
De Beneficiis & Simonia.

In Schola Physicæ.
De Ortu & Interitu.

In Schola Logicæ.
Organum Aristotelis.

In Schola Mathematicæ.
De Astronomia.

In Rethorica.
M. T. C. in Pisonem.
Senecæ Hercules Furens.
Homeri Iliados.
Continuabitur.

In Schola Humanitatis.
M. T. C. Pro Rege Dejotaro.
Q. Horaci Flacci Liber IV.
Evagora Enconium.
Continuabitur.

In Prima Grammaticæ.
M. T. C. Somnium Scipionis.
Pub. Virgil. Maron. Æneid. Liber V.
Luciani Dialog. Deorum X. III. &
Despauterii Prosodia.

In secunda Grammaticæ.
M. T. C. Epistolarum Liber X.
Pub. Ovid. Nasonis ad Liviam.
Æsopi Fabulæ.
Despauterii Syntaxis.

In Tertia Grammaticæ.
M. T. C. Epist. Famil. Liber XVI.
Publii Ovidii Nasonis Elegia de Nuce.
Clenardi Verba Barytona.

His accedent Concertationes, Affisæ, Declamationes, Catecheticæ Lectiones Disputationes, & alia id genus.

PALI, Apud Viduam Joannis Desbarats, & Joannem Desbarats Typographum & Bibliopolam Regiæ atque Collegii Regii Palensis Societatis Jesu 1690.

PLANCHE VIII

REPRODUCTION

DANS L'ÉDITION DES *Fors et Coutumes de Béarn* DE 1602

du frontispice qui orne l'édition de 1552

PLANCHE IX

REPRODUCTION

DANS L'ÉDITION DES *Fors et Coutumes de Béarn* DE 1625

du frontispice qui orne l'édition de 1552

PLANCHE X

—

REPRODUCTION

AU MOYEN DU BOIS ORIGINAL

du plan joint à l'*Idée géographique et historique du Béarn*

1764

PLANCHE XI

ANCIEN BOIS TROUVÉ PAR M. VERONESE

dans un matériel hors d'usage

www.ingramcontent.com/pod-product-compliance
Lightning Source LLC
Chambersburg PA
CBHW060054190426
43201CB00034B/1492